**CEDU**(쎄듀)는 **A** **C**omprehensive **E**nglish e**DU**cation(종합적 영어교육)의 약자입니다.

**펴낸이**   김기훈   김진희

**펴낸곳**   ㈜쎄듀/서울시 강남구 논현로 305 (역삼동)

**발행일**   2018년 12월 24일 초판 1쇄

**내용 문의**   www.cedubook.com

**구입 문의**   콘텐츠 마케팅 사업본부

            Tel. 02-6241-2007

            Fax. 02-2058-0209

**등록번호**   제22-2472호

**ISBN**   978-89-6806-133-2

올씀
서술형 시리즈 2

**그래머 KNOWHOW**

저자 **김기훈** 現 (주) 쎄듀 대표이사
現 메가스터디 영어영역 대표강사
前 서울특별시 교육청 외국어 교육정책자문위원회 위원

저서 천일문 / 천일문 Training Book / 천일문 GRAMMAR
어법끝 / 어휘끝 / 첫단추 / 쎈쓰업 / 파워업 / 빈칸백서 / 오답백서
쎄듀 본영어 / 문법의 골든룰 101 / Grammar Q
거침없이 Writing / ALL씀 서술형 / 수능실감 등

**쎄듀 영어교육연구센터**
쎄듀 영어교육센터는 영어 콘텐츠에 대한 전문지식과 경험을 바탕으로
최고의 교육 콘텐츠를 만들고자 최선의 노력을 다하는 전문가 집단입니다.
**오혜정** 센터장

마케팅 콘텐츠 마케팅 사업본부
제작 정승호
영업 문병구
인디자인 편집 올댓에디팅
디자인 홍단 · 윤혜영
영문교열 Adam Miller

# Preface 이 책을 쓰며

서술형을 해결하기 위해서는 다양한 지식이 필요합니다. 단어, 문법, 구문에 관련한 지식은 물론 때로는 우리말과 영어의 차이에 대해서도 알아야 하죠. 그렇기 때문에 서술형은 단시간 내에 해결하기는 어렵고 반드시 가장 기본적인 것에서부터 실제 시험 문제에 이르기까지 '단계적'으로 학습해야 합니다. 따라서 쎄듀 〈ALL씀 서술형 시리즈〉는 단계적으로 서술형을 해결하기 위해 최적화된 구성으로 기획되었습니다.

본 2권에서는 문법을 중점적으로 다룹니다. 어휘 오류에 비해 문법 오류는 학습자의 수준을 가리지 않고 빈번히 일어나므로 서술형에 중요한 문법을 반드시 따로 학습할 필요가 있습니다.

〈ALL씀 그래머 KNOWHOW〉의 특장점은 다음과 같습니다.

### ① 선 영작 – 후 문법 포인트 학습

자세한 문법 포인트를 학습하기 전에 먼저 우리말을 영어로 영작하게 됩니다. 후에 문법 내용을 확인함으로써 학습자가 자신에게 필요한 문법 포인트를 효과적으로 알 수 있습니다. 또한 이는 우리말과 영어의 차이점에 대해 좀 더 능동적으로 학습할 수 있는 기회가 됩니다. 실제로 우리말과의 차이로 영작 오류가 발생하는 것은 서술형의 단골 출제 포인트이므로 이 둘의 차이를 아는 것이 매우 중요합니다.

### ② 오류를 없애는 다섯 가지 노하우 전수

영작에서의 오류를 철저히 분석하여 이를 해결할 수 있는 노하우를 전수합니다. 기본 문장의 이해 〉 문장 동사의 기본 원칙 〉 문장의 확장 〉 문장의 축소 〉 문장의 표현, 이 다섯 가지 노하우를 통해 어떠한 문장이라도 자유자재로 쓸 수 있는 능력을 키우도록 하였습니다.

### ③ 다양한 영작 유형으로 완벽한 적용 훈련

실제 내신 시험에 나오는 문제 유형으로 완벽한 적용 훈련을 합니다. 문법 포인트 별로 빈출되는 유형을 집중적으로 학습하여 더 효율적이고 체계적으로, 서술형에 최적화된 완벽 대비가 가능합니다.

영어에서 '쓰기'가 가장 어렵고 자신 없는 영역이 된 이유는 '쓰기 교육'의 비중이 적었기 때문입니다. 이는 영어로 문장을 쓰는 훈련이 반복되면 충분히 해결이 가능한 부분입니다. 이제 쎄듀가 출간한 〈ALL씀 서술형 시리즈〉가 여러분의 '영어 쓰기'에 자신감을 불어 넣어 더 이상 서술형을 두려워하지 않도록 실력을 쌓는 밑거름이 되기를 바랍니다.

저자

# About This Book 이 책의 구성과 특징

## 01  VOCA Preview 학습

- 챕터에서 꼭 알아야 할 어휘를 미리 학습하는 코너

### Symbols

- ❶ 철자주의 : 틀리기 쉬운 철자 주의
- ❶ 변화형 주의 : 틀리기 쉬운 불규칙 변화형 주의
- ▶ : 파생어
- = : 동의어
- ↔ : 반의어
- cf. : 참고어
- ※ : 숙어 및 관용어구

## 02  UNIT 학습

- 서술형을 위한 필수적인 배경 지식 설명
- 우리말을 먼저 영작한 후 문법 내용을 확인
- 자신에게 필요한 문법 포인트를 효과적으로 학습

www.cedubook.com에서 무료 부가서비스(어휘리스트, 어휘테스트)를 다운로드하세요.

## 03 UNIT EXERCISE

- 실제 서술형 기출 문제를 철저히 분석하여 꼭 나오는 유형별 문제 수록

### Symbols

- 👓 주어진 문장의 구조 파악
- ✔️ 어법·문맥상 적절한 표현 선택
- 💡 어법 정오 판단 및 바르게 고치기
- 🔍 여러 가지 보기 중 알맞은 것 찾기
- 🔄 같은 의미를 나타내는 다른 문장으로 전환
- 🗂️ 주어진 단어를 순서대로 배열하여 영작
- 🔧 주어진 단어를 알맞게 변형하여 영작
- ✏️ 주어진 단어 없이 알맞게 영작하기
- 🔤 우리말로 알맞게 해석하기

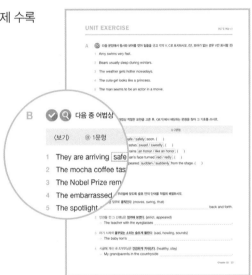

## 04 OVERALL TEST

- 노하우 별 학습한 내용 총괄 평가
- 문법 노하우를 활용한 고난도 유형까지 도전

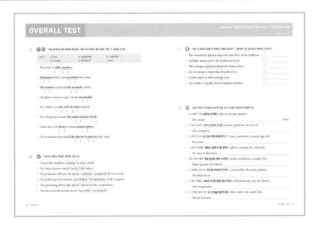

## ➕ WORKBOOK

- 워크북에 수록된 추가 문제로 완벽 마무리

# CONTENTS

Knowhow 4

긴 문장을 짧게
줄여 써보자

**문장의 축소**

Knowhow 5

기본 문장에
효과를 더하라

**문장의 표현**

## APPENDIX

# Knowhow

# 1

불완전한
문장을 만들지 마라
**기본 문장의 이해**

# Chapter 01 우리말과 다른 영어

| accept | 받아들이다, 수락하다 | |
|---|---|---|
| announce | 발표하다; 선언하다 | ▶ announcement 발표, 공고 |
| apology | 사과 | ▶ apologize 사과하다 |
| argument | 언쟁; 논쟁 | ▶ argue 언쟁하다; 논쟁하다 |
| at a maximum | 최대 | ↔ at a minimum 최소 |
| bark | (개가) 짖다 | |
| be interested in | ~에 관심[흥미]이 있다 | |
| brave | 씩씩한, 용감한 | |
| contain | 담고 있다, 포함하다 | |
| delight | 기쁨, 즐거움 | |
| destroy | 파괴하다; 파멸시키다 | |
| eagerly | 열심히; 간절히 | |
| elderly people | 노인 | |
| examine | 검토[검사]하다; 진찰하다 | |
| express | 표현하다; 급행(의) | |
| fairly | 상당히, 꽤; 공정하게 | ▶ fair 공정한; 꽤 되는; 박람회 |
| fence | 울타리 | |
| frankly | 솔직하게 | |
| hit | ~을 들이 받다[치다]; ~과 부딪치다 | hit-hit-hitting ❶ 변화형 주의 |
| hold | 개최하다; 잡고 있다 | held-held-holding ❶ 변화형 주의 |
| interesting | 흥미로운, 재미있는 | |
| passenger | 승객 | |
| piece ❶ 철자주의 | (음악 등의) 작품; 한 조각[부분] | *cf.* peace 평화 |
| professor | 교수 | |
| proof | 증거(물) | = evidence |
| raise | 기르다; (끌어)올리다 | |
| scarcely | 거의 ~아닌 | = hardly |
| skillfully ❶ 철자주의 | 능숙하게, 교묘하게 | |
| street lamp | 가로등 | |
| table tennis | 탁구 | |
| technology | (과학) 기술 | |
| weird ❶ 철자주의 | 이상한, 기이한 | = strange |

■ 우리말 어순과 영어 어순의 가장 큰 차이는 목적어와 동사의 위치가 서로 뒤바뀐다는 것에 있다.

내 차가 가로등을 들이받았다.

My car hit a street lamp.

또한, 우리말은 '은, 는, 이, 가' 또는 '을, 를' 등 말과 말 사이의 관계를 표시하는 조사나 어미가 발달하여 어순이 상대적으로 자유롭지만 영어는 그렇지 않고 단어의 위치에 따라 그 역할이 정해지므로 어순을 지키는 것이 매우 중요하다.

내 차가 가로등을 들이받았다. = 가로등을 내 차가 들이받았다.
My car hit a street lamp. ≠ A street lamp hit my car.

---

## UNIT 01    기본 어순

우리말의 자연스런 기본 어순은 「주어＋목적어＋부사＋동사」이고 영어의 기본 어순은 「주어＋동사＋목적어＋부사」이다.
주어 자리는 우리말이나 영어 모두 같으므로 그 외 부분의 어순에 주목해야 한다.

우선, 영어에서는 아주 특별한 경우가 아니고서는 주어와 동사의 순서를 뒤바꾸지 않는다.
또한 우리말과 같이 「동사＋부사＋목적어」의 어순으로 동사와 목적어를 서로 떨어뜨리는 경우도 드물다.

| | |
|---|---|
| **1** 신디(Cindy)는 / 피아노를 연주했다.<br><br>_____ . | 우리말: 주어＋목적어＋동사<br>영어: 주어＋동사＋목적어 |
| **2** 신디(Cindy)는 / 피아노를 아름답게(beautifully) 연주했다.<br><br>_____ . | 우리말: 주어＋목적어＋부사＋동사<br>영어: 주어＋동사＋목적어＋부사 |

〈☞ 정답 및 해설 p.2〉

# UNIT EXERCISE

**A** 다음 밑줄 친 우리말과 그에 맞는 어구를 화살표로 연결하시오.

1 내 친구들과 나는  요가 수업을  수강한다.

My friends and I  take  a yoga class.

2 많은 사람들이  반려견을  기르고 있다.

Many people  are raising  pets.

3 Robert는  월요일마다  꽃을  산다.

Robert  buys  flowers  every Monday.

4 그 관리자는  그 복잡한 문제를  능숙하게  해결했다.

The manager  solved  the complex problem  skillfully.

**B** 다음 주어진 우리말에 맞도록 괄호 안의 단어를 적절히 배열하시오.

1 그 손님은 사과를 원했다. (an apology, wanted, the customer)

→ _____

2 불이 그 건물을 파괴했다. (the fire, the building, destroyed)

→ _____

3 판사는 증거를 주의 깊게 검토했다. (the proof, the judge, examined)

→ _____ carefull

4 그 바이올린 연주자는 그 곡을 아주 멋지게 연주했다. (the piece, the violinist, played)

→ _____ wonderfull

5 그 웨이터는 오늘의 특별 요리를 추천했다. (today's special, the waiter, recommended)

→ _____

6 그 수상자는 자신의 기쁨을 솔직하게 표현했다. (expressed, his delight, the winner)

→ _____ frankl

**주어의 이해**

## 1 주어

우리말 주어는 대개 문장 앞에서 「(대)명사+은, 는, 이, 가」의 형태이고 우리말이나 영어에서 모두 문장 앞에 온다.
동사의 동작을 직접 행하는 것이 주어이다. (※ 수동태 제외)

<u>그 아이**들은**</u> / 어제 탁구를 쳤다.
      ↓

_____ / played table tennis yesterday.

## 2 주어 찾기

문장에서 '은, 는, 이, 가'가 붙은 것이 두 개 이상 보이거나 보이지 않는 등 주어가 언뜻 불확실할 때도 있다.
그때는 동사의 동작을 직접 행하는 것이 무엇인지를 찾아야 한다. (※ 수동태 제외)
즉, 우리말에만 전적으로 의존해서는 안 된다.

| | |
|---|---|
| **1**  옛날에는 / **사람들이** / 기름 램프를 **사용했다**.<br><br>In the old days, _____ used oil lamps. | '사용하는' 동작을 직접 행한 것은 '사람들'이며 '옛날'이 아니다. |
| **2**  어제는 그 학교**에서** / 시험 일정을 **발표했다**.<br><br>_____ announced the test schedule yesterday. | '발표하는' 동작을 직접 행한 것은 '어제'가 아니라 '학교'이다. |

## 3 주어의 의미 덩어리

읽거나 들을 때 단어 하나하나보다는 의미 덩어리로 이해해야 하듯이 영작도 마찬가지이다.
우리말을 영어의 주어, 동사, 목적어, 부사구의 각 의미 덩어리로 잘 구분해야 한다.
주어는 의미적으로 긴밀한 수식어구 등과 함께, 의미 덩어리(주어구)를 이룰 수 있다. (☞ Chapter 05)

| | |
|---|---|
| **1**  *그 방 안의 어린*(little) **아이들은** / 어제 탁구를 쳤다.<br><br>_____ /<br>played table tennis yesterday. | 수식어구+주어+수식어구 = 주어구 |
| **2**  그 **부모님과** 아이들은 / 어제 탁구를 쳤다.<br><br>_____ /<br>played table tennis yesterday. | 주어+접속사+주어 = 주어구 |

⟨☞ 정답 및 해설 p.2⟩

# UNIT EXERCISE

**A** 👓 다음 굵게 표시된 동사를 직접 행하는 대상을 찾아 밑줄을 그으시오. (단, 수식어구도 포함할 것)

1  Sweet chocolates **damage** your teeth.
2  The new store **will hold** a free event tomorrow.
3  In society, elderly people **play** an important role.
4  The boys in the pool **learn** to swim eagerly.
5  Kevin and his students **play** the violin on the stage.

**B** 👓 🔧 다음 우리말에서 주어에 밑줄을 긋고 우리말에 맞도록 괄호 안의 단어를 적절히 배열하시오.

1  내 친구는 내게 행복한 크리스마스를 바랐다. (friend, my, wished)
   → _____ a happy Christmas to me.

2  아보카도 나무는 훨씬 더 많은 물을 필요로 한다. (require, trees, avocado)
   → _____ a lot more water.

3  그 상자들에는 감자가 많이 들어 있다. (boxes, the, contain)
   → _____ many potatoes.

4  그 아기들은 자신의 엄마로부터 사랑을 원한다. (babies, want, the)
   → _____ love from their moms.

**C** 👓 🔧 다음 우리말에서 주어구에 밑줄을 긋고 우리말에 맞도록 괄호 안의 단어를 적절히 배열하시오.

1  책상 위에 있는 그 책에는 흥미로운 이야기가 있다. (desk, on, book, the, the)
   → _____ has interesting stories

2  그 사진 속의 나이 든 남자는 안경을 쓰고 있다. (the, picture, man, the, in, old)
   → _____ wears eyeglasses

3  울타리 안의 검정 토끼들이 풀을 먹는다. (inside, rabbits, fence, the, the, black)
   → _____ eat grass

4  학생들과 교수님들은 학교 연극을 즐겼다. (professors, and, students, the, the)
   → _____ enjoyed the school pla

5  새로운 기술을 갖춘 그 비행기는 최대 500명의 승객을 수용한다. (new, the, with, airplane, technolog
   → _____ accepts 500 passengers at a maximum

## 1 동사

동사는 '～이다[였다], ～하다[했다]' 등에 해당하는 부분으로 주어의 동작이나 상태를 나타낸다.
우리말 동사는 대부분 문장 끝에 나오며, 영어에서는 대부분 주어 바로 뒤에 동사가 온다.

그 아이들은 / 어제 탁구를 쳤**다**.

The children / _____ table tennis yesterday.

영어의 동사는 그 종류에 따라 이러저러한 문장의 틀을 만드는 아주 중요한 역할을 하는데, 이에 대해서는 다음 챕터(☞ Chapter 02)에서 좀 더 자세히 학습한다.

## 2 목적어

목적어는 「(대)명사＋을, 를」의 형태로 동사가 '무엇을' 하는지 그 대상을 가리킨다.
우리말 목적어는 대개 주어 뒤, 동사 앞에 나오며, 영어에서는 목적어가 대부분 동사 뒤에 온다.

그 아이들은 / 어제 **탁구를** 쳤다.

The children / played _____ yesterday.

## 3 목적어 찾기와 목적어의 의미 덩어리

| | |
|---|---|
| **1** 그는 / 내 질문(question)에 대답하지 않았다.<br>He didn't answer _____ . | '을, 를'이 붙지 않았어도 영어로 목적어인 경우가 있다. 이는 자연스런 우리말과 영어의 차이에 의한 것이기도 하고, 목적어를 취하는 영어 동사의 용법 (☞ Chapter 02)에 의한 것이기도 하다. |
| **2** 나는 / 이곳에 / 그림 한 점(a picture)이 필요하다.<br>I need _____ here. | |
| **3** 나는 / 이곳에 / **예쁜 그림 한 점**이 필요하다.<br>I need _____ here. | 수식어구＋목적어 = 목적어구 |
| **4** 나는 / 이곳에 / **그림 한 점이나 식물이 하나**(a plant) 필요하다.<br>I need _____ here. | 목적어＋접속사＋목적어 = 목적어구 |

〈☞ 정답 및 해설 p.2〉

# UNIT EXERCISE

**A** 😎 다음 문장에서 동사와 목적어(구)를 찾아 밑줄을 긋고 각각 V, O으로 표시하시오.

1 The coffee machine makes a weird noise.

2 My father and I play soccer on Saturdays.

3 My mom drinks two cups of coffee every day.

4 I heard a rumor recently.

5 They know my name and face.

**B** 😎 🔢 다음 우리말에서 목적어에 밑줄을 긋고 우리말에 맞도록 괄호 안의 단어를 적절히 배열하시오.

1 그는 그 사실을 믿는다. (the, believes, truth)
→ He _____.

2 그녀는 자신의 가방 안에 텀블러를 가지고 다닌다. (a, carries, tumbler)
→ She _____ in her bag.

3 나의 오빠는 기타를 아주 잘 연주한다. (guitar, plays, the)
→ My brother _____ very well.

**C** 😎 🔢 다음 우리말에서 목적어구에 밑줄을 긋고 우리말에 맞도록 괄호 안의 단어를 적절히 배열하시오.

1 나는 개 한 마리와 고양이 한 마리를 키운다. (a dog, raise, and, a cat)
→ I _____

2 그는 맛있는 파이를 굽는다. (pies, bakes, delicious)
→ He _____

3 저 아이가 교실 창문을 깨뜨렸다. (window, the, broke, classroom)
→ That kid _____

4 Eric은 수업 시간에 많은 질문을 한다. (questions, a lot of, asks)
→ Eric _____ during the class

5 나는 매일 아침 우유 한 잔을 마신다. (milk, drink, a cup of)
→ I _____ every morning.

## 1  부사

부사는 주어나 목적어를 수식하는 형용사와 달리 쓰임이나 종류가 매우 방대한데, 주로 동사와 형용사, 다른 부사, 문장 전체나 어구 등을 수식한다.
형태는 대표적으로 「형용사+-ly」와 「전치사+명사」로 이루어진 전명구가 있다.

그 아이들은 / **어제** 탁구를 쳤다.

The children / played table tennis _____.

## 2  부사 찾기

수식 관계로 부사를 찾아내기보다는 의미별로 알아두는 것이 더 쉽고 영작에도 더 도움이 된다.
부사는 방법이나 장소, 시간, 정도, 빈도 등을 의미한다.
영어에서 부사의 위치는 비교적 자유스럽지만 좀 더 자연스러운 위치가 있고, 엄격히 정해져 있는 것도 있다.

| | |
|---|---|
| **1** 그는 바이올린을 / **잘** 켠다.<br>He plays the violin _____. | 뜻: 어떻게(방법, 모습, 태도)<br>*e.g.* well, quickly, beautifully, gracefully, peacefully, gently<br>위치: 주로 「동사(+목적어)+부사」 |
| **2** 와 주시겠어요 / **여기로**?<br>Would you please come _____? | 뜻: 어디서(장소)<br>*e.g.* here, near(by), everywhere, upstairs<br>위치: 주로 문장 뒤나 앞, 동사 앞 |
| **3** 나는 **최근에** / 부산에 갔다.<br>I _____ went to Busan. | 뜻: 언제(시간)<br>*e.g.* now, recently, later, yesterday, tomorrow<br>위치: 주로 문장 뒤나 앞, 동사 앞 |
| **4** 이 수프는 / **매우** 차갑다.<br>This soup is v_____ cold.<br><br>**5** 이 박스는 / **충분히** 크니?<br>Is this box large _____? | 뜻: 얼마나(정도)<br>*e.g.* enough, very, too, quite, fairly, almost<br>위치: 수식하는 형용사나 부사 앞<br>〈*enough는 수식하는 형용사나 부사 뒤〉 |
| **6** 그녀는 **종종** / 조깅하러 간다.<br>She o_____ goes jogging. | 뜻: 얼마나 자주(빈도)<br>*e.g.* always, usually, often, frequently, sometimes, hardly, scarcely<br>위치: 일반동사 앞, be동사와 조동사 뒤 |

\* 명사에 -ly가 붙은 형태는 형용사임에 유의한다.
lovely(사랑스러운), friendly(친근한), costly(값이 비싼), timely(시기에 알맞은) 등

〈☞ 정답 및 해설 p.3〉

# UNIT EXERCISE

**A** 👓 다음 문장에서 동사와 부사를 찾아 밑줄을 긋고 각각 V, M으로 표시하시오.

1 This spaghetti is very salty.

2 My friend and I play baseball here.

3 Some people normally avoid arguments.

4 My family recently enjoyed the traditional food.

5 Christmas lights decorate the lovely house beautifully.

**B** 💡 다음 각 문장의 밑줄 친 부분이 어법상 옳으면 ○, 틀리면 ×로 표시하고 바르게 고치시오.

1 She calls scarcely them back. ☐ _____

2 The excited dog is always barking loudly. ☐ _____

3 We can meet sometimes a timely opportunity. ☐ _____

4 The brave boy hardly cries in the dark. ☐ _____

5 Jason usually is interested in environment problems. ☐ _____

**C** 🔧 다음 주어진 우리말에 맞도록 괄호 안의 단어를 적절히 배열하시오.

1 Thomas는 회의에 **절대 늦지 않는다**. (never, is, late)
  → Thomas _____ for meetings.

2 그 여행 가방은 부부에게 **충분히 크다**. (large, is, enough)
  → The suitcase _____ for the couple

3 그 발레리나는 **우아하게 관객들에게** 인사했다. (audience, the, gracefully)
  → The ballerina greeted _____

4 나는 **평화롭게 아름다운 야경**을 감상했다. (night view, the, peacefully, beautiful)
  → I admired _____

# Knowhow

# 1

## 불완전한
## 문장을 만들지 마라
## 기본 문장의 이해

# Chapter 02  동사와 문형의 이해

## VOCA Preview

이 챕터에서 학습할 문장에 쓰인 필수 어휘입니다. 어휘 의미는 물론, 철자와 변화형, 파생어와 참고어까지 학습해봅시다.

| | | |
|---|---|---|
| back and forth | 앞뒤로 | |
| by mistake | 실수로 | ↔ on purpose 고의로, 일부러 |
| clown ❶ 철자주의 | 광대 | *cf.* crown 왕관 |
| confidence | 자신감, 확신 | ▶ confident 자신감 있는, 확신하는 |
| countryside | 시골 (지방) | |
| discussion | 토론, 논의 | ▶ discuss 토론[논의]하다 |
| distance | 거리, 간격 | ▶ distant 먼 |
| embarrassed ❶ 철자주의 | 당황한 | ▶ embarrassing 당황하게 하는 |
| enthusiastic ❶ 철자주의 | 열정[열광]적인 | = passionate |
| environmental | 환경의; 환경 보호의 | |
| experience | 경험(하다) | |
| favorite | 가장 좋아하는 (것) | |
| forest | 숲, 삼림 | |
| growl | 으르렁거리다; 으르렁거리는 소리 | |
| honor | 영광; 존경(하다) | |
| howling | 울부짖는; 엄청난 | |
| igloo | 이글루 ((이누이트족의 눈덩이로 지은 집)) | |
| impact | 영향(력); 충격 | |
| interviewee | 면접 대상자, 인터뷰 받는 사람 | ▶ interviewer 면접관, 인터뷰 하는 사람 |
| matter | 문제; 중요하다 | |
| nowadays | 요즈음에는, 오늘날에는 | |
| pillow | 베개 | |
| prepare | 준비하다 | |
| proposal | 제안, 제의 | ▶ propose 제안[제의]하다 |
| refrigerator | 냉장고 | |
| repair | 수리[수선]하다 | ▶ repairman 수리공, 수선인 |
| station | 역, 정거장 | |
| stomach | 배, 위(胃) | |
| strict | 엄격한, 엄밀한 | |
| suggestion | 제안, 제의 | ▶ suggest 제안[제의]하다 |
| swing | 그네; 흔들리다, 흔들다 | swung-swung-swinging ❶ 변화형 주의 |

## 1 우리말과 영어

앞 챕터에서 잠깐 살펴본 것처럼 우리말과 영어는 문장을 만드는 규칙이 달라서 우리말에 전적으로 의존할 수 없다.
'그는 내 질문에 대답했다.'를 영작할 때, 우리말에 의존하면 아래와 같이 영작하게 된다.

그는 + 내 질문에 + 대답했다.

He  to my question  answered. → He answered to my question. (×)

그러나, answer는 to를 넣지 않고 He answered my question.으로 해야 옳은 문장이다.

우리는 어쩔 수 없이 모국어인 우리말로 사고하고, 영어를 표현할 때도 우리말에서부터 출발한다. 하지만 위의 예처럼 우리말과
영어의 근본적인 차이가 있으므로, 이를 계속해서 알아나가면서 영어를 영어답게 표현하는 데 집중해야 한다.

## 2 같은 의미지만 쓰임새가 다른 동사들

영어를 영어답게 표현할 때 특히 중요한 것은 개별 영어 동사의 쓰임새이다. 예를 들어, 같은 의미라도 answer와 reply는 그
쓰임이 달라서 reply는 뒤에 to를 넣는다. 즉, 동사마다 그 문법적 특성을 하나하나 익혀야 한다.

He replied **to my question**. (○)        He answered **my question**. (○)

| | |
|---|---|
| **1** 우리는 역에 도착했다.<br>We r_____ the station.<br>We a_____ **at[in]** the station. | reach = arrive at[in]<br>〜에 도착[도달]하다 |
| **2** 그들은 교실에 들어갔다.<br>They e_____ the classroom.<br>They w_____ [c_____ ] **into** the classroom. | enter = go into = come into<br>〜에 들어가다 |
| **3** 모든 직원이 회의에 참석했다.<br>All staff a_____ the meeting.<br>All staff p_____ **in** the meeting. | attend = participate in<br>〜에 참석[참여/참가]하다 |
| **4** 그 문제에 관해 논의해 봅시다.<br>Let's d_____ the problem.<br>Let's t_____ **about[over]** the problem. | discuss = talk about[over]<br>〜에 관해 논의[이야기]하다 |
| **5** 나는 그의 제안에 대해 고려할 것이다.<br>I'll c_____ his suggestion.<br>I'll t_____ **about** his suggestion. | consider = think about<br>〜에 대해 고려[생각]하다 |
| **6** 서울행 열차는 1번 플랫폼에서 떠난다[출발한다].<br>The train for Seoul l_____ platform 1.<br>The train for Seoul d_____ **from** platform 1. | leave = depart from<br>〜에서 떠나다[출발하다] |
| **7** 그 문제에 관해 언급하지 마시오.<br>Don't m_____ the matter.<br>Don't r_____ **to** the matter. | mention = refer to<br>〜에 관해 언급하다 |
| **8** 그는 자신의 행동에 대해 설명해야 한다.<br>He should e_____ his action.<br>He should a_____ **for** his action. | explain = account for<br>〜에 대해 설명하다 |

〈☞ 정답 및 해설 p.3〉

# UNIT EXERCISE

**A** 다음 중 어법상 적절한 표현을 고르시오.

1 Think / Consider about the environmental impact of plastic bags.
2 Could you account / explain the way to the bus stop?
3 We will arrive / reach the top of the mountain before noon.
4 My family talks / discusses about the plans for our vacation.

**B** 다음 각 문장의 밑줄 친 부분이 어법상 옳으면 ○, 틀리면 ×로 표시하고 바르게 고치시오.

1 Every student should attend in class discussions.
2 Henry departs his house early in the morning.
3 Sumi hasn't replied to my text messages for a week.
4 Finally, the group members are entering into the concert hall.

**C** 다음 주어진 우리말에 맞도록 괄호 안의 단어를 적절히 배열하시오. (단, 필요시 알맞은 전치사를 추가할 것

1 엄마는 저녁을 준비하기 위해 **부엌에 들어가셨다**. (kitchen, entered, the)
   → My mom _____ to prepare dinner

2 Smith 씨는 보통 9시 이전에 **사무실에 도착한다**. (the, office, arrives)
   → Mr. Smith usually _____ before 9

3 너는 신중하게 **그 제안에 대해 생각해야** 한다. (consider, proposal, the)
   → You should _____ carefully.

4 그 11명의 축구 선수들은 **월드컵에 참가했다**. (the, participated, World Cup)
   → The 11 soccer players _____

5 그 항공편은 오후 6시에 **제주에서 부산으로 출발한다**. (Jeju, Busan, for, departs)
   → The flight _____ at 6 p.m

6 면접에서, **그 면접 대상자는 자신의 경험에 관해 언급했다**. (referred, the, experience, his, interviewee
   → At the job interview, _____

개별 영어 동사의 쓰임새에 대해 더 알아보자.

## 1 자동사와 타동사

대부분의 영어 동사는 문맥에 따라 의미가 크고 작게 달라지고, 이에 따라 뒤에 오는 요소 또한 달라질 수 있다.
동사의 쓰임새는 뒤에 목적어가 있느냐 없느냐에 따라 크게 자동사와 타동사로 나뉜다.

| | |
|---|---|
| **1** 그는 웃었다.<br>He _____ .<br>**2** 나는 빨리 달렸다.<br>I _____ quickly. | **자동사:** 동작 자체를 나타낸다. 자동사의 '자(스스로 自)'에서 알 수 있듯이 주어 자신이 동작을 할 뿐, 다른 대상이 문장에 등장하지 않는다. |
| **3** 그는 신문을 읽고 있다.<br>He _____<br>a newspaper.<br>**4** 나는 공을 찼다.<br>I _____ a ball. | **타동사:** 동작이 다른 대상(a newspaper, a ball)에게 가해진다. 타동사의 '타(다를 他)'에서 알 수 있듯이, 주어 외에 다른 대상이 문장에 등장한다. |

그런데, 많은 동사들은 자동사와 타동사 둘 다로 쓰일 수 있다.
He **is reading** a newspaper. 〈타동사〉
The book **reads** well. 〈자동사: 그 책은 잘 읽힌다.〉
*e.g.* open(～을 열다 / 열리다), close(～을 닫다 /(일시적으로) 문을 닫다), hurt(～에게 상처를 입히다 / 아프다), drop(～을 떨어뜨리다 / 떨어지다), burn(～을 태우다 / 타오르다), read(～을 읽다 / 읽히다), write(～을 쓰다 / 써지다) 등

그러므로 동사 하나만 놓고 자동사니 타동사니 따지는 것은 의미가 없다. 반드시 문장에서의 쓰임새에 따라 목적어가 없으면 자동사로, 목적어가 있으면 타동사로 쓰인 것이라 생각하는 것이 더 합당하다.

## 2 같은 동사의 다양한 쓰임새

같은 동사라도 자·타동사로 다 쓰일 수 있듯이, 동사는 뒤에 오는 요소나 의미가 문장에 따라 다양하게 달라질 수 있다. 뒤에 오는 요소들을 종류별로 구분한 것이 바로 '문형'이다. (☞ UNIT 03, 04)

| | | |
|---|---|---|
| **1** 그는 이곳에 어제 오후 한 시에 도착했다.<br>He _____ at 1 p.m. yesterday. | 1문형 | get+부사: (～에) 도착하다 |
| **2** 그는 배고파졌다.<br>He _____ . | 2문형 | get+형용사: (어떤 상태가) 되다 |
| **3** 그는 John으로부터 편지를 받았다.<br>He _____ from John. | 3문형 | get+명사: (～을) 받다 |
| **4** 그는 어머니께 드릴 선물을 마련했다.<br>He _____ . | 4문형 | get+명사+명사: (～에게 …을) 마련하다 |
| **5** 그는 자신의 아이들이 학교에 갈 채비를 하게했다.<br>He _____ for school. | 5문형 | get+명사+형용사: ～이 (어떤 상태가) 되게 하다 |

〈☞ 정답 및 해설 p.4〉

# UNIT EXERCISE

**A** 👓 다음 문장에서 동사에 밑줄을 긋고 각각 자동사인지 타동사인지 쓰시오.

1 My favorite singer appeared on TV. _____
2 Lucy passed me the salt. _____
3 The man changed his mind. _____
4 The sun rises in the east. _____
5 They are lying on the grass. _____
6 The cat broke the cup. _____

**B** 🔍 다음 굵게 표시된 동사의 뜻을 〈보기〉에서 골라 그 기호를 쓰시오.

| 〈보기〉 ⓐ 아프다 | ⓑ ~을 다치게 하다 |
|---|---|

1 I **hurt** my leg by mistake. _____
2 My stomach **hurts** badly. _____

| 〈보기〉 ⓐ 열리다 | ⓑ ~을 열다 |
|---|---|

3 My mom **opened** the door. _____
4 This can won't **open** easily. _____
5 **Open** the window, please. _____

| 〈보기〉 ⓐ 떨어지다 | ⓑ ~을 떨어뜨리다 |
|---|---|

6 The ball **dropped** to the ground. _____
7 I **dropped** my cup on the floor. _____
8 A pencil **dropped** from the desk. _____

**C** 👓 🔍 다음 굵게 표시된 동사의 뜻을 〈보기〉에서 골라 그 기호와 각 문장의 문형을 쓰시오.

| 〈보기〉 ⓐ ~을 만들다 | ⓑ ~에게 …을 만들어주다 | ⓒ ~이 …하게 하다 |
|---|---|---|

1 My mom **made** me a muffler. _____ , _____
2 The new movie **made** everyone sad. _____ , _____
3 They **made** an igloo last winter. _____ , _____

| 〈보기〉 ⓐ ~을 보관하다 | ⓑ 계속해서 ~한 상태이다 | ⓒ ~을 …한 상태로 유지하다 |
|---|---|---|

4 My dad **kept** quiet for an hour. _____ , _____
5 You can **keep** food fresh in the refrigerator. _____ , _____
6 I **keep** my diary in a safe place. _____ , _____

## UNIT 03 자동사_1, 2문형

앞 유닛에서 학습한 것처럼 동사와 뒤에 오는 요소의 종류는 크게 5가지로 나눌 수 있다. 이 유닛에서는 뒤에 목적어가 뒤따라 나오지 않는 유형, 즉 1, 2문형에 대해 알아본다.

### 1 1문형

**1** 그는 미소 지었다.
He _____ .

**2** 그 새는 멀리 난다.
The bird _____ high.

> **자동사:** 동작 자체를 나타낸다. 즉 주어가 동작을 할 뿐, 다른 대상이 문장에 등장하지 않는다.

### 2 2문형

「주어＋동사＋명사[형용사]」의 형태로서, 동사 뒤의 명사[형용사]는 주어를 설명한다. 이를 주격보어라 한다.

**1** 그녀는 무용수이다.
She i_____ a dancer.

**2** 그 아기는 귀엽다.
The baby i_____ cute.

> ~이다, ~인 채로 있다
> *e.g.* be, keep, lie, remain, stay

**3** 그녀는 영어 선생님이 되었다.
She b_____ an English teacher.

**4** 그 소년은 키가 크게 자랐다.
The boy g_____ tall .

> ~이 되다
> *e.g.* become, get, grow, turn

**5** 이 베개는 부드러운 느낌이 든다.
This pillow f_____ soft.

**6** 그 과자는 소금과 같은 맛이 난다.
The snack t_____ like salt.

> ~의 느낌이 들다
> *e.g.* feel, smell, taste, look, sound
> *형용사 외에 「like＋명사」 형태의 전명구를 보어로 취하기도 한다.

**7** 너는 피곤해 보인다.
You s_____ tired.

**8** Sophia는 똑똑한 학생인 것 같았다.
Sophia a_____ (to be) a smart student.

> ~처럼 보이다, ~인 것 같다
> *e.g.* look, seem, appear
> *보어로 쓰인 명사 앞의 to be는 생략 가능하다.

# UNIT EXERCISE

**A** 👓 다음 문장에서 동사와 보어를 찾아 밑줄을 긋고 각각 V, C로 표시하시오. (단, 보어가 없는 경우 V만 표시할 것)

1  Amy swims very fast.

2  Bears usually sleep during winters.

3  The weather gets hotter nowadays.

4  The cute girl looks like a princess.

5  The man seems to be an actor in a movie.

**B** ✔️🔍 다음 중 어법상 적절한 표현을 고른 후, 〈보기〉에서 해당하는 문형을 찾아 그 기호를 쓰시오.

| 〈보기〉 | ⓐ 1문형 | ⓑ 2문형 |
|---|---|---|

1  I always drive careful / carefully . (     )

2  The mocha coffee tastes sweet / sweetly . (     )

3  The Nobel Prize remains an honor / like an honor . (     )

4  The embarrassed man's face turned red / redly . (     )

5  The spotlight disappeared sudden / suddenly from the stage. (     )

**C** 🗣️ 다음 주어진 우리말에 맞도록 괄호 안의 단어를 적절히 배열하시오.

1  **저 그네는** 앞뒤로 **움직인다**. (moves, swing, that)
→ _____ back and forth

2  안경을 낀 그 선생님은 **엄격해 보였다**. (strict, appeared)
→ The teacher with the eyeglasses _____

3  아기 사자의 **울부짖는 소리는** 슬프게 **들린다**. (sad, howling, sounds)
→ The baby lion's _____

4  시골에 계신 내 조부모님은 **건강하게 지내신다**. (healthy, stay)
→ My grandparents in the countryside _____

타동사_3, 4, 5문형

## 3문형

**1** 그는 그 창문을 깼다.

He _____ .

**2** 나는 내 가방을 잃어버렸다.

I _____ .

> **타동사:** 동작이 다른 대상에게 가해진다. 즉, 주어 외에 다른 대상이 문장에 등장한다.

## 4문형

'A에게 B를 주었다'란 의미로 쓰이는 3문형 동사의 일부는 「to[for] A」 형태의 부사구를 「주어+동사+A+B」 형태의 문장으로 만들 수 있다. 이때, 동작이 간접적으로 가해지는 A는 '간접목적어', 직접적으로 가해지는 B는 '직접목적어'라 한다.

**1** 나는 그에게 그 책들을 주었다.

I gave the books **to** him. 〈3문형〉

⇌ I gave _____ .
〈4문형〉

> 간접목적어 A = to A
> 동작이 누구에게로 향하는지에 초점이 있는 동사로서 give, lend, show, offer, pass, pay, send 등이 있다.

**2** 그는 그녀에게 인형을 사주었다.

He bought a doll **for** her. 〈3문형〉

⇌ He bought _____ .
〈4문형〉

> 간접목적어 A = for A
> 동작이 누구를 위해서 이루어지는 느낌이 강한 동사로서 buy, make, find, choose, get 등이 있다.

## 5문형

「주어+동사+목적어+명사[형용사]」 형태로서, 목적어 뒤의 명사[형용사]는 목적어를 설명하는 역할(목적격보어)을 한다.

**1** 그 소식은 그녀를 슬프게 했다.

The news made _____ .

> O를 C의 상태가 되게 하다
> *e.g.* make, get, keep, leave 등

**2** 그들은 그녀를 선장(captain)으로 불렀다.

They called _____ .

> O를 C의 이름[직함 등]으로 v하다
> *e.g.* call, name, elect 등

**3** 나는 그가 매우 키가 크다고 생각했다.

I thought _____ .

> O를 C로 v하다
> *e.g.* think, believe, find, consider 등

「주어+동사+목적어+부정사[분사]」 형태일 경우, 목적어와 부정사[분사]는 의미적으로 「주어-동사」 관계이다.

**4** 그는 내가 돕기를 원했다.

He wanted _____ .

> O가 C하기를(to-v) v하다
> *e.g.* want, tell, ask, teach, order, enable, persuade 등

| | |
|---|---|
| **5** 그녀는 그가 수영하게 했다.<br>She let _____. | O가 C하게(v) v하다<br>사역동사: let, have, make<br>O가 C하는[하고있는] 것을(v[v-ing])<br>v하다<br>지각, 감각동사: feel, hear, see,<br>watch, look at 등 |
| **6** 나는 그가 방에 들어오고 있는 것을 보았다.<br>I saw _____ the room. | |
| **7** 그녀는 그 일이 내일까지 완료되기를 원한다.<br>She wants _____<br>by tomorrow. | O가 C상태가 되도록(p.p.) v하다<br>*e.g.* want, make, have, get,<br>find, 지각동사 |

〈☞ 정답 및 해설 p.5〉

# UNIT EXERCISE

정답 및 해설 p.5

**A** ✅ 다음 중 어법상 적절한 표현을 고르시오.

1 The students bought tea | to / for | their teacher.

2 This machine enables people | exercise / to exercise |.

3 My brother always leaves the table | dirty / dirtily |.

4 I had the repairman | repair / repaired | my broken phone.

5 We all saw something | falling / to fall | from the sky.

**B** 🔄 다음 두 문장이 같은 뜻이 되도록 빈칸을 완성하시오.

1 You can pay the cashier the money over there.
= You can _____ the cashier over there

2 The man chose his girlfriend the diamond ring.
= The man _____ his girlfriend

**C** 🧩 다음 주어진 우리말에 맞도록 괄호 안의 단어를 적절히 배열하시오.

1 아버지와 나는 숲에서 **곰 한 마리가 으르렁거리고 있는 것을 들었다**. (a, growling, bear, heard)
→ My father and I _____ in the forest

2 그 광대는 **그 아이들에게 우스꽝스러운 표정을 보여 주었다**. (his, children, face, the, showed, funny)
→ The clown _____

3 자동차는 **우리가 먼 거리를** 단시간에 **가도록 해 준다**. (go, us, distances, let, long)
→ Automobiles _____ in a short tim

4 **당신의 자신감은 당신이 열정적이도록 만든다**. (makes, your, enthusiastic, you, confidence)
→ _____

# OVERALL TEST

**A** 👓🔍 다음 굵게 표시된 부분에 해당하는 것을 〈보기〉에서 찾아 괄호 안에 그 기호를 쓰시오.

| 〈보기〉 | ⓐ 주어 | ⓑ (직접)목적어 | ⓒ 간접목적어 |
|---|---|---|---|
| | ⓓ 주격보어 | ⓔ 목적격보어 | ⓕ 부사 |

1 The event is **still a mystery**.
             ( )  ( )

2 **Dinosaurs** don't exist **anywhere** these days.
  ( )             ( )

3 **The witness** explained **the accident** calmly.
  ( )          ( )

4 The plan to reduce sugar sounds **reasonable**.
                   ( )

5 The soldier sent **his wife the letter** eagerly.
        ( )  ( )

6 The refrigerator keeps **the salad and juice fresh**.
             ( )   ( )

7 Mona Lisa will **always** remain **a masterpiece**.
        ( )    ( )

8 The conductor persuaded **the players to practice** the song.
         ( )   ( )

**B** ✅ 다음 중 어법상 적절한 표현을 고르시오.

1 I heard the neighbor singing / to sing noisily.

2 The body cleanser smells honey / like honey.

3 My professor will have the report complete / completed by next week.

4 The politicians elected him presidential / the president of the congress.

5 The promising skater will attend / attend to the competition.

6 The director believes the movie successful / successfully.

Knowhow 1

**C** 다음 각 문장의 밑줄 친 부분이 어법상 옳으면 ○, 틀리면 ×로 표시하고 바르게 고치시오.

1 The researchers <u>discuss about</u> the side effect of the medicine. ☐ _____

2 Holidays always give a lot of pleasure <u>to me</u>. ☐ _____

3 The manager <u>explained about</u> the return policy. ☐ _____

4 My friend got a Australian bracelet <u>of</u> me. ☐ _____

5 Greek yogurt is often <u>enough sour</u>. ☐ _____

6 My mother is <u>hardly</u> fond of outdoor activities. ☐ _____

**D** 다음 주어진 우리말에 맞도록 괄호 안의 단어를 적절하게 배열하시오.

1 내 사촌은 그때 **공항에 도착했다**. (the, at, arrived, airport)

→ My cousin _____ then.

2 그 어린 소년은 **그녀의 손자인 것 같다**. (seems, grandson, be, her, to)

→ The young boy _____.

3 그녀의 언니는 **3년 전에 대학에 들어갔다**. (3 years, university, entered, ago, the)

→ Her sister _____.

4 그 밴드의 팬들은 **앨범이 발매되기를 원했다**. (album, wanted, the, released)

→ The fans of the band _____.

5 많은 학부모들은 **학습 환경에 대해 고려한다**. (study conditions, consider, the)

→ Many parents of students _____.

6 그 친절한 간호사는 **환자를 편안하게 두었다**. (comfortable, the, kept, patient)

→ The kind nurse _____.

7 그 접수 직원이 **나에게 내 핸드폰을 찾아 주었다**. (cell phone, me, my, for, found)

→ The receptionist _____.

8 그 거짓말 탐지기는 **그가 진실을 말하게 했다**. (him, truth, tell, made, the)

→ The lie detector _____.

# Knowhow

# 2

동사 오류부터 막아라
**문장 동사의 기본 원칙**

# Chapter 03 시제 · 조동사

## VOCA Preview
이 챕터에서 학습할 문장에 쓰인 필수 어휘입니다. 어휘 의미는 물론, 철자와 변화형, 파생어와 참고어까지 학습해봅시다.

| | | |
|---|---|---|
| agency | 대행사, 대리점 | |
| amusement park | 놀이공원 | |
| announce ❶ 철자주의 | 발표하다, 알리다 | ▶ announcement 발표, 알림 |
| art gallery | 미술관 | |
| attitude ❶ 철자주의 | 태도, 자세 | |
| be in charge of | ~을 담당하다[맡다] | |
| bite | 물어뜯다, 물다 | bit-bitten-biting ❶ 변화형 주의 |
| boil | 끓다, 끓이다 | |
| cancel | 취소하다 | |
| capital | 수도; (알파벳) 대문자; 자본(금) | |
| Celsius | 섭씨(의) | cf. Fahrenheit 화씨(의) |
| competitive | 경쟁력 있는; 경쟁하는 | ▶ compete 경쟁하다 / competition 경쟁; 대회 |
| crash | (컴퓨터가) 고장 나다; 충돌하다 | |
| diner ❶ 철자주의 | (식당에서) 식사 손님 | cf. dinner (주된) 식사; 정찬 |
| do the dishes | 설거지를 하다 | |
| essential ❶ 철자주의 | 필수적인 | = necessary |
| fingernail | 손톱 | |
| grade | 성적 점수; 등급(을 나누다) | |
| immediately ❶ 철자주의 | 바로, 즉시 | |
| immigrate ❶ 철자주의 | 이민 오다 | ↔ emigrate 이민 가다 |
| look after | 돌보다 | = take care of |
| order | 주문(하다); 명령(하다) | |
| own | 소유하다; ~ 자신의 | ▶ owner 소유자 |
| passport | 여권 | |
| presentation | 발표; 제출 | |
| publish | 출판[발행]하다 | ▶ publication 출판(물) / publisher 출판인, 출판사 |
| recognize | 알아보다; 인정하다 | ▶ recognition 알아봄; 인정 |
| result | 결과, 결실 | ※ result in (결과적으로) ~을 낳다[야기하다]<br>※ result from ~이 원인이다, ~로부터 기인하다 |
| rock climbing | 암벽 등반 | |
| solar system | 태양계 | |
| spectator | 관중, 구경꾼 | |
| speech | 연설; 말 | |
| unexpected | 예상치 못한, 뜻밖의 | ↔ expected 예기[예상]된 |

기본적으로 현재의 일은 현재시제로, 과거의 일은 과거시제로, 미래의 일은 각종 미래 표현을 이용하여 나타낸다.

London *is* the capital of England. 〈현재〉
Dr. King *received* the Nobel Peace Prize in 1964. 〈과거〉
My family *will go* to France on vacation. 〈미래〉

런던은 영국의 수도*이다*.
King 박사는 1964년에 노벨 평화상을 *받았다*.
우리 가족은 휴가로 프랑스에 *갈 것이다*.

그러나, 영어시제와 그것이 가리키는 때가 항상 일치하는 것은 아닌 경우들이 있고, 우리말 특성상 영어와 시제가 일치하지 않는 경우도 있으므로 이에 주의해야 한다.

## 1 영어시제와 실제 때가 일치하지 않는 경우

**1** 우리는 기차로 다음 주에 부산에 **갈 것이다**(go).
We _____ to Busan *next week* by train.
(= will go)

**현재시제 = 미래의 때**
미래 부사구(next week)를 동반하거나 때, 조건을 나타내는 부사절(= when, while, before, after, till[until], once, as soon as, as long as, if, by the time 등의 접속사가 이끄는 절)의 경우

**2** 그들이 **올 때까지** 내가 여기서 기다릴게.
I'll wait here *till* they ┃come / will come┃.

**3** 내일 **비가 오면** 나는 집에 있을 것이다.
*If* it ┃rains / will rain┃ tomorrow, I'll stay at home.

**4** 내가 그녀의 전화번호를 **알면**(know) 네게 말해 줄 텐데.
*If* I _____ her number, I would tell you.

**if 가정법 과거:** 만약 ~라면 …일[할]텐데
① 현재 사실의 반대 또는 실현 가능성이 희박한 일을 가정, 소망하는 경우
② 형태: If+주어+동사의 과거형[were] ~, 주어+조동사 과거형(would, could, should, might)+동사원형 ~.

**5** 네가 지금 여기에 **있으면**(be) 좋을 텐데.
*I wish* you _____ here now.

**주어+wish 가정법 과거:** ~하면 좋을 텐데
① 소망하는 시점과 소망하는 내용의 시점이 같은 경우
② 형태: 주어+wish+(that+)주어+(조)동사의 과거형[were] ~.

## 2 우리말 특성에 주의해야 하는 경우

우리말의 현재시제는 실제 현재 때를 가리키기도 하지만 아래와 같은 특징도 가지고 있다.

함께 **걸어가면서** 그는 우리에게 얘기를 *해주었다*.
                                          └기준
He *told* us stories as we **went** along.

즉, 문장의 동사인 '(얘기를) 해주었다(told)'의 시제(과거)를 기준 삼아, 같은 문장에서 우리말의 현재시제(걸어가면서)는 기준 시제와 같은 때인 '과거'를 의미한다.

〈☞ 정답 및 해설 p.7〉

# UNIT EXERCISE

정답 및 해설 p.7

**A** ✅ 다음 중 어법상 적절한 표현을 고르시오.

1  I'll phone you when I  get / will get  home.
2  If I  had / have  enough money, I could buy a new smartphone.
3  The writer  published / will publish  a new book next year.
4  Our flight  departed / departs  from Seoul for Jeju Island in fifteen minutes.
5  Let's wait until the result  is / will be  announced.
6  The manager will let us know as soon as he  arrives / will arrive .
7  If the weather is fine tomorrow, we  go / will go  hiking.
8  Almost everyone wishes they  were / are  better than now.

**B** 💡 다음 각 문장의 밑줄 친 부분이 어법상 옳으면 ○, 틀리면 ✕로 표시하고 바르게 고치시오.

1  Christmas <u>is</u> on a Tuesday this year.               ☐ _____
2  I'm too old to enter university. I wish I <u>am</u> younger.       ☐ _____
3  Don't worry. We will get to the theater before the movie <u>will start</u>.   ☐ _____
4  All spectators will wait until the unexpected winner <u>will come out</u>.   ☐ _____

**C** 🔀 🔧 다음 주어진 우리말에 맞도록 괄호 안의 단어를 적절히 배열하시오. (단, 필요시 동사의 시제를 변형할 것)

1  **많은 사람들이 있어서**, Susan은 긴 줄을 서서 기다려야 했다. (be, as, people, many, there)
   → _____ , Susan had to wait in a long line.

2  **일단 네가 그녀의 노래를 들으면**, 너는 결코 그것을 잊을 수 없을 것이다. (her, you, listen to, once, song)
   → _____ , you will never forget it

3  **당신이 아기를 돌보는 동안** 내가 설거지를 할게요. (you, baby, the, look after, while)
   → I'll do the dishes _____

4  우리 집에 **방이 더 있다면**, 손님들이 그곳에 머무를 텐데. (more, have, we, if, rooms)
   → _____ in our house, our guests could stay there

영어의 현재완료는 우리말에 없는 시제이므로, 그 의미에 따라 우리말의 현재시제와 과거시제를 적절히 사용해야 한다.
그러므로 어느 때 현재완료를 써야 하는지 잘 알아두어야 한다.

## 1 현재·과거시제

| | | |
|---|---|---|
| **1** | 봐라, 주전자 안의 물이 **끓는다**(boil).<br>Look, the water in the kettle _____. | **현재시제 = 현재의 사실** |
| **2** | 내 아들은 항상 손톱을 **물어뜯는다**(bite).<br>My son always _____ his fingernails. | **현재시제 = 현재의 습관**<br>늘 꾸준히 일어나는 일 |
| **3** | 모든 살아 있는 것은 언젠가 **죽는다**(die).<br>All living things _____ one day. | **현재시제 = 일반적인 진리** |
| **4** | 우리는 5년 전에 처음 **만났다**(meet).<br>We _____ for the first time *five years ago*. | **과거시제 = 과거의 사실**<br>과거 부사(구)(yesterday, 「last+기간」, 「기간+ago」, 「in+연도」 등)를 동반하면 반드시 과거시제를 써야 한다. |

## 2 현재완료

동작이 일어난 정확한 과거 시기보다는 현재와의 관련에 초점이 있으므로 현재시제에 속한다.
그러므로 명백히 과거를 나타내는 어구와는 같이 쓸 수 없다.

He **has gone** to China.     He **went** there *last Saturday*.

| | | |
|---|---|---|
| **1** | 그는 긴 연설을 막 **끝냈다**(finish).<br>He _____ *just* _____ his long speech. | **현재까지의 동작의 완료**<br>현재와 관계있는 부사(just, now, already, yet, recently, lately, today, this week, till now) 등이 흔히 쓰인다. |
| **2** | 누군가 네 우산을 **가져갔다**(take). (그래서 네 우산이 없다.)<br>Somebody _____ your umbrella. | **과거 동작의 현재 결과** |
| **3** | 최근에 그를 두어 번 **본 적이 있다**(see).<br>I _____ him *a few times lately*. | **현재까지의 경험**<br>ever, never, once, twice, three times, often, before, for a long time 등과 잘 쓰인다. |
| **4** | 우리는 2년 동안 서로 **알고 지내왔다**(know).<br>We _____ each other *for two years*. | **현재까지의 상태 계속**<br>계속 기간을 표시하는 부사(구)(*e.g.* for ten years, since last Monday, these two weeks, from our childhood 등)와 잘 쓰인다. |

〈☞ 정답 및 해설 p.7〉

# UNIT EXERCISE

**A** 🔧 다음 주어진 우리말에 맞도록 주어진 동사를 시제에 유의하여 알맞은 형태로 바꿔 쓰시오.

1  태양은 태양계에서 가장 큰 별이다. (be)
   → The Sun _____ the largest star in our solar system.

2  나는 며칠 전에 피아노 레슨을 받기 시작했다. (start)
   → I _____ taking piano lessons a few days ago.

3  물은 섭씨 0도에서 언다. (freeze)
   → Water _____ at zero degrees Celsius.

4  그녀는 한 달에 한 번 미술관을 방문한다. (visit)
   → She _____ an art gallery once a month.

5  나는 작년 9월에 멕시코에 갔다. (go)
   → I _____ to Mexico in September last year.


**B** 💡 다음 각 문장의 밑줄 친 부분이 어법상 옳으면 ○, 틀리면 ✕로 표시하고 바르게 고치시오.

1  It snowed since last Monday.                                                                          ☐ _____
2  I have visited that amusement park on my last birthday.                       ☐ _____
3  My sister traveled to Europe during her last vacation.                           ☐ _____
4  I ordered a jacket online three days ago, but it hasn't arrived yet.    ☐ _____


**C** 🔧🔧 다음 주어진 우리말에 맞도록 괄호 안의 단어를 적절히 배열하시오. (단, 현재완료형으로 쓸 것)

1  **그 매니저는 싱가포르에 가서**, 사무실에 없다. (to, manager, Singapore, the, go)
   → _____, so he is not in the office.

2  우리 이모는 십 년 동안 **똑같은 휴대폰을 사용하고 계신다**. (same, use, the, cell phone)
   → My aunt _____ for ten years

3  **나는** 전에 암벽 등반을 하던 중에 **팔이 부러진 적이 있다.** (my, break, arm, I)
   → _____ while rock climbing before

4  **너는** 벌써 **숙제를 끝마쳤니?** (your, you, finish, homework)
   → _____ already

현재완료가 현재의 때를 기준으로 하듯이 과거완료는 과거의 어떤 때를 기준으로 하며, 완료 · 결과 · 경험 · 계속을 의미한다. 그밖에 과거완료를 써야 하는 경우에 대해서 알아보자.

| | | |
|---|---|---|
| **1** | 내가 버스 정류장에 도착하니 버스는 이미 **떠났다**(leave).<br>When I arrived at the bus stop, the bus _____ already _____. | 과거 어떤 때까지의 동작의 **완료** |
| **2** | 내가 버스에서 내렸을 때 열쇠를 **잃어버리고 없었다**(lose).<br>I _____ my key when I got off the bus. | 과거 어떤 때까지의 동작의 **결과** |
| **3** | 우리는 그 영화를 전에 **본 적이 있다**(see)고 생각했다.<br>We thought we _____ the film before. | 과거 어떤 때까지의 **경험** |
| **4** | 그녀가 스무 살이 되었을 때 그녀는 그곳에 5년간 **살았었다**(live).<br>She _____ there for five years by the time she was twenty. | 과거 어떤 때까지의 상태 **계속** |
| **5** | 그는 **구입했던**(buy) 시계를 잃어버렸다.<br>He lost the watch which he _____.<br>= He bought the watch and lost it. | **대과거**<br>과거에 일어난 두 동작을 일어난 순서대로 표현할 때 먼저 일어난 동작은 과거완료로 쓴다. |
| **6** | 우리가 지하철로 **갔더라면**(go) 시간을 **절약했을 텐데**(save).<br>If we _____ by subway, we would _____ time. | **If 가정법 과거완료:** 만약 (그때) ～했다면, ～했을 텐데 (안 했다)<br>① 과거의 사실을 반대로 가정, 소망하는 경우<br>② 형태: If+주어+had p.p. ~, 주어+조동사 과거형+have p.p. |
| **7** | 네가 어제 여기에 **있었더라면**(be) 좋을 텐데.<br>I wish you _____ here yesterday. | **주어+wish 가정법 과거완료:** ～했으면 좋을 텐데<br>① 소망하는 시점보다 소망한 내용의 시점이 먼저인 경우<br>② 형태: 주어+wish+(that+)주어+had p.p. 혹은 「조동사 과거형+have p.p.」 |

*과거완료는 before, after, when, until, by the time(～하기 전까지는), as soon as(～하자마자)와 같은 시간을 나타내는 접속사와 종종 쓰인다.

〈☞ 정답 및 해설 p.8〉

# UNIT EXERCISE

**A** ✅ 다음 중 어법상 적절한 표현을 고르시오.

1 I wore the dress which my friend | had / has | given to me.

2 If I had known where she lived, I | have visited / would have visited | her.

3 Before we sold our car, we | had / have | owned it for 12 years.

4 As soon as all the diners | leave / had left |, we started to clean up the table.

5 When Judy arrived at the hotel this morning, the maid | has / had | already cleaned.

6 If the weather had been good, we | would go / would have gone | to the park yesterday.

**B** 🔀 다음 주어진 우리말에 맞도록 괄호 안의 단어를 적절히 배열하시오.

1 내가 어렸을 때 **전 세계를 여행했다**면 좋을 텐데. (world, traveled, the, around, had)
→ I wish I _____ in my youth.

2 그 컴퓨터가 **고장 나기** 전에 나는 **내 파일을 저장했었다**. (file, saved, my, crashed, had)
→ I _____ before the computer _____.

3 **나는 그 선생님을** 전에 **뵌 적이 있기** 때문에 바로 그분을 알아봤다. (had, her, I, met)
→ I recognized the teacher immediately because _____ before.

4 그가 가능한 한 빠르게 역에 도착했지만, **그녀는 이미 떠났다**. (had, already, she, left)
→ He got to the station as fast as possible, but _____.

5 비가 많이 왔다면, **소속사는** 그 콘서트를 **취소했을 텐데**. (have, agency, would, the, canceled)
→ If it had rained a lot, _____ the concert.

6 캐나다로 이민 왔을 때 나는 **수년간 영어를 공부해 왔었다**. (English, several, studied, years, for, had)
→ I _____ when I immigrated to Canada.

7 **Jane이** 휴대폰을 **확인했을** 때, 그녀는 엄마께서 **두 번 전화하셨다**는 것을 알았다.
(Jane, twice, called, had, checked)
→ When _____ her cell phone, she saw that her mom _____
_____.

**꼭 알아둬야 할 주요 조동사**

## 1 '당위성'을 나타내는 동사나 형용사 뒤에 나오는 that절의 동사는 「(should+) 동사원형」

| | |
|---|---|
| **1** 그 의사는 그가 그 약을 **먹어야**(take) **한다**고 권했다.<br>The doctor *recommended* that he _____ the medicine. | 동사 insist, suggest, propose, demand, recommend, order 등+that절 |
| **2** 그녀가 여기로 **올**(come) 필요가 있다.<br>It is *necessary* that she _____ here. | 형용사 necessary, essential, important 등 +that절 |

## 2 조동사 포함 빈출 표현

| | |
|---|---|
| **1** 그는 그 시험에 통과**했음이**(pass) **틀림없다.**<br>He _____ the test. | must have p.p.: ~했음이 틀림없다 |
| **2** 그녀는 그것을 까먹**었을 수도**(forget) **있다.**<br>She _____ it. | could have p.p.: ~ 했을 수도 있다 |
| **3** 너는 이미 이것을 들**었을지도**(hear) **모른다.**<br>You _____ this already. | may[might] have p.p.: ~했을지도 모른다 |
| **4** 그녀가 그렇게 말**했을 리가**(say) **없다.**<br>She _____ that. | cannot have p.p.: ~했을 리가 없다 |
| **5** 너는 먼저 나에게 말**했어야**(talk) **했다.**<br>You _____ to me first. | should have p.p.: ~했어야 했는데<br>(과거 행위에 대한 비난, 후회) |
| **6** 나는 오늘 밤에는 외식**하고**(go) **싶다.**<br>I _____ out to eat tonight. | would rather: (오히려) ~하고 싶다<br>*cf.* would rather not: 차라리 ~하지 않는 편이 낫다 |
| **7** 그는 운동**하느니**(exercise) **차라리** 집에 **머무르고**(stay) **싶다.**<br>He _____ home _____. | would rather A than B: B하느니 차라리 A하고 싶다 |
| **8** 나는 미래에 대해 생각**하지 않을 수 없다.**<br>I _____ thinking about the future. | cannot help v-ing: ~하지 않을 수 없다<br>= cannot (help) but v<br>= have no choice but to-v |
| **9** 차를 운전할 때 사람들은 **아무리 조심해도 지나치지 않다.**<br>People _____ careful in driving a car. | cannot ~ too: 아무리 ~해도 지나치지 않다 |
| **10** 그녀는 **아마** 쉬고 싶을(want) **것이다.**<br>She _____ to take a rest. | may well: 아마 ~일 것이다, ~하는 것이 당연하다 |
| **11** 너는 일찍 자러 가**는**(go) **편이 낫다.**<br>You _____ to bed early. | may as well: ~하는 편이 낫다 |
| **12** 우리는 일찍 떠나**는**(leave) **편이 낫다.**<br>We _____ early. | had better v: ~하는 편이 낫다 (강한 권고)<br>*cf.* had better not v: ~하지 않는 편이 낫다 |

〈☞ 정답 및 해설 p.8〉

# UNIT EXERCISE

정답 및 해설 p.8

**A** ✔️ 다음 중 어법과 문맥상 적절한 표현을 고르시오.

1 It is essential that the prices | remain / remained | competitive.

2 I got a low grade. I | must / should | have studied harder for the test.

3 He | cannot / must | have gone to Russia. He doesn't have a passport.

4 She suggested that he | be / is | in charge of the presentation.

5 I | would rather / would rather not | eat fast food for my health.


**B** 🔍🔧 다음 주어진 우리말에 맞도록 〈보기〉에서 알맞은 조동사를 고른 후 괄호 안의 단어를 활용하여 빈칸을 채우시오.

| 〈보기〉 should | must | may | cannot |
|---|---|---|---|

1 너는 그를 **봤던 것임이 틀림없다**. 그는 너의 바로 옆에 서 있었다. (see)
   → You _____ him. He was standing right next to you.

2 선생님께서 내 나쁜 성적에 대해 우리 부모님께 **전화하셨을지도 모른다**. (call)
   → My teacher _____ my parents about my bad grades.

3 밖은 매우 춥다. 나는 내 코트를 **가져왔어야 했다**. (bring)
   → It's so cold outside. I _____ my coat.

4 아무도 우리 집에 오지 않았다. 그가 소포를 **배달했을 리가 없다**. (deliver)
   → Nobody came to our house. He _____ the package


**C** 🔀 다음 주어진 우리말에 맞도록 괄호 안의 단어를 적절히 배열하시오.

1 **그는** 업무에 대한 **자신의 태도를 바꿀 필요가 있다**. (attitude, change, necessary, he, that, his)
   → It is _____ towards work

2 너는 말하기 전에 **두 번 생각하는 것이 낫다**. (twice, better, think, had)
   → You _____ before you speak

3 나는 **오히려 이것에 대해** 나중에 **얘기하고 싶다**. (rather, this, would, talk, about)
   → I _____ later

4 그들은 **그녀가 그녀의 조부모님을** 더 자주 **방문해야 한다고 제안한다**.
   (she, grandparents, that, visit, suggest, her, should)
   → They _____ more often

# Knowhow
# 2

동사 오류부터 막아라
**문장 동사의 기본 원칙**

# Chapter 04  태

| | | |
|---|---|---|
| advice ❶ 철자주의 | 조언, 충고 | |
| advise ❶ 철자주의 | 조언하다, 충고하다 | |
| ancient | 고대의 | ↔ modern 현대의 |
| approach | 다가오다[가다] | |
| arrive ❶ 철자주의 | 도착하다 | ↔ depart 출발하다, 떠나다 |
| be located in | ~에 위치하다 | |
| be responsible for | ~의 원인이다, ~에 대해 책임이 있다 | |
| belong to | ~에 속하다, ~의 소유이다 | |
| citizen | 시민; 주민 | |
| coworker | 동료 | = colleague |
| defeat | 패배(시키다), 물리치다 | |
| excellence ❶ 철자주의 | 우수(성), 뛰어남 | ▶ excellent 훌륭한, 탁월한 |
| expert | 전문가(의); 전문적인 | |
| fasten ❶ 철자주의 | 매다, 채우다; 잠그다 | |
| grocery store | 식료품점 | |
| honest ❶ 철자주의 | 정직한, 솔직한 | ▶ honesty 정직(성), 솔직함 |
| march | 행진(하다) | |
| moss | 이끼 | |
| nickname | 별명을 붙이다; 별명 | |
| passion | 정열; 열정 | |
| planet | 행성 | |
| preserve | 보존하다, 지키다 | ▶ preservative 방부제 |
| prisoner | 죄수; 포로 | |
| release | 석방하다, 풀어 주다; 개봉[발매]하다 | |
| reliable | 믿을 만한, 의지가 되는 | ↔ unreliable 믿을 수 없는 |
| resemble | 닮다 | |
| resign | 사임[사직]하다 | |
| school trip | 수학여행 | |
| scratch | 할퀴다, 긁다; 할퀸[긁힌] 자국 | |
| seasoning | 양념, 조미(료) | |
| security guard | 경비원; 경호원 | |
| symbol | 상징(물) | ▶ symbolize 상징하다 |
| take off | 이륙하다 | ↔ land 착륙하다 |
| toothpick | 이쑤시개 | |
| touched | 감동한, 감동을 받은 | |
| touching | 감동적인, 감동을 주는 | |
| typhoon ❶ 철자주의 | 태풍 | = storm |
| wound | 다치게 하다; 상처, 부상 | |

# UNIT 01 수동태의 기본 이해

주어는 어떤 일을 스스로 하기도 하고(능동), 어떤 일을 당하기도 한다(수동). 대개, '누가[무엇이] ~한 것'이 중요한 게 아니라 '누가[무엇이] 당한 것'이 더 중요할 때 수동태를 쓴다. 그래서 당한 사람[사물]이 주어로 나오고, 동사는 「be동사+p.p.」로 표현한다. 누가[무엇이] 했는지는 별로 중요하지 않기 때문에 by 뒤에 쓰기도 하고 전체를 생략하기도 한다.

## 1 수동태의 기본 형태

**1** 능동 He **cooks/cooked/will cook/can cook** the food.
　수동 The food _____ (by him).
　수동 The food _____ (by him).
　수동 The food _____ (by him).
　수동 The food _____ (by him).

현재/과거/미래시제: (조동사) be p.p.

**2** 능동 He **is[was] cooking** the food.
　수동 The food _____ (by him).
　수동 The food _____ (by him).

진행: be being p.p.

**3** 능동 He **has[had] cooked** the food.
　수동 The food _____ (by him).
　수동 The food _____ (by him).

완료: have[has/had] been p.p.

## 2 4문형·5문형의 수동태

**1** 능동 He gave **her good advice.**
　수동 _____ was given good advice (by him).
　수동 _____ was given to her (by him).

4문형
목적어가 두 개이므로 기본적으로 두 개의 수동태가 가능하다.

**2** 능동 He nicknamed **her Snow White.**
　수동 She _____ (by him).

**3** 능동 I found **the book helpful.**
　수동 The book _____ (by me).

**4** 능동 The doctor told **me to exercise more.**
　수동 I _____ (by the doctor).

5문형
보어는 능동태 자리에 그대로 두지만, 원형부정사 보어인 경우 수동태에서는 to 부정사로 써야 한다.

**5** 능동 We heard **him playing the piano.**
　수동 He _____ (by us).

*have와 let은 수동태가 불가능하므로 be asked to-v, be allowed to-v 등으로 바꿔 쓸 수 있다. (☞ p.48)

**6** 능동 My parents made **me change my mind.**
　수동 I _____ (by my parents).

〈☞ 정답 및 해설 p.9〉

# UNIT EXERCISE

정답 및 해설 p.9

**A** 💡 다음 각 문장의 밑줄 친 부분이 어법상 옳으면 ○, 틀리면 ×로 표시하고 바르게 고치시오.

1  The house must <u>clean</u> before the parents arrive. □ _____

2  The manager was made <u>to resign</u> after her mistake. □ _____

3  The road <u>is repairing</u>, so you cannot use it now. □ _____

4  Please don't lie. I should be <u>told to</u> the truth. □ _____

**B** 🔄 다음 문장을 수동태로 바꿔 쓸 때, 빈칸을 알맞게 완성하시오.

1  The teacher taught the students history.
   → History _____ the students by the teacher

2  People consider her a genius.
   → She _____ by people

3  A coworker advises the researcher to study for a year in U.S.
   → The researcher _____ study for a year in U.S. by a coworker.

4  The Chinese have planted many trees to preserve the environment.
   → Many trees _____ to preserve the environment by the Chinese

**C** 🔀 다음 주어진 우리말에 맞도록 괄호 안의 단어를 적절히 배열하시오.

1  손님들은 방에서 어떠한 것도 **요리하지 않도록 요청받는다**. (to, cook, not, requested, are)
   → Guests _____ anything in the room

2  그 경비원들은 이웃들에 의해 **믿을 만하고 정직하다고 여겨진다**. (and, honest, are, reliable, thought)
   → The security guards _____ by the neighbors

3  많은 구매자들에게 지금 **새로운 상품들이 보여지고 있는 중이다**. (new, shown, being, products, are, th
   → Many shoppers _____ now

4  시민들이 런던 거리를 **통해 행진하고 있는 것으로 보인다**. (through, seen, marching, are)
   → The citizens _____ London street

**능동 · 수동의 구분**

주어와 동사의 관계를 따져보아 주어 스스로 동작을 하는 것인지 당하는 것인지를 구별해야 한다.

## 1 일반적인 동사인 경우

| 1 | The company [sent / was sent] me the wrong product. | 능동: 주어 스스로 동작을 하는 경우 |
|---|---|---|
| 2 | This wallet [found / was found] in the street. | 수동: 주어가 당하는 경우 |

## 2 감정동사인 경우

기쁨이나 슬픔, 즐거움이나 분노 등의 감정을 나타내는 동사들인 경우 다음과 같이 구분한다.

| 1 | The school trip was [exciting / excited]. | 능동: 주어가 누군가에게 감정을 일으키는 경우 |
|---|---|---|
| 2 | The children were [exciting / excited] about the school trip. | 수동: 주어가 감정을 느끼는 경우 |

*감정동사: surprise, shock, excite, touch, amaze, interest, please, satisfy, tire, annoy, bore, confuse, depress, disappoint, embarrass, frighten, delight, terrify, puzzle 등

## 3 우리말로 능동 · 수동을 판별하면 안 되는 경우

자연스런 우리말의 능 · 수동과 영어의 능 · 수동은 차이가 있을 수 있으므로 아래 대표적인 동사의 예들을 잘 알아두자.

| 1 | 대부분의 책들은 여러 개의 챕터로 구성된다.<br>Most books [consist / are consisted] of several chapters. | 능동이지만 수동의 의미를 지니는 동사:<br>consist of(~로 구성되다), sell well(잘 팔리다),<br>write well(잘 써지다), wash well(잘 씻기다)<br>read well(잘 읽히다), open easily(쉽게 열리다) |
|---|---|---|
| 2 | 이 디저트는 여름에 잘 팔린다.<br>This dessert [sells / is sold] well in summer. | |
| 3 | 그 아기는 작년에 태어났다.<br>The baby [bore / was born] last year. | 수동이지만 능동의 의미를 지니는 동사:<br>be born(태어나다), be located(위치하다)<br>① 주로 '피해'를 나타내는 경우<br>be wounded[damaged](다치다)<br>be defeated(패배하다)<br>② 일부 4문형 수동태<br>be taught(배우다), be told(듣다)<br>be given(받다) |
| 4 | 그 사고로 다섯 명이 다쳤다.<br>Five people [injured / were injured] in the accident. | |
| 5 | 우리는 한 골 차로 패배했다.<br>We [defeated / were defeated] by one goal. | |
| 6 | 재미있는 사건이 발생했다.<br>An interesting event [happened / was happened]. | 수동태로 변환되지 않는 경우:<br>자동사(happen, appear, disappear, arise 등), 상태동사(want, know, belong to, have, resemble 등)의 경우 |
| 7 | 저 건물은 그 노인에게 속해 있다. (→ 저 건물은 그 노인의 것이다.)<br>That building [belongs / is belonged] to the old man. | |

〈☞ 정답 및 해설 p.10〉

# UNIT EXERCISE

**A** ✅ 다음 중 어법상 적절한 표현을 고르시오.

1  I [ resemble / am resembled ] my father very closely.
2  The documentary about a parent's love was [ touching / touched ].
3  The large dog [ approached / was approached ] me on the street.
4  The escalator [ moves / is moved ] again after being repaired.
5  The prisoners [ released / were released ] last week.
6  *The Lord of the Rings* [ wrote / was written ] by J. R. R. Tolkien.
7  The history lesson was so [ boring / bored ] that all the students were [ boring / bored ].

**B** 💡 다음 각 문장의 밑줄 친 부분이 어법상 옳으면 ○, 틀리면 ✕로 표시하고 바르게 고치시오.

1  Penicillin <u>discovered</u> by Alexander Fleming in 1928.  ☐ _____
2  This board marker <u>writes</u> smoothly.  ☐ _____
3  The memory of my first love won't <u>be disappeared</u>.  ☐ _____
4  The boy <u>has been scratched</u> by the cat while feeding it.  ☐ _____
5  I <u>was stopped</u> by a grocery store to get some milk.  ☐ _____

**C** 🔧 다음 주어진 우리말에 맞도록 괄호 안의 단어를 활용하여 빈칸을 완성하시오.

1  '종의 기원'이라는 책은 1859년에 **출간되었다**. (publish)
   → The book, *On the Origin of Species*, _____ in 1859.

2  그 실험의 결과들은 **놀라웠다**. (surprise)
   → The results of the experiment _____.

3  덴마크는 유럽 북부에 **위치해 있다**. (locate)
   → Denmark _____ in the northern part of Europe.

4  나는 어렸을 때 집에서 엄마에게 영어를 **배웠다**. (teach)
   → I _____ English by my mom at home when I was young.

5  그 군인은 전쟁 중에 다리를 **다쳤다**. (wound)
   → The soldier _____ in the leg during the war.

## 1 that절이 목적어인 수동태

that절을 목적어로 자주 취하는 동사들에는 say, believe, think, know, suppose, consider, expect, report 등이 있는데, 두 가지의 수동태가 가능하다.

---

**1** They *think* **that the project** *is* **a good idea.**

   i) _____ *is thought* that the project _____ a good idea.

   ii) The project _____ a good idea.

> 주절 시제 = that절 시제
> i) 가주어 It+be+p.p. that ~
> ii) that절 주어+be+p.p.+to부정사

---

**2** They *think* **that the project** *was* **a good idea.**

   i) _____ *is thought* that the project _____ a good idea.

   ii) The project _____ a good idea.

> 주절 시제 ≠ that절 시제
> that절의 시제가 주절의 시제보다 앞설 경우에는 to부정사의 형태가 「to have p.p.」 됨에 유의한다.

---

## 2 be used to부정사 / be used to ~ing / used to+동사원형

---

**1** 동전을 만드는 데 은이 **사용되었다.**

   Silver _____ the coins.

> be used to부정사: ~하는 데 사용되다

---

**2** 그는 늦게까지 일하는 데 **익숙하다.**

   He _____ late.

> be used to ~ing: ~하는 데 익숙하다

---

**3** 나는 매일 수영하곤 **했다.**

   I _____ every day.

> used to+동사원형: ~하곤 했다

---

## 3 구동사의 수동태

동사가 구를 이루어 목적어를 취하는 경우, 수동태로 쓸 때 하나의 타동사로 취급하여 구를 이루는 단어들을 빼놓지 않아야 한다.

---

**1** Everybody **laughed at** my proposal.

   → My proposal _____ by everybody.

> laugh at(~을 비웃다[놀리다])
> → be laughed at(비웃음을 당하다)
> *e.g.* be looked after(보살핌을 받다)
>     be asked for(요청되다)
>     be broken into(침입을 당하다)

---

**2** We can **make use of** this information in the future.

   → This information can _____ in the future.

> make use of(~을 이용하다)
> → be made use of(이용되다)
> *e.g.* be looked up to(존경받다)
>     be caught up with(따라잡히다)
>     be referred to as A(A로 언급되다)

---

〈☞ 정답 및 해설 p.10〉

# UNIT EXERCISE

**A** ✅ 다음 중 어법과 문맥상 적절한 표현을 고르시오.

1 I'm not used to drive / to driving on the left in Japan.
2 English is used to / used to communicate with people from other countries.
3 I am used to eat / to eating food without a salty seasoning.
4 I am used to / used to work full-time before, but I only work in the evenings now.

**B** 🔍🔧 다음 주어진 우리말에 맞도록 〈보기〉에서 알맞은 구동사를 골라 수동태로 바꿔 쓰시오.

| 〈보기〉 look after | break into | catch up with | look up to |
|---|---|---|---|

1 그 은퇴한 선생님은 많은 학생들에게 **존경을 받는다**.
   → The retired teacher _____ by many students.

2 신생아들은 부모님에 의해 **보살핌을 받아**야 한다.
   → Newborn babies should _____ by parents.

3 그 남자는 경찰에게 **따라잡힐** 것이다.
   → The man will _____ by the police.

4 그 애완동물 가게는 지난 주말에 몇몇 도둑들에 의해 **침입을 당했다**.
   → The pet shop _____ by some thieves last weekend.

**C** 🔄 다음 문장을 수동태로 바꿔 쓸 때, 빈칸을 알맞게 완성하시오.

1 People say that practice makes perfect.
   → It _____ practice makes perfect.
   → Practice _____ perfect.

2 The announcer reports that two people were injured in a hurricane.
   → It _____ two people were injured in a hurricane.
   → Two people _____ in a hurricane

3 The ancient people supposed that the planets were gods.
   → It _____ the planets _____ gods by the ancient people
   → The planets _____ gods by the ancient people

4 Experts consider that the typhoon was responsible for the damage.
   → It _____ the typhoon _____ responsible for the damage
   → The typhoon _____ responsible for the damage

**암기하면 좋은 수동태 표현**

## 1 by 이외의 전치사를 쓰는 수동태

**1** 산은 안개**로 덮여 있었다.**
The mountain _____ fog.

**2** 내 마음은 기쁨**으로 가득 차 있다.**
My heart _____ joy.

be covered **with[by]**: ~으로 덮여 있다
be filled **with**: ~으로 가득 차 있다
be surprised **at**: ~에 놀라다
be interested **in**: ~에 관심이 있다
be satisfied **with**: ~에 만족해하다

## 2 전치사에 따라 의미가 다른 수동태 표현

**1** 런던은 거리 미술**로 유명하다.**
London _____ its street art.

그 가수의 재능은 많은 사람들에게 **알려져 있다.**
The singer's talent _____ many people.

나무는 그 열매**에 의해 알 수 있다.** (→ 크게 될 나무는 떡잎부터 알아본다.)
A tree _____ its fruit.

마늘은 건강에 좋은 음식**으로 알려져 있다.**
Garlic _____ a healthy food.

be known **for**: ~으로 유명하다
*cf.* be known **to**: ~에게 알려져 있다
　　be known **by**: ~에 의해 알 수 있다
　　be known **as**: ~(인 것)으로 알려져 있다

**2** 이쑤시개는 나무**로 만들어진다.**
Toothpicks _____ wood.

와인은 포도**로 만들어진다.**
Wine _____ grapes.

be made **of**: ~으로 만들어지다
(재료의 성질 변화 없음)
be made **from**: ~으로 만들어지다
(재료의 성질 변화 있음)

## 3 수동태로 잘 쓰이는 표현

**1** 나는 도서관에 가**기로 되어 있었다.**
I _____ go to the library.

be supposed to부정사:
~해야 한다, ~하기로 되어 있다

**2** 이 기술들은 이 직업**과 관계가 있다.**
These skills _____ this job.

be related to (동)명사: ~과 관계가 있다

**3** 내가 탈 버스는 정오에 출발할 **예정이다.**
My bus _____ depart at noon.

be scheduled to부정사: ~할 예정이다

**4** 이곳에서 요리**하셔도 됩니다.**
You _____ cook in this area.

be allowed to부정사: ~하는 것이 허락되다

**5** 아이들은 조용히 하**도록 요청받는다.**
Children _____ be quiet.

be asked to부정사: ~하도록 요청받다

〈☞ 정답 및 해설 p.11〉

# UNIT EXERCISE

**A** ✅ 다음 중 어법상 적절한 표현을 고르시오.

1 The concert hall is filled with / of people.
2 My brother is interested at / in making short films.
3 The student is not satisfied of / with his school life.
4 The rocks near the river are covered with / of moss.
5 Travelers were surprised at / to the size of the pyramids.

**B** 🔍 🔧 다음 우리말에 맞도록 〈보기〉에서 알맞은 전치사를 고른 후 괄호 안의 단어를 활용하여 빈칸을 완성하시오. (단, 한 번씩만 쓸 것)

| 〈보기〉 | as | of | from | to |
|---|---|---|---|---|

1 한글의 우수성은 전 세계에 알려져 있다. (know)
 → The excellence of Hangul _____ the whole world.

2 이 재킷은 면과 폴리에스테르로 만들어져 있다. (make)
 → This jacket _____ cotton and polyester.

3 붉은 장미는 사랑과 정열의 상징으로 알려져 있다. (know)
 → The red rose _____ a symbol of love and passion.

4 이 주스는 사과로 만들어진다. (make)
 → This juice _____ apples.

**C** 🔠 🔧 다음 주어진 우리말에 맞도록 괄호 안의 단어를 활용하여 빈칸을 완성하시오. (단, 필요시 단어 변형 및 추가 가능)

1 그 레스토랑은 올해 봄에 **개업할 예정이다.** (schedule, open)
 → The restaurant _____ in the spring this year

2 아이들은 대인용 수영장에서 **수영하는 것이 허락되지 않는다.** (swim, allow)
 → Children _____ in the pool for adults

3 그 차의 문제는 **그 엔진과 관계가 있다.** (engine, relate, its)
 → The problems with the car _____

4 모든 사람은 파티에 자신의 파트너를 **데려와야 한다.** (bring, suppose)
 → Everyone _____ their partners to the party

5 승객들은 비행기가 이륙하는 동안 안전띠를 **매도록 요청받는다.** (fasten, ask)
 → Passengers _____ their seatbelts while the plane takes off

# OVERALL TEST

**A** ✔ 다음 중 어법과 문맥상 적절한 표현을 고르시오.

1 The meeting had / has already started when I arrived.

2 I got wet in the rain. I should / must have brought an umbrella.

3 The screenwriter was satisfied at / with his film's script.

4 I am used to speak / speaking English now. But it was strange at first.

5 Thomas and I are supposed to volunteer / to volunteering at the orphanage.

6 Many people were wounded / wounding and taken to the hospital immediately.

7 The old man is known for / to his wisdom and generosity.

8 The Moon is / was the Earth's satellite.

**B** 🔧 다음 주어진 동사를 시제와 태에 유의하여 알맞은 형태로 바꿔 쓰시오. (단, 빈칸 당 하나의 단어만을 쓸 것)

1 She _____ to her office every day these days. (walk)

2 Jason has never _____ to Jeju Island. (be)

3 I will play baseball after I _____ my homework. (finish)

4 If I _____ a millionaire, I would help people in need. (be)

5 I _____ _____ the surprising news last week. (tell)

6 He _____ _____ for work for two months before he got a new job. (look)

7 Smartphones _____ _____ _____ by many people since the late 2000s. (use)

8 He _____ _____ _____ show his business card to the secretary two days ago. (make)

**C** 💡 다음 각 문장의 밑줄 친 부분이 어법상 옳으면 ○, 틀리면 ✕로 표시하고 바르게 고치시오.

1 Wind energy <u>used to</u> produce electricity. ☐ _____

2 The dirty table <u>is being cleaned</u> by Mina now. ☐ _____

3 A presidential election <u>takes place</u> every five years in Korea. ☐ _____

4 People should not <u>allow</u> to cut in line at the bus stop. ☐ _____

5 When I got home, they <u>had already had</u> dinner. ☐ _____

6 When you <u>will get</u> off the bus, you will be in Myeongdong. ☐ _____


**D** 🔧🔧 다음 주어진 우리말에 맞도록 괄호 안의 단어를 활용하여 빈칸을 완성하시오. (단, 필요시 단어 변형 및 추가 가능)

1 그 직원은 두 달 전에 그 일을 **그만뒀다고들 한다**. (to, quit, say, have)

→ The employee _____ the job two months ago.

2 Danny는 우리가 함께 보기 전까지 **한 번도 그 쇼를 본 적이 없었다**. (show, watch, have, never, that)

→ Danny _____ until we watched it together.

3 그 소년은 머리부터 발끝까지 **담요로 덮여 있다**. (blanket, cover, a)

→ The boy _____ from head to toe.

4 우리 언니는 자신의 이메일 계정의 **비밀번호를 잊어버렸다**. (forget, have, password, the)

→ My sister _____ for her email address.

5 Judy는 비행기를 놓쳤다. 그녀는 더 일찍 집을 **떠났어야 했다**. (leave, should)

→ Judy missed her flight. She _____ home earlier.

6 조식 뷔페는 **다양한 인도 요리들로 구성된다**. (different, consist, Indian dishes)

→ The breakfast buffet _____ .

7 우리는 역사가에 의해 **그 지도를 보게 되었다**. (the, show, map, be)

→ We _____ by the historian.

8 내가 노래를 **잘 부른다면**, 나는 노래 경연대회에 **참가할 텐데**. (well, would, sing, enter)

→ If I _____, I _____ a singing contest.

# Knowhow

# 3

긴 문장도
제대로 써보자
**문장의 확장**

# Chapter 05 주어의 확장

| abroad ❶ 철자주의 | 해외에(서), 해외로 | *cf.* aboard (배 등에) 탄, 탑승한 |
|---|---|---|
| advanced | 상급[고급]의; 진보한 | |
| advantage | 이점, 장점 | ↔ disadvantage 불리한 점, 약점 |
| alone | ~하나만으로; 혼자 | |
| annoy | 성가시게[귀찮게] 하다 | ▶ annoying 성가시게 하는 / annoyed 성가셔하는 |
| appointment ❶ 철자주의 | 약속; 임명, 지명 | ▶ appoint 약속하다; 임명[지명]하다 |
| asleep | 잠든 | ↔ awake 깨어 있는; 깨우다 |
| attitude ❶ 철자주의 | 태도, 자세 | |
| bark | (개가) 짖다 | |
| be filled with | ~로 가득 차다 | |
| blossom | 꽃; 꽃이 피다 | = flower |
| burn | 태우다; 타오르다 | burned[burnt]-burned[burnt]-burning ❶ 변화형 주의 |
| confuse | 혼란스럽게 하다 | ▶ confusing 혼란스럽게 하는 / confused 혼란스러운 |
| determined | (굳게) 결심한 | ※ be determined to-v ~하기로 굳게 결심하다 |
| endure | 견디다; 지속되다 | |
| exhaust ❶ 철자주의 | 탈진하게 하다; 고갈시키다 | ▶ exhausting 탈진하게 하는 / exhausted 탈진한 |
| extend | 확장[연장]하다 | |
| fascinate | 매료시키다 | ▶ fascinating 대단히 흥미로운, 매혹적인 / fascinated 매료된 |
| figure out | 밝히다, 알아내다 | |
| flow | 흐르다 | flew-flown-flowing ❶ 변화형 주의 |
| forum | 포럼, 토론회 | |
| frustrate | 좌절시키다 | ▶ frustrating 좌절감을 주는 / frustrated 좌절한, 낙담한 |
| hide | 숨기다 | hid-hidden-hiding ❶ 변화형 주의 |
| honest ❶ 철자주의 | 정직[솔직]한 | ▶ honesty 정직, 솔직함 |
| international | 국제적인, 국제(간)의 | |
| knowledge ❶ 철자주의 | 지식, 학식 | |
| limit A from v-ing | A가 ~하는 것을 제한하다 | |
| maintain | 유지하다 | |
| passionate | 열정적인, 열렬한 | |
| rely on | ~에 의지[의존]하다 | |
| revenge | 복수, 보복 | |
| spectator | 관중, 구경꾼 | |
| steal | 훔치다 | stole-stolen-stealing ❶ 변화형 주의 |
| strange | 이상한, 기이한 | = weird |
| useless | 소용[쓸모]없는 | ↔ useful 유용한 |
| weaken | 약해지다 | ↔ strengthen 강해지다 |

**형용사(구)의 어순과 위치에 유의하라**

## 1 종류별 순서

주어 앞에는 여러 말이 올 수 있는데 어떤 종류에 속하는지에 따라 어순이 정해지므로 종류부터 우선 알아보기로 하자. 이때 영어의 순서와 우리말의 자연스런 해석 순서는 서로 다를 수 있다.

**all the three different** methods (그 세 가지 다른 방법들 모두)
① ② ③ ④

① all: 언제나 맨 앞에 온다. 같은 종류로는 both가 있다.
② the: 관사를 비롯하여 this/these, that/those, some, any, my, your, many, much 등 형용사는 아니지만, 명사 앞에 오는 것들이 이에 속한다.
③ three: 수를 나타내는 것은 관사 뒤, 형용사 앞에 써야 한다. first, second 등 순서를 나타내는 형용사도 마찬가지다.
④ different: 성질이나 상태를 나타내는 형용사(kind, big, blue 등)로서 명사 바로 앞에 위치한다.

## 2 같은 종류일 때의 순서

| | |
|---|---|
| **1** 그 좋은(nice) 목조 건물은 / 호텔이다.<br>＿＿＿＿＿ ＿＿＿＿＿ ＿＿＿＿＿ ＿＿＿＿＿ / is a hotel. | 주관적 생각 ＋ 객관적 사실<br>wonderful,  gold, wooden,<br>nice, beautiful  white |
| **2** 그의 멋진(wonderful) 첫 두 앨범은 / 성공적이었다.<br>＿＿＿＿＿ ＿＿＿＿＿ ＿＿＿＿＿ ＿＿＿＿＿ ＿＿＿＿＿ / were successful. | 서수 ＋ 기수<br>first, second,  one, two,<br>third  three |

## 3 형용사(구)를 주어 뒤에 써야 하는 경우

우리말에서는 꾸며주는 말을 항상 명사 앞에 쓰지만, 영어에서는 형용사(구)가 뒤에 올 수도 있다는 점이 다르다.

| | |
|---|---|
| **1** 어떤 이상한(strange) 일이 / 일어났다.<br>＿＿＿＿＿ ＿＿＿＿＿ / happened. | 주어가 -thing, -body, -one으로 끝나는 대명사일 때 |
| **2** 잠든 물고기들은 모두 / 가만히 있다.<br>＿＿＿＿＿ ＿＿＿＿＿ ＿＿＿＿＿ / stay still. | asleep, afraid, alike, alive, alone, aware, available 등의 형용사 |
| **3** 물이 가득 찬 양동이(a bucket)는 / 그 식물들에게 필요하다.<br>＿＿＿＿＿ ＿＿＿＿＿ ＿＿＿＿＿ ＿＿＿＿＿ /<br>is needed to the plants. | 형용사(full) 뒤에 전명구(of water)가 와서 길어질 때 |
| **4** 그 집의 아이들(the kids)은 / 활동적이다.<br>＿＿＿＿＿ ＿＿＿＿＿ ＿＿＿＿＿ ＿＿＿＿＿ / are active. | 주어＋전명구 |
| **5** 시작하기에 가장 좋은 때는 / 바로 지금이다.<br>＿＿＿＿＿ ＿＿＿＿＿ / is right now. | 주어＋to부정사 |

〈☞ 정답 및 해설 p.13〉

# UNIT EXERCISE

정답 및 해설 p.13

A ✅ 다음 주어진 우리말에 맞도록 적절한 순서로 배열한 것을 고르시오.

1 그 무서운 회색 고양이
   | the grey scary / grey scary the / the scary grey | cat

2 그녀의 오래된 많은 그림들
   | old many her / her many old / her old many | paintings

3 저 멋진 벽돌집
   | that great brick / that brick great / great brick that | house

4 나의 갈색 개 세 마리
   | my brown three / my three brown / three brown my | dogs

5 그의 멋진 검정 자전거
   | nice his black / his nice black / his black nice | bike

6 그녀의 사랑스러운 딸 둘 다
   | both her lovely / her lovely both / both lovely her | daughters

7 첫 삼 년
   | the three first / the first three / first three the | years


B ✏️ 다음 주어진 우리말에 맞도록 괄호 안의 단어를 적절히 배열하시오.

1 **기억력은** 나이 듦에 따라 약해진다. (to, ability, remember, the)
   → _____ weakens with age

2 **내 첫 두 수업은** 지루했다. (first, classes, my, two)
   → _____ were boring

3 **뭔가 좋은 일이** 너에게 일어날 거야. (good, something)
   → _____ is going to happen to you

4 **자신들의 성공을 확신하는 사람들이** 성공할 가능성이 더 크다. (success, people, of, their, confident)
   → _____ are more likely to succeed

5 **승리로 행복해하는 그 선수는** 그의 코치와 포옹하고 있다. (the, happy, player, the, about, victory)
   → _____ is hugging his coach

6 **이 사실 만으로** 그 문제를 해결할 수 없다. (fact, this, alone)
   → _____ cannot solve the problem

**수식하는 분사(구)의 형태와 위치에 유의하라**

## 1 분사의 형태는 해석으로 해결

((능동, 진행)) '~하는, ~할, ~하고 있는'으로 해석되면 현재분사를, ((수동, 완료)) '~된, ~해진, ~한'으로 해석되면 과거분사를 쓴다.

**1** **자라나는** 어린이는 / 특별한 보살핌이 필요하다.

A | growing / grown | child / needs special care.

분사 단독일 때 〈분사+주어〉

**2** **훔친** 보석은 / 그의 집에서 발견되었다.

The | stealing / stolen | jewels / were found in his house.

## 2 주어+분사

분사에 딸린 어구가 있으면 주어 뒤로 가야 한다.

**1** **서울을 통과해 흐르는** 그 강은 / 아름답다.

The river | flowing / flown | through Seoul / is beautiful.

딸린 어구가 있을 때 〈주어+분사〉

**2** **야구 모자를 쓴** 그 소년은 / 내 동생이다.

The boy | wearing / wore | a cap / is my brother.

〈☞ 정답 및 해설 p.13〉

# UNIT EXERCISE

정답 및 해설 p.13

**A** ✅ 다음 주어진 우리말에 맞도록 적절한 표현을 고르시오.

1 떨어진 잎들: | falling / fallen | leaves

2 위급을 알리는 사이렌: | alarming / alarmed | siren

3 숨겨진 글자들: | hiding / hidden | letters

4 헷갈리는 문제들: | confusing / confused | problems

5 편안하게 하는 향: | relaxing / relaxed | scent

**B** 🔧 다음 괄호 안의 단어를 알맞은 분사로 고치시오. (철자에 주의할 것)

1 the (annoy) noise → the _____ noise

2 the (fry) chickens → the _____ chickens

3 the (bore) wait → the _____ wait

4 the (interest) book → the _____ book

5 the (thrill) bungee jump → the _____ bungee jump

6 the (determine) person → the _____ person

7 the (fascinate) topic → the _____ topic

8 the (exhaust) runner → the _____ runner

9 the (tire) marathon → the _____ marathon

10 the (frustrate) delay → the _____ delay

**C** ✅ 다음 괄호 안의 분사가 밑줄 친 명사를 수식하기 위해 들어갈 위치를 고르시오.

1 The ⓐ dog ⓑ at the man seems scary. (barking)

2 The ⓐ house ⓑ will be recovered by volunteers. (damaged)

3 The ⓐ waves ⓑ on the beach pushed my surfboard out to sea. (breaking)

4 Only ⓐ students ⓑ can take this class. (advanced)

5 The ⓐ toast's smell ⓑ filled the cafeteria. (burnt)

6 My ⓐ mom ⓑ at the middle school is always passionate for teaching. (working)

7 The ⓐ trees ⓑ blocked the road and all the cars couldn't pass. (fallen)

**D** 🔀 다음 주어진 우리말에 맞도록 괄호 안의 단어를 적절히 배열하시오.

1 그 질병을 일으키는 바이러스는 과학자들에 의해 밝혀졌다. (disease, virus, causing, the, the)

→ _____ was figured out by the scientists

2 열린 창문들은 에어컨을 소용없게 만들었다. (windows, the, opened)

→ _____ made the air conditioner useless

3 세 개의 깬 달걀은 새로운 요리법에서 요구된다. (eggs, three, beaten)

→ _____ are required in the new recipe

4 채소가 곁들여진 구운 치킨은 내가 가장 좋아하는 음식 중 하나이다. (vegetables, baked, with, chicken)

→ _____ is one of my favorite foods

5 다양한 문화에서 온 사람들이 국제 포럼에 초대되었다. (from, cultures, different, coming)

→ People _____ were invited to an international forum

6 수천 명의 관중으로 둘러싸인 모든 선수들은 압박감을 견뎌야 한다.
(by, spectators, surrounded, thousands of)

→ All players _____ should endure the pressure

7 기업들이 플라스틱 빨대를 제공하는 것을 제한하는 법이 통과되었다.
(plastic straws, from, limiting, offering, businesses)

→ A law _____ was passed

주어는 여러 형태가 가능하다

명사(구) 외에도 동명사(구)와 to부정사(구), 명사절 모두 주어 자리에 쓰일 수 있다. 단, to부정사(구)나 명사절이 주어일 경우 it(가주어)을 주어 자리에 대신 사용하고 진주어인 to부정사(구)나 명사절은 문장 뒤로 보내는 것이 일반적이다.

| | |
|---|---|
| **1** 숙면은 / 중요하다.<br>**Good sleep** / is important. | 주어 = 명사(구) |
| **2** 네 자신을 믿는 것은 / 중요하다.<br>Believe / Believing **in yourself** / is important. | 주어 = 동명사(구) |
| **3** 네 자신을 믿는 것은 / 중요하다.<br>Believe / To believe **in yourself** / is important.<br>→ _____ is important / _____ in<br>yourself. | 주어 = to부정사(구)<br>가주어 It을 주어 자리에 대신 쓰고 to부정사구는<br>뒤로 보내는 형태가 더 일반적이다. |
| **4** 돈으로 행복을 살 수 없다는 것은 / 사실이다.<br>**That money cannot buy happiness** / is true.<br>→ _____ is true / _____ **money cannot<br>buy happiness**. | 주어 = 명사절<br>가주어 It을 주어 자리에 대신 쓰고 명사절(that절)<br>은 뒤로 보내는 형태가 더 일반적이다. |

〈☞ 정답 및 해설 p.14〉

# UNIT EXERCISE

정답 및 해설 p.14

**A** ✓ 다음 중 알맞은 주어의 형태를 고르시오.

1 Give up / Giving up is not failing — it's the chance to begin again.
2 Plant / To plant a garden is my mother's favorite work.
3 It is natural that / to people get older as time passes.
4 It is my life-long dream that / to visit the Grand Canyon.
5 It / This is always right to tell the truth.

6 It / That our baseball team will win is certain.
7 It / To read books means extending your knowledge.
8 Writing / Write a book is not unlike building a house or painting a picture.
9 It gives you an advantage that / to you have a lot of experience.
10 Eat / Eating small meals throughout the day can help you avoid hunger.

**B** 👓 다음 각 문장에서 (진)주어를 찾아 밑줄을 그으시오.

1 Starting a new job is exciting.

2 Would it be possible to delay our appointment?

3 To be honest is the best policy.

4 It was hard to believe what he was saying.

5 Spending some time abroad will help your language learning.

6 That parents always love you is obvious.


**C** 🧩 🔧 다음 주어진 우리말에 맞도록 괄호 안의 단어를 적절히 배열하시오. (단, 필요시 단어 변형 가능)

1 **최고의 복수는** 행복하게 사는 것이다. (revenge, the, best)

→ _____ is living happily

2 **사랑이 없는 삶은** 꽃이나 열매가 없는 나무와 같다. (life, love, without)

→ _____ is like a tree without blossoms or fruit

3 **텔레비전을 보는 것은** 많은 열량을 태우지 않는다. (television, watch)

→ _____ does not burn many calories

4 동네에서 **내 자전거를 타는 것은** 내가 가장 좋아하는 취미이다. (my, ride, bike)

→ _____ around town is my favorite hobby

5 **의지할 누군가를 찾는 것은** 쉽지 않다. (rely on, to, find, someone, to)

→ It is not easy _____

6 오늘 많은 직원들이 나오지 않은 것은 **이상했다.** (that, strange, it, was)

→ _____ many workers didn't show up today

7 많은 사람들이 시도하기도 전에 그냥 포기하는 것은 **안타깝다.** (is, that, sad, it)

→ _____ many people simply give up before even trying

8 **큰 창문들이 있는 저 빨간 집이** 내 집이다. (house, with, that, windows, red, large)

→ _____ is my house

9 **긍정적인 태도를 유지하는 것은** 성공하는 방법 중 하나이다. (a, maintain, attitude, positive)

→ _____ is one of the ways to succeed

10 **충분한 물을 마시는 것이 네 건강에 중요하다는 것은** 사실이다.
(for, is, drinking, your, that, enough, health, water, important)

→ _____ is true

# Knowhow
## 3
긴 문장도
제대로 써보자
**문장의 확장**

# Chapter 06  주어, 목적어의 확장

| | | |
|---|---|---|
| absent from | ~에 결석한 | |
| at first | 처음에는 | = firstly |
| attract | 마음을 끌다, 매혹하다 | ▶ attractive 매력 있는, 마음을 끄는 |
| award | 상, 상금 | |
| awesome | 경탄할만한; 엄청난 | |
| British | 영국인(의) | |
| climber ❶ 철자주의 | 등산가 | |
| condition | 상태; 조건; 상황, 환경 | |
| consider | ~로 여기다; 고려하다, 숙고하다 | |
| creative | 창조적인, 창의적인 | ▶ create 창조하다, 창작하다 |
| deliver | 배달하다; (연설 등을) 하다 | |
| dish | 요리; 접시, 그릇 | |
| employee | 직원, 근로자 | ↔ employer 고용주 |
| environmental | 환경의, 주위의 | |
| exhausted ❶ 철자주의 | 매우 지친 | = very tired |
| exist | 존재하다, 실재하다 | ▶ existence 존재, 실재 |
| flavor | 맛, 풍미, 향미 | = taste |
| float | 뜨다; 떠다니다, 떠돌다 | |
| flu | 독감 | |
| impressive ❶ 철자주의 | 인상적인, 감명 깊은 | |
| major in | ~을 전공하다 | |
| mention | 말하다, 언급하다; 언급, 진술 | |
| obvious | 명백한, 분명한 | = clear |
| off | (근무일을) 쉬는 | |
| polite | 공손한, 예의 바른 | ↔ impolite 무례한 |
| reach | ~에 도달하다, ~에 이르다; (손, 팔을) 뻗다 | |
| strength | 강점, 장점 | ↔ weakness 약점 |
| subject | 과목; (논의 등의) 주제, 화제, 대상 | |
| succeed ❶ 철자주의 | 성공하다; 뒤를 잇다 | ▶ success 성공; 성과 / successful 성공한, 성공적인 |
| summit ❶ 철자주의 | (산의) 정상, 산꼭대기; 정상 회담 | |
| the sick | 아픈 사람들 | cf. the poor 가난한 사람들 |
| theater ❶ 철자주의 | 영화관, 극장 | |
| uncomfortable | 불편한 | ↔ comfortable 편(안)한 |
| unforgettable ❶ 철자주의 | 잊지 못할[잊을 수 없는] | |
| unknown | 알려지지 않은 | |
| vacation | 휴가; 방학 | = holiday |
| viewer | 시청자 | ▶ view (텔레비전 · 영화 등을) 보다 |
| well-known | 유명한, 잘 알려진 | = famous |
| wisely | 현명하게 | ▶ wise 현명한, 영리한 |

# 주어+관계대명사절

## 1 관계대명사의 이해

관계대명사는 두 문장을 이어주면서 동시에 대명사 역할을 한다.
이 관계대명사가 이끄는 절이 주어를 수식하면 「주어+관계대명사절+~」의 어순이 된다.

| | |
|---|---|
| The package is mine. + **The package** was delivered yesterday.<br>→ The package is mine **and it** was delivered yesterday.<br>→ The package **which** was delivered yesterday is mine. | 관계대명사 = 접속사+대명사 |
| The package is mine. + **The package** was delivered yesterday.<br>**The package which** was delivered yesterday / is mine.<br>선행사     관계대명사절(형용사절) | 관계대명사가 이끄는 절이 앞의 명사(선행사)를 수식한다. |
| **The package which** was delivered yesterday / is mine.<br>S    종속절    V~<br>주절 | 문장의 주어, 동사가 속한 절을 주절이라 하고, 관계대명사절은 그 문장의 일부(형용사)이므로 종속절이라 한다. |

## 2 관계대명사의 종류

관계사절 내에서 관계대명사의 역할과 선행사에 따라 구분하여 사용한다.

| | |
|---|---|
| **1** 전화를 받은 그 여성은 / 공손했다.<br>The woman _____ _____ _____<br>주격<br>_____ / was polite. | 주어: 선행사가 사람이면 **who**<br>The woman was polite.<br>+ **The woman** answered the phone. |
| **2** 그 나무를 들이받은(hit) 자동차는 / 멋있고 컸다.<br>The car _____ _____ _____ _____ /<br>주격<br>was nice and big. | 주어: 선행사가 사람이 아니면 **which**<br>The car was nice and big.<br>+ **The car** hit the tree. |
| **3** 내가 가장 사랑하는 사람은 / 당신이다.<br>The person _____ _____ _____<br>목적격<br>_____ / is you. | 목적어: 선행사가 사람이면 **who(m)**<br>The person is you.<br>+ I love **the person** most.<br>*목적격 관계대명사 who(m)은 생략 가능 |
| **4** 내가 샀던 자동차는 / 상태가 좋다.<br>The car _____ _____ _____ /<br>목적격<br>is in good condition. | 목적어: 선행사가 사람이 아니면 **which**<br>The car is in good condition.<br>+ I bought **the car**.<br>*목적격 관계대명사 which는 생략 가능 |
| **5** 주인들이 휴가 간 그 반려동물은 / 여기서 행복하다.<br>The pet _____ _____ _____<br>소유격<br>_____ _____ / is happy here. | 소유격: **whose**<br>The pet is happy here.<br>+ **Its** owners went on vacation. |

*who, which, who(m)을 대신해 that을 쓸 수도 있다.

〈☞ 정답 및 해설 p.15〉

# UNIT EXERCISE

**A** 🖊 다음 빈칸에 들어갈 적절한 관계대명사를 쓰시오.

1 The dish _____ my mom made for dinner was very delicious.

2 Employees _____ work in our company can take 15 days off a year.

3 The bicycle _____ I bought last week is already broken.

4 The movie theater _____ chairs are uncomfortable doesn't attract viewers.

5 The man _____ I spoke to was British, not American.

6 The musician _____ song became a hit won many music awards.

7 Someone _____ you considered bad at first can be kind to you.

8 The book _____ is on the table was written by Lewis Carroll.


**B** 💡 다음 주어진 우리말에 맞도록 각 문장에서 어법상 <u>틀린</u> 부분을 찾아 바르게 고치시오.

1 내가 가르치는 과목은 영어이다.
The subject who I teach is English.

2 내 남자친구가 내게 준 꽃은 해바라기였다.
The flower whom my boyfriend gave me was a sunflower.

3 이름이 Joseph인 그 관광 가이드는 우리에게 그 성에 관해 말해 주었다.
The tour guide his name is Joseph talked to us about the castle.

4 내가 어제 만났던 그 남자는 조종사이다.
The man whom I met him yesterday is a pilot.


**C** 🔄 다음 두 문장을 적절한 관계대명사를 이용하여 한 문장으로 바꿔 쓰시오.

1 The climbers were exhausted. They reached the summit.

→ _____

2 The ice cream is the child's favorite. Its flavor is chocolate.

→ _____

3 The place is Croatia. I want to visit the place someday.

→ _____

4 The actor is very famous. They mentioned him.

→ _____

## 1 관계부사의 이해

관계부사는 두 문장을 이어주면서 동시에 부사 역할을 한다.
관계대명사와 마찬가지로, 관계부사가 이끄는 절이 주어를 수식하면 「주어+관계부사절+~」의 어순이 된다.

| | |
|---|---|
| The city is by the sea. + I was born there. <br><br>→ The city is by the sea *and* I was born there . <br>　　　　　　　　　　　　　　　　= in the city = in it <br>→ The city *where* I was born is by the sea. <br>→ The city *in which* I was born is by the sea. | 관계부사 = 접속사+부사 <br>　　　　 = 전치사+관계대명사 |
| **The city** is by the sea. + I was born *there*. <br><br>**The city** *where* I was born / is by the sea. <br>선행사 └────┘관계부사절(형용사절) | 관계부사가 이끄는 절이 앞의 명사(선행사)를 수식한다. |
| **The city where** I was born / is by the sea. <br>　S　　　　종속절　　　　　 V ~ <br>　└─────── 주절 ─────────┘ | 문장의 주어, 동사가 속한 절을 주절이라 하고, 관계부사절은 그 문장의 일부(형용사)이므로 종속절이라 한다. |

## 2 관계부사의 종류

관계부사는 관계사절 내에서 언제나 부사 역할을 하므로 선행사만 구분하여 사용하면 된다.

| | |
|---|---|
| **1 그가 떠난** 날은 / 토요일이었다. <br>　*The day* ＿＿＿＿＿ ＿＿＿＿＿ ＿＿＿＿＿ / <br>　was Saturday. <br>　= The day on which he left was Saturday. | 선행사: 때 (time, day, year 등) <br>　　　 = at which = on which <br>　　　 = in which = during which <br>*when은 자주 생략한다. |
| **2 회의가 열린** 센터는 / 굉장했다. <br>　*The center* ＿＿＿＿＿ ＿＿＿＿＿ ＿＿＿＿＿ <br>　＿＿＿＿＿ ＿＿＿＿＿ / was awesome. <br>　= The center at which the meeting was held was awesome. | 선행사: 장소 (place, house, town, city 등) <br>　　　 = at which = on which <br>　　　 = in which = to which <br>*where는 거의 생략하지 않는다. |
| **3 그들이 성공했던** 이유는 / 명백하다. <br>　*The reason* ＿＿＿＿＿ ＿＿＿＿＿ ＿＿＿＿＿ / <br>　is obvious. <br>　= The reason for which they succeeded is obvious. | 선행사: 이유 (the reason) <br>　　　 = for which <br>*the reason이나 why를 생략할 수 있다. |
| **4 네가 그것을 하는** 방법은 / 매우 창의적이다. <br>　*The way* ＿＿＿＿＿ ＿＿＿＿＿ ＿＿＿＿＿ / <br>　is very creative. <br>　= How you do it is very creative. <br>　= The way in which you do it is very creative. | 선행사: 방법 (the way) <br>　　　 = in which <br>*how는 the way나 how 중 하나를 반드시 생략한다. |

〈☞ 정답 및 해설 p.15〉

# UNIT EXERCISE

정답 및 해설 p.15

**A** ✏️ 다음 빈칸에 들어갈 적절한 관계부사를 쓰시오. (단, 쓸 수 없는 경우 × 표시할 것)

1  The park _____ I used to play is closed now.

2  The first time _____ I met my wife is unforgettable.

3  The reason _____ the boy cried on the street is unknown.

4  _____ this machine works is in a manual.

5  The reason _____ Tomas was absent from the class is a mystery.

6  The Chinese restaurant _____ we had dinner yesterday was really good.

7  The day _____ my daughter was born was the best day of my life.

8  The way _____ I have used my money wisely is in my diary.


**B** 💡 다음 각 문장의 밑줄 친 부분이 어법상 옳으면 ○, 틀리면 ×로 표시하고 바르게 고치시오.

1  The year <u>when</u> I was born in is 2000.　　　　　☐ _____

2  The university <u>where</u> I majored in English is in Seoul.　☐ _____

3  The summer vacation <u>during which</u> we visited Alaska was great.　☐ _____

4  The reason <u>how</u> I became a doctor was to help the sick.　☐ _____


**C** 🗣️🔍 다음 우리말에 맞도록 〈보기〉에서 알맞은 관계부사를 고른 후 괄호 안의 단어를 적절히 배열하시오.
(단, 한 번씩만 쓸 것)

| 〈보기〉 | when | where | why | how |
|---|---|---|---|---|

1  **비가 아주 많이 내리는** 철이 다음 주에 시작될 것이다. (rains, much, it, so)

→ The season _____ will start next week.

2  **Donna가 이곳에 온 이유는** 분명했다. (here, Donna, the, came, reason)

→ _____ was clear.

3  **내가 이 문제를 해결했던 방법은** 아주 간단하다. (this, I, problem, solved)

→ _____ is very simple

4  **네가 무언가를 결정해야 하는** 상황은 항상 존재한다. (decide, have to, you, something)

→ A situation _____ always exists

앞에서 학습한 주어의 확장법은 문장의 목적어에도 마찬가지로 적용된다.
문장에서의 역할이 각기 다를 뿐 목적어도 명사에 해당하기 때문이다.

| | |
|---|---|
| **1** 그들은 **사방에 심어진 어떤 멋진 꽃들을** 가지고 있었다.<br>They had / _____ _____ *flowers* / _____<br>all around.<br>(그들은 가지고 있었다 / 어떤(some) 멋진(wonderful) 꽃들을 / 사방에 심어진) | 형용사(구), 분사(구) 수식 |
| **2** 나는 **역사에 대해 읽을 더 많은** 책들이 필요하다.<br>I need / _____ *books* / _____ _____ about<br>history.<br>(나는 필요하다 / 더 많은 책들이 / 역사에 대해 읽을) | 형용사(구), to부정사(구) 수식 |
| **3** 저 상점은 **전 세계에서 온** 제품들을 판매한다.<br>That store sells / *products* _____ _____<br>_____ _____ _____.<br>(저 상점은 판매한다 / 전 세계에서(all over the world) 온 제품들을) | 전명구 수식 |
| **4** 나는 **금요일 밤에 집에 있기로** 결심했다.<br>I decided / _____ _____ _____ on Friday<br>night.<br>(나는 결심했다 / 금요일 밤에 집에 있기로(stay))<br><br>**5** **물 없이 사는 것을** 상상할 수 있나요?<br>Can you imagine / _____ without water?<br>(상상할 수 있나요 / 물 없이 사는 것을?) | 명사구 목적어(to부정사(구)(☞ p.92), 동명사(구)(☞ p.94)) |
| **6** 많은 사람들은 **건강이 가장 중요한 것이라고** 말한다.<br>Many people say / _____ health is the most important<br>thing.<br>(많은 사람들은 말한다 / 건강이 가장 중요한 것이라고) | 명사절 목적어 |
| **7** 그는 **거의 검은색인 둥근** 안경을 쓴다.<br>He wears / _____ *glasses* / _____ are nearly<br>black.<br>(그는 쓴다 / 둥근 안경을 / 거의 검은색인) | 형용사, 관계사절(형용사절) 수식 |

〈☞ 정답 및 해설 p.16〉

# UNIT EXERCISE

**A** 👓 다음 밑줄 친 목적어를 수식하는 어구를 <u>모두</u> 찾아 [ ]로 표시하시오.

1 The museum has <u>paintings</u> painted in the 1900s.
2 I gave a bottle of <u>red wine</u> from Chile to my friend as a present.
3 We discovered a yellow <u>turtle</u> swimming among the coral.
4 I have <u>something</u> special to give my parents.
5 The professor gave a long <u>speech</u> about environmental problems.
6 I found the crying <u>kitten</u> whose leg was broken.

**B** 🔀 다음 주어진 우리말에 맞도록 괄호 안의 단어를 적절히 배열하시오.

1 나는 하늘에 **떠 있는 알록달록한 풍선들을** 보았다. (floating, colorful, balloons)
   → I saw _____ in the sky.

2 그 가수는 독감 때문에 **콘서트를 개최하는 것을** 연기했다. (a, holding, concert)
   → The singer delayed _____ due to the flu.

3 그 부부는 2년 동안 **시골에서 살기로** 선택했다. (the, to, country, in, live)
   → The couple chose _____ for two years.

4 그 매니저는 잠시 **모든 직원이 휴식을 취해야 한다고** 제안했다. (all, rest, should, a, that, take, staff)
   → The manager suggested _____ for a while.

5 그 배우는 **자신이 가사를 쓴 사랑 노래를** 불렀다. (song, wrote, love, lyrics, whose, a, he)
   → The actor sang _____.

6 나는 **줄무늬 패턴이 있는 바지 한 벌을** 사기를 원한다. (with, pants, pattern, a pair of, striped, a)
   → I want to buy _____.

7 어젯밤에 나는 **내가 가장 좋아하는 채널에 맞춰진** 라디오를 들었다. (my, to, channel, favorite, tuned)
   → I listened to the radio _____ last night.

8 그녀는 **초등학생인 딸이** 있다. (an, daughter, elementary, student, is, a, school, who)
   → She has _____.

앞에서 학습한 주어, 목적어의 확장법은 문장의 명사 보어에도 마찬가지로 적용된다.

---

**1** 이것은 **어린 아이들이 하는 인기 있는** 게임이다.

This is a _____ *game* / _____ by young children.

(이것은 인기 있는 게임이다 / 어린 아이들이 하는)

| 형용사(구), 분사(구) 수식 |

---

**2** 지금이 **결정을 할 가장 좋은** 시기이다.

Now is _____ _____ *time* / _____ _____ a decision.

(지금이 가장 좋은 시기이다 / 결정을 할)

| 형용사(구), to부정사(구) 수식 |

---

**3** 다이어트는 **먹고 마시는** 계획이다.

A diet is *a plan* / _____ _____ _____ _____.

(다이어트는 계획이다 / 먹고 마시는)

| 전명구 수식 |

---

**4** 누군가를 알고 있다는 것은 그들의 이야기를 **알고 있는 것**이다.

To know someone is / _____ _____ their story.

(누군가를 알고 있다는 것은 ~이다 / 그들의 이야기를 알고 있는 것)

**5** 그의 취미는 **서핑을 하러 가는 것**이다.

His hobby is / _____ _____.

(그의 취미는 ~이다 / 서핑을 하러 가는 것)

| 명사구 보어(to부정사(구), 동명사(구)) |

---

**6** 내 소원은 **우리 모두가 행복해지는 것**이다.

My wish is / _____ we all become happy.

(내 소원은 ~이다 / 우리 모두가 행복해지는 것)

| 명사절 보어 |

---

**7** Colin은 **아카데미상을 받았던** 배우이다.

Colin is *an actor* / _____ won the Academy Award.

(Colin은 배우이다 / 아카데미상을 받았던)

| 관계사절(형용사절) 수식 |

---

⟨☞ 정답 및 해설 p.16⟩

# UNIT EXERCISE

정답 및 해설 p.16

A   다음 밑줄 친 보어를 수식하는 어구를 모두 찾아 [ ]로 표시하시오.

1   Pasta is the food which I like to have for lunch.
2   That beautiful song is a work by Beethoven.
3   Painting is the thing that I can do best.
4   Spring is a good time to start a new hobby.
5   Mr. Smith is the owner of that black car parked outside.
6   That was a well-known game made in the 1990s.

B   다음 주어진 우리말에 맞도록 괄호 안의 단어를 적절히 배열하시오.

1   야구는 **내가 보기 좋아하는** 스포츠이다. (watch, to, I, like, which)
    → Baseball is a sport _____.

2   Peter의 꿈은 세계에서 **최고의 배우가 되는 것**이다. (best, become, actor, the, to)
    → Peter's dream is _____ in the world.

3   Jason은 **작문 시험을 마친** 첫 번째 학생이었다. (finish, test, the, to, writing)
    → Jason was the first student _____.

4   이것은 **그의 할아버지를 찍은** 마지막 사진이다. (of, grandfather, taken, his)
    → This is the last photograph _____.

5   Susan은 **나에게 스노보드 타는 법을 가르쳐 주셨던** 코치이다.
    (snowboard, taught, to, how, me, who)
    → Susan is the coach _____.

6   Sara는 과학 시험에서 **가장 높은 성적을 받은** 학생이다. (highest, the, grade, with)
    → Sara is the student _____ on the science test

7   곰은 **야생에서 볼 수 있는 인상적인 동물**이다. (see, the, impressive, to, in, animals, wild)
    → Bears are _____.

8   나의 가장 큰 장점은 **내가 열심히 일하는 사람이라는 것**이다. (am, worker, a, hard, that, I)
    → My greatest strength is _____.

# Knowhow 3

긴 문장도
제대로 써보자
**문장의 확장**

# Chapter 07 접속사를 이용한 확장

## VOCA Preview

이 챕터에서 학습할 문장에 쓰인 필수 어휘입니다. 어휘 의미는 물론, 철자와 변화형, 파생어와 참고어까지 학습해봅시다.

| | | |
|---|---|---|
| accompany | ~와 함께 가다; 반주하다 | |
| ache ❶ 철자주의 | 아프다; 아픔 | |
| adapt to | ~에 적응하다 | |
| admire | 칭찬하다; 감탄하며 바라보다 | |
| affect | 영향을 미치다 | *cf.* effect 영향, 효과; 결과 |
| bear | 참다; 지니다; 지탱하다; (아이를) 낳다 | bore-born-bearing ❶ 변화형 주의 |
| beard | (턱)수염 | |
| bill | 요금; 계산서; 법안; 지폐 | |
| breathe ❶ 철자주의 | 숨 쉬다, 호흡하다 | ▶ breath 숨, 호흡 |
| courage | 용기, 배짱 | ▶ courageous 용감한 |
| cut off | 끊다; 자르다 | |
| destination | 목적지, 도착지 | |
| familiar | 익숙한 | ↔ unfamiliar 익숙지 않은, 낯선 |
| furniture | 가구 | |
| gifted | 타고난 재능이 있는; 유능한 | = talented |
| have difficulty (in) v-ing | v하는 데 어려움을 겪다 | |
| intelligent | 총명한, 지능적인 | = wise |
| journey | 여행; 여정 | = trip, travel |
| knee ❶ 철자주의 | 무릎 | ▶ kneel 무릎을 꿇다 |
| landscape | 풍경(화) | |
| lift | 들다, 들어 올리다 | |
| manage to-v | 가까스로 ~하다 | |
| notice | 알아채다; 주목; 안내문 | |
| on time | 제시간에, 정각에 | |
| persuade | 설득하다, 설득시키다 | |
| release | 놓아[풀어]주다; 개봉[발매]하다 | |
| respect | 존경[존중](하다) | |
| time zone | 시간대 | |
| universal language | 세계 공용어 | ▶ universal 전 세계의; 보편적인 |

# UNIT 01 　단어, 구의 연결

## 1 and, but, or

원칙적으로, and, but, or로 연결되는 단어나 구는 문법적 성격이 서로 같아야 하는 것에 주의해야 한다.
우리말 해석은 나열된 순서대로 하므로, 주어진 우리말의 순서대로 영작하면 된다.

| | |
|---|---|
| **1** 나는 샌드위치와 우유를 먹었다.<br>I had / *a sandwich* **and** _____ . | 명사-명사 |
| **2** 우리는 얘기하고 웃고(laugh) 있었다.<br>We *were talking* / **and** _____ . | 동사-동사<br>접속사 뒤에서 반복되는 be/have/<br>조동사는 생략하는 경우가 많다.<br>(진행 · 완료시제/수동태) |
| **3** 나는 춥지만 햇빛이 나는 날씨를 더 좋아한다.<br>I prefer / _____ **but** _____ weather. | 형용사-형용사 |
| **4** 팔굽혀펴기는 빠르게 해야 하나요, 아니면 천천히 해야 하나요?<br>Should we do push ups _____ / **or** _____ ? | 부사-부사 |
| **5** 나는 그 상자를 테이블 위 또는 바닥(floor)에 두었다.<br>I left the box / _____ _____ _____ / **or**<br>_____ _____ _____ . | 전명구-전명구 |
| **6** 나는 물고기를 잡았다가 놓아주는(release) 것을 좋아한다.<br>I like / *to catch fish* / **and** _____ _____ . | to부정사-(to)부정사<br>접속사 뒤의 to는 거의 생략한다. |
| **7** 그는 요리하는 것과 비디오 게임 하는 것을 즐긴다.<br>He enjoys *cooking* / **and** _____ _____ _____ . | 동명사-동명사 |

## 2 both A and B 등

and, but, or가 both, either 등의 다른 단어와 짝을 이루어 문법적 성격이 같은 A와 B를 연결한다.

| | |
|---|---|
| **1** 그 가격은 집과 가구(furniture) 둘 다를 포함한다.<br>The price includes / _____ _____ _____ _____ . | both A and B: A와 B 둘 다 |
| **2** 너나 그 둘 중 한 명이 잘못한 것이다.<br>_____ _____ _____ _____ is to blame. | either A or B: A 혹은 B |
| **3** 그 집은 크지도 않고 작지도 않다.<br>The house / is _____ _____ / _____ _____ . | neither A nor B: A도 B도 ~ 아닌 |
| **4** 그녀는 화가가 아니라 작가이다.<br>She is _____ _____ , / _____ _____<br>_____ . | not A but B: A가 아니라 B인 |
| **5** 그 게임은 아이들뿐만 아니라 어른들에 의해서도 플레이된다.<br>The game is played _____ _____ _____ /<br>_____ _____ _____ . | not only A but (also) B: A뿐만<br>아니라 B도 (= B as well as A) |

〈☞ 정답 및 해설 p.17〉

# UNIT EXERCISE

**A** 🔍 다음 빈칸에 and, but, or 중 적절한 접속사를 골라 쓰시오.

1  Charles _____ Grace had fun hiking.
2  The pianist plays on the stage _____ in the street.
3  If you want our product, come _____ get it.
4  The new student is very intelligent _____ lazy.
5  We can stay at a hotel _____ at my uncle's house for the entire holiday.

**B** 💡 다음 각 문장의 밑줄 친 부분이 어법상 옳으면 ○, 틀리면 ✕로 표시하고 바르게 고치시오.

1  I can find <u>either</u> my stockings nor my socks.  ☐ _____
2  We want to have lunch first and <u>leaving</u> early.  ☐ _____
3  He feels not nervous <u>but</u> shy.  ☐ _____
4  Traveling as well as <u>learning</u> new cultures is important.  ☐ _____
5  The teacher is good at teaching and <u>to persuade</u>.  ☐ _____

**C** 🔧🔧 다음 주어진 우리말에 맞도록 괄호 안의 단어를 활용하여 빈칸을 완성하시오. (단, 필요시 단어 추가 가능

1  엠파이어스테이트 빌딩이 **뉴욕에 있나요, 아니면 LA에 있나요?** (LA, in, New York)
   → Is the Empire State Building _____

2  그 새로운 지도는 **간단하기도 하고 읽기에도 쉽다.** (to, simple, read, both, easy)
   → The new map is _____

3  당신은 **나와 함께 혹은 혼자 점심을 먹을** 수 있다. (either, lunch, with, have, alone, me)
   → You can _____

4  그는 **유명한 작가였을 뿐만 아니라, 재능 있는 연설가이기도** 했다.
   (a, not only, speaker, author, gifted, a, famous)
   → He was _____ , _____

# UNIT 02 절의 연결 Ⅰ_등위절, 명사절

〈☞ 정답 및 해설 p.17〉

절은 자체 내에 「주어+동사 ~」의 구조를 가지고 있는 것을 의미한다.
문장에서 절의 역할이나 의미에 따라 접속사를 구분해서 쓴다.

## 1 and, but, or
문장과 문장을 접속사를 이용하여 그대로 연결한 것이다.

| | and: ~ 그리고 ~ |
|---|---|
| **1** I called her. + She answered. → I called her, _____ she answered.<br>　　　등위절　　　　　등위절<br>**2** *Do* the dishes, _____ I'll pay you $3. | 명령문+and ~: …해라, 그러면 ~ 할 것이다 |
| **3** I called her, _____ she didn't answer. | but: ~ 그러나 ~ |
| **4** Can we pay by cash, _____ is it card only?<br>**5** *Turn* the heat down, _____ it'll burn. | or: ~ 아니면[또는] ~<br>명령문+or ~: …해라, 그러지 않으면 ~할 것이다 |

## 2 that, 의문사, whether/if
각각 평서문, 의문사 의문문, Yes/No 의문문을 문장의 주어, 목적어, 보어가 되는 명사절로 연결한 것으로서 주로 목적어로 취하는 경우가 많다. 의문문을 연결할 경우, 그 어순에 특히 주의해야 한다.

| | |
|---|---|
| + The dog had finished his food.<br>She said \| **that** \| the dog had finished his food.<br>주어　동사　　　목적어(명사절) | that: 평서문 연결 |
| + **When** *was the decision* made?<br>I don't know \| **when** \| *the decision was* made.<br>주어　동사　　　목적어(명사절) | 의문사: 의문사 의문문 연결<br>원래 의문사 의문문의 「의문사+동사+주어」의 어순이 「의문사+주어+동사」로 되는 것에 주의한다. |
| + **When** *was the decision* made?<br>**When** *do you think the decision was* made?<br>의문사　　　　목적어 | do you think[believe, say] 등과 연결될 때에는 의문사가 맨 앞으로 간다. |
| + **How much** was it?<br>I don't remember \| **how much** **it was**.<br>목적어 | how에 딸린 어구(e.g. how much[many], how long, how old 등)는 문장에서 서로 떨어뜨리지 않는다. |
| + *Is the news* true?<br>Some people asked \| **whether/if** \| *the news is* true.<br>주어　　　동사　　　목적어(명사절) | whether/if(~인지): Yes/No 의문문 연결<br>원래 Yes/No 의문문의 「동사+주어」의 어순이 「주어+동사」로 되는 것에 주의한다. |

*일반동사의 의문문일 경우 시제에 유의할 것
*e.g.* Can you tell me? + **Did you check** your pocket?
Can you tell me **whether[if] you checked** your pocket?

# UNIT EXERCISE

**A** ✅ 다음 중 어법과 문맥상 적절한 표현을 고르시오.

1 Do you want to drive, or / and should I?

2 Anna asked if / how I needed more time.

3 Ben was not sure when / that the plane leaves.

4 They said that / whether the sale starts at 10 a.m.

5 Henry enjoys horror movies, or / but his friend doesn't.

**B** 💡 다음 주어진 우리말에 맞도록 각 문장에서 어법상 틀린 부분을 찾아 바르게 고치시오.

1 네가 얼마나 키가 큰지 내게 말해 줄래?
Can you tell me how tall are you?

2 우리 부모님께서는 내가 대학에 갈 수 있을지 궁금해하셨다.
My parents wondered what I could go to college.

3 나는 음악이 세계 공용어라는 것을 전혀 깨닫지 못했다.
I've never realized why music is a universal language.

4 언제쯤 너는 나를 보러올 수 있다고 생각하니?
Do you think when you can visit me?

**C** 🔄 다음 두 문장을 한 문장으로 다시 쓰시오.

1 Can you tell me? + How long have you stayed here?
→ _____

2 Larry asked him. + Did the team finish the project?
→ _____

3 Do they know? + Who are these people?
→ _____

4 Did you notice? + Alex grew a beard.
→ _____

5 The teacher wondered. + Why was Jack late?
→ _____

완전한 문장에 다음과 같은 의미의 접속사가 이끄는 절이 연결되어 하나의 문장을 만들 수 있는데, 부사절과 주절이 논리적으로 어떤 의미 관계인지를 살펴서 알맞은 접속사를 써야 한다. 부사절의 위치는 문장 앞과 뒤 모두에 올 수 있다.

## 1 when, although, because

| | |
|---|---|
| **1** 집에 도착했을 때 나는 매우 피곤했다.<br>I was very tired **when** *I arrived home.*<br><br>우리는 먹는 동안 말하지 않았다.<br>We didn't speak **while** *we were eating.*<br><br>내가 그 방에 들어갔을 때, 많은 익숙한 얼굴들을 보았다.<br>**As** *I entered the room,* I saw lots of familiar faces.<br><br>비가 그칠 때까지 기다리자.<br>Let's wait **until** *the rain stops.* | **때**: when(～할 때), while(～하는 동안),<br>as(～할 때, ～하면서), until(～할 때까지)<br>after(～한 후에), before(～하기 전에),<br>since(～한 이래로), once(～하자마자, 일단<br>～하면) 등 |
| **2** 비록 비가 왔지만, 그들은 즐거운 시간을 보냈다.<br>**Although** *it rained,* they had a good time.<br><br>걸어가야 하지만 나는 파티에 갈 것이다.<br>I'll come to the party, **even though** *I have to walk.*<br><br>그 소식이 좋긴 하지만 그렇게 좋지는 않다.<br>**While** *the news is good,* it isn't that good. | **양보·대조**: (al)though, even though, even<br>if(～에도 불구하고), while(～인 반<br>면; ～이지만) 등 |
| **3** 나는 날씨가 좋지 않아서 외출하지 않았다.<br>I didn't go out **because** *the weather is bad.* | **이유**: because, as, since, now (that) (～이<br>기 때문에) 등 |

## 2 부사절, 부사구

부사절 접속사와 비슷한 의미의 「전치사＋명사구」, 즉 부사구로 전환할 수 있는 것에 대해 알아보자.

| | |
|---|---|
| **1** We didn't speak **while** we were eating.<br>→ We didn't speak **during** the meal. | ～ 하는 동안 |
| **2** **Although** it rained, they had a good time.<br>→ **Despite** ＿＿＿＿＿ ＿＿＿＿＿, they had<br>a good time. | ～에도 불구하고<br>(= in spite of＋N) |
| **3** I didn't go out **because** the weather was bad.<br>→ I didn't go out **because of** ＿＿＿＿ ＿＿＿＿<br>＿＿＿＿. | ～ 이기 때문에 |

〈☞ 정답 및 해설 p.18〉

# UNIT EXERCISE

정답 및 해설 p.18

**A** ✅ 다음 중 어법과 문맥상 적절한 표현을 고르시오.

1 I have spoken English | although / since | I returned to Canada.

2 | Before / After | I have finished my work, I will accompany you to the mall.

3 The man managed to survive | although / because / after | he had nothing to eat.

4 The electricity was cut off | until / since / while | he forgot to pay the bill.

5 | After / Though / Because | he is young, he has a high position in the firm.

**B** 🔤 다음 주어진 우리말에 맞도록 괄호 안의 단어를 적절히 배열하시오.

1 __그녀가 그 프로젝트를 끝내자마자__, 다음 것을 준비하기 시작했다. (finished, once, project, she, the)

→ _____, she started preparing for the next.

2 __비록 내가 네 용기를 칭찬하지만__, 너는 이 위험한 여행을 가서는 안 된다.

(courage, I, your, although, admire)

→ _____, you shouldn't go on this dangerous journey

3 __그 논의가 끝날 때까지__ 아무도 그 방을 떠나지 않았다. (discussion, until, ended, the)

→ No one left the room _____

4 __내가__ 그들과 함께 __캠핑을 가지 않았기 때문에__ 내 친구들은 실망했다. (go, since, didn't, camping, I)

→ My friends were disappointed _____ with them

**C** 🔄🔤 〈보기〉에서 적절한 전치사와 명사구를 골라 밑줄 친 부사절을 부사구로 전환하시오.

| 〈보기〉 | because of | despite | during |
|---|---|---|---|
| | cultural differences | summer vacation | the lack of oxygen |

1 My brother and I go to an English camp <u>while we are on summer vacation</u>.

→ My brother and I go to an English camp _____

2 <u>Even though he experiences cultural differences</u>, Mike adapts to his new life in Kore well.

→ _____, Mike adapts to his new life in Korea we

3 We had difficulty breathing on the high mountain <u>because there was not enough oxyge</u>

→ We had difficulty breathing on the high mountain _____

## 1 if, so that, so ~ that...

**1** 가고 싶으면 손을 들어라.

_____ you want to go, raise your hand.

좀 더 빨리 걷지 않으면 버스를 놓칠 거야.

You'll miss the bus _____ you walk more quickly.

| **조건**: if(~한다면), unless(~하지 않는다면) |

**2** 우리가 밖에서 놀기 위해 서둘러라.

Hurry up, _____ _____ we can play outside.

| **목적**: so that(~하기 위해서)<br>= in order that |

**3** 그녀는 너무 피곤해서 아픈 느낌이 들었다.

She was _____ tired _____ she felt sick.

그것은 너무나 큰 문제라서 모두에게 영향을 준다.

It is _____ a big problem _____ it affects everyone.

온통 눈이라서 나는 눈사람을 만들었다.

There was snow everywhere, _____ I made a snowman.

| **결과**: so/such ~ that ...(너무 ~해서 …하다)<br>so (that) ~(그 결과[그래서] ~하다) |

## 2 so와 such 뒤의 어순

**1** 날씨가 너무 무더워져서 나는 견딜 수가 없었다.

The weather became _____ _____ **that** I couldn't bear it.

| so+형용사[부사]+that |

**2** 그것은 아주 놀라운 이야기여서 아무도 그것을 믿지 않았다.

It was _____ _____ _____

_____ **that** no one believed it.

→ It was _____ _____ _____

_____ **that** no one believed it.

| such+a(n)+(형용사)+명사+that<br>= so+형용사[부사]+a(n)+명사+that |

〈☞ 정답 및 해설 p.18〉

# UNIT EXERCISE

정답 및 해설 p.18

**A** 🔍 🄰 다음 빈칸에 들어갈 알맞은 것을 〈보기〉에서 골라 쓰고 해석을 완성하시오. (단, 단어 중복 사용 가능)

| 〈보기〉 | if | unless | so | such | that |
|---|---|---|---|---|---|

1 He brought paints _____ _____ he could draw a landscape.

　→ _____ 그는 그림물감을 가져왔다.

2 The box is _____ heavy _____ I cannot lift it.

　→ 그 상자는 _____ 나는 그것을 들 수 없다.

3 You won't pass the exam _____ you study hard.

　→ _____ 너는 시험에 통과하지 못할 것이다.

4 Russia is _____ a big country _____ it has eleven time zones.

　→ 러시아는 _____ 그곳에는 11개의 시간대가 있다.

**B** 👥 다음 주어진 우리말에 맞도록 괄호 안의 단어를 적절히 배열하시오.

1 그녀는 **키가 너무 작아서** 그 선반에 닿을 수 없다.

　→ She (short, so, is) that she cannot touch the shelf.

2 그녀는 **너무 낮은 목소리**로 말해서 아무도 그녀를 알아채지 못했다.

　→ She spoke in (voice, a, low, such) that nobody could notice her.

3 내 여동생은 **너무 수줍어하는 소녀여서** 종종 엄마 뒤에 숨는다.

　→ My sister (a, shy, so, girl, is) that she often hides behind my mom.

**C** 👥 🔧 다음 주어진 우리말에 맞도록 괄호 안의 단어를 활용하여 빈칸을 완성하시오. (단, 필요시 단어 추가 가능

1 내 무릎이 **너무 심하게 아파서** 나는 더 이상 움직일 수 없다. (badly, aches, that)

　→ My knee _____ I can't move anymore

2 목적지에 제시간에 **도착하기 위해서** 우리는 아침에 떠났다. (would, arrive, that, we)

　→ We left in the morning _____ at our destinatio
on time.

3 그는 **너무 좋은 사람이어서** 모두가 그를 존경한다. (a, man, good, such)

　→ He is _____ all respect him

4 **당신이 신분증을 가지고 있지 않다면,** 이곳에 들어오실 수 없습니다. (have, ID card, an, you)

　→ You can't enter here _____

# Knowhow 3

긴 문장도
제대로 써보자
**문장의 확장**

# Chapter 08 수일치

| | | |
|---|---|---|
| approximately | 대략, 거의 | |
| bow | 고개 숙여 인사하다; 굴복하다; 활 | |
| controversy | 논쟁, 논의 | ▶ controversial 논란이 많은 |
| convenient | 편리한; 간편한 | ▶ convenience 편리함, 편의 |
| dense | 빽빽한, 밀집한 | |
| dip | 잠깐 담그다, 넣다 | |
| foreign ❶ 철자주의 | 외국의 | |
| homeless | 집이 없는 | |
| influence | 영향 | ※ have a influence on ~에 영향을 미치다 |
| ingredient | 재료, 성분 | |
| issue | 문제, 쟁점; 발행; 간행물 | |
| mathematics | 수학 | |
| motivate | 동기를 부여하다[주다] | ▶ motivation 동기 부여; 자극 |
| necessarily | 반드시, 꼭 | ▶ necessary 필요한; 필수적인 |
| nutritious ❶ 철자주의 | 영양가가 있는[풍부한] | ▶ nutrition 영양 |
| obey | 준수하다; 복종하다 | |
| on sale | 판매 중인; 할인 중인 | |
| pile | 무더기, 쌓아올린 것; 다수 | |
| renovate | 수리[수선]하다; 활기를 불어넣다 | ▶ renovation 혁신, 쇄신; 수리 |
| scene ❶ 철자주의 | 현장; 장면; 경치 | |
| spoil | 상하다; 망치다 | |
| spread | 퍼지다 | spread-spread-spreading ❶ 변화형 주의 |
| state | 주(州); 상태; 지위 | |
| supplies | 물품 | ▶ supply 제공하다; 공급[비축] (량) |
| surround | 둘러싸다, 에워싸다 | |
| tanned | 햇볕에 탄 | ▶ tan 햇볕에 태우다 |
| theme | 주제, 테마 | |
| various | 다양한 | = a variety of |
| windmill | 풍차 | |
| worthwhile | 가치 있는, ~할 만한 | |
| worthy | 가치 있는 | |

단수 주어에는 단수 동사, 복수 주어에는 복수 동사를 써야 한다는 것은 익히 알고 있을 것이다.
대부분의 경우, 주어에 복수형 어미 -(e)s가 있으면 복수 동사를 쓰고, 없으면 단수 동사를 쓰면 된다.

| | |
|---|---|
| That tall **building** is Lotte World Tower. | 저 높은 건물은 롯데월드타워이다. |
| Those tall **buildings** are known as skyscrapers. | 저 높은 건물들은 마천루로 알려져 있다. |

그러나, 모든 경우가 다 위와 같은 것은 아니므로 아래와 같은 주어일 때는 특히 주의해야 한다.

## 1 단수 동사로 받는 경우

| | | |
|---|---|---|
| 1 | To learn a foreign language is / are not a waste of time. | to부정사(구) 주어 |
| 2 | Keeping a diary is / are a worthwhile hobby. | 동명사(구) 주어 |
| 3 | How he did it was / were never explained. | 명사절 주어 |
| 4 | When she can come here is / are important to me. | |
| | | |
| 5 | The news was / were not very good. | news(소식) |
| 6 | Mathematics is / are commonly called math in the U.S. | 과목명: economics(경제학), politics(정치학) |
| 7 | The United States consists / consist of fifty states. | 나라명: the Philippines(필리핀), the Netherlands(네덜란드) |

## 2 복수 동사로 받는 경우

| | | |
|---|---|---|
| 1 | The young is / are open to new ideas. | the+형용사(~한 사람들) *e.g.* the young(= young people)  the old(= old people)  the rich(= rich people)  the poor(= poor people) |
| 2 | A number of people was / were present. *cf.* The number of people present was / were greater than 20. | a number of+복수 명사: 복수 취급 (다수의~, 얼마간의~) *cf.* the number of+복수 명사: 단수 취급 (~의 수) |

〈☞ 정답 및 해설 p.19〉

# UNIT EXERCISE

정답 및 해설 p.19

**A** ✅ 다음 중 어법상 적절한 표현을 고르시오.

1 A number of old houses [was / were] renovated.
2 Riding a bike [is / are] an easy and convenient way to exercise.
3 The rich [is / are] not necessarily happy.
4 The number of old people [is / are] growing.
5 The big news [spreads / spread] quickly among the students.

6 The elderly usually [has / have] more experience than the young.
7 Economics [is / are] my least favorite subject.
8 The Netherlands [is / are] famous for windmills and tulips.
9 How much money I spent during the holidays [is / are] written in my notebook.
10 To drink water instead of sodas [has / have] a positive influence on your health.

**B** 💡 다음 각 문장의 밑줄 친 부분이 어법상 옳으면 ○, 틀리면 ×로 표시하고 바르게 고치시오.

1 Politics <u>are</u> often considered boring and uninteresting. ☐ _____
2 The homeless <u>are</u> supported by many charities. ☐ _____
3 The number of newborn babies <u>have</u> been decreasing each year. ☐ _____
4 A great number of <u>maple tree</u> surround our town. ☐ _____
5 Whether dragons actually existed <u>are</u> not certain. ☐ _____

**C** 🔧🔧 다음 주어진 우리말에 맞도록 괄호 안의 단어를 활용하여 빈칸을 완성하시오. (단, 필요시 단어 변형 가능)

1 어떤 것에 대해 다른 사람들을 탓하는 것은 좋지 않다. (something, to, others, for, be, blame)
→ _____ not good.

2 지난해, **지원자의 수는** 백 명 정도**였다**. (be, of, applicants, number, the)
→ Last year, _____ approximately a hundred.

3 **그들이 어디에서 오는지는** 내게 중요하지 않다. (they, from, be, where, be)
→ _____ not important to me.

4 **필리핀에는 7000개가 넘는 섬이 있다**. (7000, have, islands, than, Philippines, more, the)
→ _____

진짜 주어 찾기

## 1 주어+수식어구+동사

주어 뒤에 수식어구가 오면 주어와 동사가 멀리 떨어지게 되므로 수일치에 주의해야 한다.
특히, 수식어구의 명사에 수일치하지 않도록 해야 한다. 수식어구의 종류별로 알아보자.

| | | |
|---|---|---|
| 1 | **A vase** *full of flowers* is / are a traditional Mother's Day gift. | 형용사구 |
| 2 | **The pictures** *on the wall* is / are all mine. | 전명구 |
| 3 | **The ways** *to help the environment* is / are not difficult. | to부정사구 |
| 4 | **My vision** *wearing the glasses* is / are now perfect. | 분사구 |
| 5 | **The cars** *that pass on the main street* makes / make loud noises. | 관계사절 |

## 2 주격 관계대명사절의 동사

선행사의 수 · 인칭에 일치시켜야 한다. 관계대명사 앞에 나온 명사가 여러 개이고 각각의 수가 다를 때는 선행사가 무엇인지를
잘 판단해야 한다. 즉, 관계대명사에 대입했을 때 의미상으로 가장 자연스러운 것이 선행사이다.

| | | |
|---|---|---|
| 1 | He is ***the man*** who lives / live next door. | |
| 2 | These are ***the books*** which shows / show his drawings. | 주격 관계대명사가 이끄는 절의 동사는 선행사의 수 · 인칭에 일치시킨다. |
| 3 | He is ***the man*** of your dreams who loves / love dogs. | |
| 4 | These are ***the books*** on sale which shows / show his drawings. | |

〈☞ 정답 및 해설 p.19〉

# UNIT EXERCISE

**A** 👓 다음 주어를 수식하는 어구를 <u>모두</u> 찾아 [ ]로 표시하고, 동사에 밑줄을 그으시오.

1 The man arriving at the scene of the accident is turning pale.
2 The violinist satisfied with his performance bows with a smile.
3 The ingredients to be prepared to make curry are listed in the recipe.
4 The book which motivated learners became a best seller.

5 The part of vegetables that is uneaten is usually the most nutritious.
6 The people capable of swimming are applying for the lifeguard job.
7 The boy interested in various types of music starts to compose a song.
8 The letters from the superstar's many fans unfortunately are getting wet with rain.


**B** 👓 ✓ 수식어구를 제외한 주어나 선행사에 밑줄을 긋고, 수일치에 유의하여 적절한 동사를 고르시오.

1 A comedian to amuse the crowds is / are getting on the stage.
2 The old lady carrying a pile of books look / looks stronger than her age.
3 The men worthy of respect is / are still remembered even after death.
4 People without a lot of concern is / are more likely to be positive.
5 The issues which can cause controversy is / are sensitive topics.


**C** 🔧 다음 주어진 우리말에 맞도록 괄호 안의 단어를 활용하여 빈칸을 완성하시오. (단, 필요시 단어 변형 가능)

1 **내게 배송된** 사무용품들은 긁히지 않**았다**. (me, delivered, to, be)
→ The office supplies _____ unscratched.

2 **빽빽한 숲에 있는 나무들은** 곧게 서 있는 **경향이 있다**. (in, dense, trees, forest, the, tend, the)
→ _____ to stand straight.

3 피부에는 **손상으로부터 회복하는** 일부 세포들이 있다. (recover, damage, which, from)
→ There are some cells on the skin _____

4 **예의범절을 아는** 그 학생은 규칙을 **준수한다**. (of, manners, obey, aware)
→ The student _____ the rules.

## 1 부분표현+of+명사의 수

| | |
|---|---|
| **1** *Half of* **the time** [ was / were ] spent on small-group work.<br>**2** *Most of* **the people** [ enjoys / enjoy ] dipping pizza in sauce.<br>**3** *Some of* **the places** [ is / are ] good to visit during summer. | all, most, some, part, percent, the rest, 분수, half, the majority 등의 부분표현은 of 뒤의 명사의 수에 일치시킨다. |
| **4** **One** *of the most important things* [ is / are ] to plan ahead. | one of+복수 명사: 단수 동사 (주어가 one이므로 단수 취급한다.) |

## 2 주요 구문

| | |
|---|---|
| **1** The teacher *or* **the students** [ chooses / choose ] a topic. | A or **B**: A 또는 B |
| **2** *Either* you *or* **she** [ has / have ] to go. | either A or **B**: A나 B 둘 중의 하나 |
| **3** *Neither* you *nor* **he** [ is / are ] honest. | neither A nor **B**: A나 B 어느 것도 ~ 아닌 |
| **4** *Not* the kid *but* **the parents** [ was / were ] playing the game. | not A but **B**: A가 아니라 B인 |
| **5** *Not only* he *but also* **you** [ needs / need ] to go there.<br>= **You** *as well as* he [ needs / need ] to go there. | not only A but (also) **B**: A뿐만 아니라 B도 (= **B** as well as A) |

〈☞ 정답 및 해설 p.20〉

# UNIT EXERCISE

정답 및 해설 p.20

---

**A** ✅ 다음 중 어법상 적절한 표현을 고르시오.

1 Some of the children `is / are` still asleep.
2 Most of the surfers `has / have` tanned skin.
3 Not eggs but sugar `is / are` needed more to make the cake.
4 Half of the people `was / were` seated in a concert hall.
5 Two-thirds of the bananas `was / were` spoiled on a hot day.

6 Either you or Molly `is / are` responsible for this project.
7 The rest of my team members `agrees / agree` with my ideas.
8 All of my classmates `was / were` invited to our teacher's house.
9 Only 10 percent of the information `was / were` useful.
10 Not only my mom but also I `knows / know` how to make Kimchi.

---

**B** 🔧 다음 주어진 단어를 어법상 알맞은 형태로 빈칸에 쓰시오. (단, 현재형으로 쓸 것)

1 Most of the animals in the zoo _____ from Africa. (be)
2 Not only Jin but also I _____ cookies and pies. (like)
3 In this company, half of the machines _____ new. (seem)
4 Michael as well as you _____ the files I need. (have)
5 Not the Philippines but Peru _____ the place where I want to travel. (be)

---

**C** 🧩🔧 다음 주어진 우리말에 맞도록 괄호 안의 단어를 활용하여 빈칸을 완성하시오. (단, 필요시 단어 변형 가능

1 얼마 후에, **멍뿐만 아니라 통증도 줄어들게 된다**. (but, bruises, be, also, not, pain, reduced, only)
  → After some time, _____

2 **근로자들의 60퍼센트는** 너무 바빠서 점심을 먹을 수 없다. (the, sixty, of, workers, be, percent)
  → _____ too busy to eat lunch

3 **나나 너 둘 다** 치타보다 빠르지 **않다**. (I, be, nor, you, neither)
  → _____ faster than cheetahs

4 **이 뮤지컬의 주제 중 하나는** 화합**이다**. (of, musical, be, the, of, this, themes, one)
  → _____ harmony

# OVERALL TEST

**A** ✓ 다음 중 어법상 적절한 표현을 고르시오.

1 Some of the countryside areas `has / have` a clearer night sky.

2 `Going / Go` to the gym on a hot day is not enjoyable.

3 The number of people with the flu `has / have` recently doubled.

4 It is essential `when / that` we should try steadily to achieve something.

5 To travel to many new areas `is / are` educational.

6 Mark works `so / such` hard that he should be promoted.

7 The man majoring in linguistics `want / wants` to be a linguist.

8 The beach `which / where` many people enjoy swimming is near the East Sea.

**B** 🧩 다음 주어진 우리말에 맞도록 괄호 안의 단어를 적절히 배열하시오.

1 **네가 그 목록에서 보는** 책들은 대부분 품절**이다**. (on, which, are, list, you, the, see)

→ The books _____ mostly sold out.

2 **우리 아버지께서 담배를 끊으신다면**, 더 건강해지실 것이다. (my, smoking, if, father, quits)

→ _____, he'll be healthier.

3 **많은 사람들이** 외국어보다 모국어를 **더 선호한다**. (prefer, of, a, number, people)

→ _____ their mother tongue to a foreign language.

4 우리는 **얼마나 많은 손님이** 파티에 **올 수 있는지** 알아야 한다. (how, can, come, guests, many)

→ We need to know _____ to our party.

5 여러분은 **가격뿐만 아니라 품질도** 고려해야 한다. (only, the, also, quality, not, price, the, but)

→ You should consider _____.

6 임산부는 임신 기간의 **첫 세 달 동안** 조심해야 한다. (the, three, for, months, first)

→ Pregnant women should be cautious _____ of pregnancy.

7 **비록 내가 가까운 친구이지만**, 나는 그가 몇 살인지 모른다. (though, a, friend, I'm, even, close)

→ _____, I don't know how old he is.

**C**　👓　다음 괄호 안의 단어가 밑줄 친 명사를 수식하기 위해 들어갈 적절한 위치를 고르시오.

1　I bought all ⓐ four ⓑ circular <u>dishes</u> from Thailand. (those)

2　The ⓐ <u>girl</u> ⓑ of the scary ghost hid inside the closet. (afraid)

3　The <u>village</u> ⓐ I used to live ⓑ is now the big farm. (where)

4　The ⓐ <u>baby</u> ⓑ of her doll laughed at the doll's silly hair. (fond)

**D**　💡　다음 각 문장의 밑줄 친 부분이 어법상 옳으면 ○, 틀리면 ✕로 표시하고 바르게 고치시오.

1　My grandparents' garden is <u>beautifully</u> but humid.　☐ _____

2　The man <u>who</u> muffler was blown away seemed embarrassed.　☐ _____

3　Neither my parents nor my sister <u>is</u> going to attend the graduation.　☐ _____

4　The doctor as well as the nurses <u>are</u> off this week.　☐ _____

5　Anything <u>sharp</u> must be removed in children's rooms.　☐ _____

6　When do you think <u>is the exhibition held</u>?　☐ _____

**E**　🗣️🔧　다음 주어진 우리말에 맞도록 괄호 안의 단어를 적절히 배열하시오. (단, 필요시 변형할 것)

1　그 비서는 **자신의 사장님이** 회의에 **참석할 것인지** 궁금했다. (boss, attend, would, her, whether)

　→　The secretary wondered _____ the meeting.

2　처음부터 끝까지 **선두를 달리는 그 소년은** 내 아들**이다**. (race, boy, the, be, the, leading)

　→　_____ from start to finish _____ my son.

3　Sarah는 **더 유창하게 말하기 위해서** 말하기 수업을 듣는다. (she, fluently, can, so, speak, more, that)

　→　Sarah takes speaking classes _____.

4　특히 여름에 **기상 상태를 예측하는 것은** 어렵다. (to, conditions, predict, weather)

　→　It's difficult _____, especially in summer.

5　그것은 **아주 지루한 영화여서** 끝나기 전에 **모두가 떠났다**. (left, a, film, that, everybody, boring, such)

　→　It was _____ before the end.

# Knowhow
# 4

긴 문장을
짧게 줄여 써보자
**문장의 축소**

# Chapter 09 준동사 I(절 ⇌ 준동사)

## VOCA Preview
이 챕터에서 학습할 문장에 쓰인 필수 어휘입니다. 어휘 의미는 물론, 철자와 변화형, 파생어와 참고어까지 학습해봅시다.

| | | |
|---|---|---|
| **abroad** ❶ 철자주의 | 해외에(서), 해외로 | *cf.* aboard (배 등에) 탄, 탑승한 |
| **adjust** | 조정[조절]하다; 적응하다 | ▶ adjustment 조절, 조정; 적응<br>※ adjust to ~에 적응하다 |
| **admire** | 감탄하며 바라보다; 존경하다 | |
| **appointment** ❶ 철자주의 | 약속; 임명, 지명 | ▶ appoint 약속하다; 임명[지명]하다 |
| **be afraid of** | ~을 두려워하다 | |
| **blame A for v-ing** | v에 대해 A를 비난하다[탓하다] | |
| **buffet** ❶ 철자주의 | 뷔페식당 | |
| **calm down** | ~을 진정시키다 | ▶ calm 진정시키다 |
| **cautiously** | 조심스럽게 | ▶ cautious 조심스러운, 신중한 |
| **clerk** ❶ 철자주의 | 점원 | |
| **developed** | 발전된 | ※ developed countries 선진국 |
| **election** | 선거 | ▶ elect 선거[선출]하다 |
| **flight** | 비행; 항공편 | |
| **go for a walk** | 산책하러 가다 | |
| **hurriedly** | 다급하게, 황급히 | |
| **in public** | 사람들 앞에서, 공개적으로 | |
| **insist** | (강력히) 주장하다; 고집하다 | ※ insist on ~을 주장하다 |
| **judge** ❶ 철자주의 | 판단하다; 심판 | ▶ judg(e)ment 판단(력); 판결 |
| **look for** | ~을 찾다 | |
| **misunderstand** | 오해하다 | ❶ 변화형 주의<br>misunderstood-misunderstood-misunderstanding<br>▶ misunderstanding 오해 |
| **moderately** | 적당히; 중간 정도로 | ▶ moderate 적당한, 보통의 |
| **novel** | (장편) 소설; 새로운 | |
| **realize** | 깨닫다, 알아차리다 | |
| **refund** | 환불(하다) | |
| **rush hour** | 혼잡 시간대 | |
| **scholarship** | 장학금 | |
| **scold** | 꾸짖다, 야단치다 | |
| **shake one's hand** | ~와 악수하다 | |
| **space science** | 우주 과학 | |
| **spill** | 쏟다; 흘리다 | spilt[spilled]-spilt[spilled]-spilling ❶ 변화형 주의 |
| **stranger** | 낯선 사람 | ▶ strange 낯선; 이상한 |
| **take a break** | 쉬다, 휴식을 취하다 | |
| **take a nap** | 낮잠을 자다 | |
| **take care of** | ~을 돌보다 | |
| **warehouse** | 창고 | |
| **yawn** ❶ 철자주의 | 하품하다 | |

# UNIT 01 절 ⇌ to부정사 구문

## 1 that이 이끄는 명사절 ⇌ to부정사의 명사적 역할

| | |
|---|---|
| **1** We hope **that we can see** him this evening.<br>⇌ We hope _____ him this evening. | S+V+that절 ⇌ S+V+to-v<br>*e.g.* hope, agree, choose,<br>decide, determine,<br>expect, intend 등 |
| **2** I expect **that *you* will come back**.<br>⇌ I expect _____. | S+V+that절 ⇌ S+V+O+to-v<br>*e.g.* expect, ask, desire, order,<br>request, urge 등 |
| **3** She told *her son* **that he should not stay up** late.<br>⇌ She told *her son* _____ late. | S+V+O+that절 ⇌ S+V+O+to-v<br>*e.g.* tell, advise, persuade,<br>remind, teach 등 |

## 2 관계대명사절 ⇌ to부정사의 형용사적 역할

| | |
|---|---|
| **1** He is not a man **who judges** a book by its cover.<br>⇌ He is not a man _____ a book by its cover. | 수식 받는 명사와 to부정사는 의미적<br>으로 「주어-동사」 관계 |
| **2** I have a lot of homework **which I should do** this weekend.<br>⇌ I have a lot of homework _____ this weekend. | 수식 받는 명사와 to부정사는 의미적<br>으로 「목적어-동사」 관계 |

## 3 부사절 ⇌ to부정사의 부사적 역할

| | |
|---|---|
| **1** He went to Paris **so that he could see** the Eiffel Tower.<br>⇌ He went to Paris in _____ the Eiffel Tower.<br>⇌ He went to Paris so _____ the Eiffel Tower.<br>**2** Listen to me carefully **so that you don't misunderstand** me.<br>⇌ Listen to me carefully in _____ me.<br>⇌ Listen to me carefully so _____ me. | so that ~ (not)<br>⇌ in order (not) to-v<br>⇌ so as (not) to-v<br>((목적)) v하(지 않)기 위해서 |
| **3** She was **so shy that she couldn't make a speech** in public.<br>⇌ She was _____ in public.<br>**4** My coffee is **so hot that I can't drink** *it*.<br>⇌ My coffee is _____. | so ~ that+S′+can't+v<br>⇌ too ~ to-v<br>((결과)) 너무 ~해서 v할 수 없다;<br>((정도)) v할 수 없을 만큼 ~하다<br><br>「that절의 목적어 = 문장 주어」이면<br>to부정사 문장에서는 목적어를 생략<br>한다. |
| **5** I arrived **so early that I could get** tickets for the concert.<br>⇌ I arrived early _____ tickets for the concert.<br>⇌ I arrived so _____ tickets for the concert. | so ~ that+S′+can+v<br>⇌ ~ enough to-v<br>⇌ so ~ as to-v<br>((결과·정도)) v하기에 충분할 만큼<br>[v할 만큼] ~한[하게] |

# UNIT EXERCISE

정답 및 해설 p.23

**A** 🔄 다음 두 문장이 같은 의미가 되도록 to부정사를 사용하여 문장을 완성하시오.

1  The travelers met the guide who would travel with them.
   = The travelers met the guide _____.

2  I persuaded my parents that they buy me a new bicycle.
   = I persuaded my parents _____.

3  Judy bought several books that she would read during the flight.
   = Judy bought several books _____.

4  The customer asked that the clerk should refund her money.
   = The customer asked _____.

**B** (A아) 밑줄 친 부분에 유의하여 다음 해석을 완성하시오.

1  The math problem <u>was too difficult to solve</u>.
   → 그 수학 문제는 _____

2  I do yoga every morning <u>so as to stay healthy</u>.
   → 나는 _____ 매일 아침 요가를 한다

3  You must leave now <u>in order not to arrive late</u>.
   → 너는 _____ 지금 떠나야 한다

4  She is outgoing <u>enough to be friends with strangers</u>.
   → 그녀는 _____ 사교적이다

**C** 🔄 다음 두 문장이 같은 의미가 되도록 주어진 단어를 활용하여 문장을 완성하시오.

1  The bed is so heavy that I can't move it by myself. (too)
   = The bed is _____

2  I often take a short nap so that I won't be tired. (so as to)
   = I often take a short nap _____

3  Adjust your computer monitor so that you can sit up straight. (order)
   = Adjust your computer monitor _____

4  My sister is too young to understand my mom's words. (so)
   = My sister is _____ my mom's word

# UNIT 02 절 ⇌ 동명사 구문

## 1 that절 ⇌ 동명사

| | |
|---|---|
| **1** I remember **that I corrected** her grammar.<br>⇌ I remember ＿＿＿＿＿＿＿＿ her grammar. | S+V+that절 ⇌ S+V+동명사<br>*e.g.* remember, admit, deny, regret,<br>suggest 등 |
| **2** She insisted **that she should pay** the bill.<br>⇌ She insisted ＿＿＿＿＿＿＿＿ the bill. | S+V+that절 ⇌ S+V+전치사+동명사<br>*e.g.* insist on, decide on, think of,<br>complain of, hear of[about] 등 |

## 2 부사절 ⇌ 동명사

| | |
|---|---|
| **1** **As soon as she heard** the sound, she woke up.<br>⇌ ＿＿＿＿＿＿＿＿ the sound, she woke up. | on v-ing: v하자마자 |
| **2** He takes a shower **before he goes** to bed.<br>⇌ He takes a shower ＿＿＿＿＿＿＿＿ to bed. | before v-ing: v하기 전에 |
| **3** **After she studies** hard, she takes a break.<br>⇌ ＿＿＿＿＿＿＿＿ hard, she takes a break. | after v-ing: v한 이후에 |
| **4** The boy was scolded **because he talked** loudly.<br>⇌ The boy was scolded ＿＿＿＿＿＿＿＿ loudly. | for v-ing: v한 이유로 |
| **5** **She did not stay at home, but** went for a walk.<br>⇌ ＿＿＿＿＿＿＿＿, she went for a walk. | instead of v-ing: v하지 않고 |
| **6** He studied hard **so that he could become a doctor.**<br>⇌ He studied hard ＿＿＿＿＿＿＿＿ a doctor. | for the purpose of v-ing:<br>v하기 위해 |

## 3 형용사+that절 ⇌ 형용사+전치사+동명사

| | |
|---|---|
| **1** She is proud **that she is** smart.<br>⇌ She is proud ＿＿＿＿＿＿＿＿ smart.<br><br>**2** Were you disappointed **that you lost** the game?<br>⇌ Were you disappointed ＿＿＿＿＿＿＿＿ the game?<br><br>**3** I'm sorry **that I don't recognize** you.<br>⇌ I'm sorry ＿＿＿＿＿＿＿＿ you. | be proud of, be sure[certain] of<br>be confident of, be afraid of<br>be ashamed of<br>be disappointed at[about]<br>be surprised at[by], be sorry for |

## 4 동격의 that절 ⇌ of 동명사

| | |
|---|---|
| She has high hopes **that she will get** a gold medal.<br>⇌ She has high hopes ＿＿＿＿＿＿＿＿ a gold medal. | 명사+that+S′+V′(동격절)<br>⇌ 명사+of+(S′: 의미상 주어)v′-ing<br>*e.g.* hope, fact, idea, chance, news 등 |

〈☞ 정답 및 해설 p.23〉

# UNIT EXERCISE

**A** 💡 다음 각 문장의 밑줄 친 부분이 어법상 옳으면 ○, 틀리면 ×로 표시하고 바르게 고치시오.

1 I'm certain <u>in</u> winning the election. ☐ _____
2 Have you ever heard <u>that</u> dancing at a party? ☐ _____
3 They were blamed for <u>breaking</u> the warehouse's lock. ☐ _____
4 On <u>notice</u> his owner's voice, the dog started to bark. ☐ _____

**B** 🔄 다음 두 문장이 같은 의미가 되도록 주어진 전치사를 활용하여 문장을 완성하시오.

1 They decided that they should have only one child. (on)
= They _____ .

2 He was surprised that he left his passport at home. (at)
= He was surprised _____ at home.

3 She has a chance that she will get a scholarship. (of)
= She has _____

4 She reviews her notebook before she takes an exam. (before)
= She reviews her notebook _____

**C** 🔒 ⚡ 다음 주어진 우리말에 맞도록 괄호 안의 단어를 활용하여 빈칸을 완성하시오. (단, 필요시 단어 변형 가능

1 부모님께서 **약속을 취소할 것을 제안하셨다**. (cancel, suggested, appointment, the)
→ My parents _____

2 **게임을 하지 않고**, 그는 판타지 소설을 읽었다. (of, games, play, instead)
→ _____ , he read a fantasy nove

3 나는 어렸을 적에 밤에 집에 혼자 **머무르는 것을 두려워했다**. (of, afraid, stay, was)
→ I _____ home alone at night when I was young

4 그녀는 그 마을에 **병원을 세울** 생각을 했다. (build, hospital, a, of)
→ She had the idea _____ in the town

5 그 선수들은 그 경기에 **이기는 것에 자신이 있다**. (of, are, win, confident)
→ The players _____ the game

# UNIT 03 절 ⇌ 분사, 분사구문

## 1 관계대명사절 ⇌ 분사

| | | |
|---|---|---|
| **1** How can I calm a dog **which is barking**?<br>⇌ How can I calm a _____ dog? | v-ing: ((진행·능동))<br>~하고 있는, ~하는 | |
| **2** I know a customer **who wants** to buy a new car.<br>⇌ I know a customer _____ to buy a new car. | | |
| **3** Remove glass **which has been broken** cautiously.<br>⇌ Remove _____ glass cautiously. | p.p.: ((완료·수동)) ~된,<br>~해진 | |
| **4** My parents admired the picture **that was painted** by the famous artist.<br>⇌ My parents admired the picture _____ by the famous artist. | | |

## 2 절 ⇌ 분사구문

주절과 종속절의 주어가 일치하고 시제도 일치하는 경우, 접속사와 종속절의 주어를 생략하고 대부분 종속절의 동사를 현재분사로 바꾸어 분사구문으로 고쳐 쓸 수 있다.

When **she** *saw* me, **she** *smiled* brightly.

⇌ **Seeing** me, she smiled brightly. 나를 보며, 그녀는 밝게 웃었다.

| | |
|---|---|
| **1** **As** he smiled brightly, Chris shook my hand.<br>⇌ _____ brightly, Chris shook my hand. | 동시동작: ~하면서 |
| **2** He raised his hand, **and** said the answer correctly.<br>⇌ _____ his hand, he said the answer correctly. | 연속동작: ~하고, 그리고<br>*먼저 일어난 동작을 현재분사로 바꾼다. |
| **3** **While** the boys were waiting for a bus, they talked about the game.<br>⇌ _____ for a bus, the boys talked about the game. | 때: ~할 때, ~하는 동안 |
| **4** **Since[Because, As]** I was very tired, I fell asleep right away.<br>⇌ ( _____ ) very tired, I fell asleep right away. | 이유, 원인: ~하므로 |
| **5** **If** you cross the bridge, you will see our office on the left.<br>⇌ _____ the bridge, you will see our office on the left. | 조건: ~하면 |
| **6** **(Al)though[Even if]** she was hungry, she didn't eat anything at the buffet.<br>⇌ ( _____ ) hungry, she didn't eat anything at the buffet. | 양보: 비록 ~일지라도 |

\* 부사절의 be동사 뒤에 분사가 있는 경우에는 분사구문 전환 시 being을 보통 생략한다.

\*\* 분사구문의 부정형: not[never]을 분사 바로 앞에 둔다.

〈☞ 정답 및 해설 p.24〉

# UNIT EXERCISE

정답 및 해설 p.24

A ✓ 다음 중 어법과 문맥상 적절한 표현을 고르시오.

1 The traveler hurriedly looked for the | stealing / stolen | wallet.
2 I have to return the books | borrowed / borrowing | from the library.
3 The teacher told the | yawning / yawned | student to cover his mouth.
4 | No / Not | understanding the rules, I found the game boring.
5 | Taken / Taking | care of gently, the plant can survive the winter.


B 🔄 다음 두 문장이 같은 의미가 되도록 분사를 활용하여 문장을 완성하시오.

1 There are so many people who are driving at rush hour.
= There are so _____ at rush hour.

2 Studying abroad is a good chance which is offered to me.
= Studying abroad is _____.

3 The mom tries to calm down the baby who is crying.
= The mom tries to _____.

4 America, Canada, England, etc. are considered the countries which are developed.
= America, Canada, England, etc. _____.


C 🔄 다음 문장을 분사구문을 활용하여 다시 쓰시오.

1 I sat at the cafe and realized that I had left the oven on at home.
→ _____, I realized that I had left the oven on at home.

2 Although she never agreed with him, she answered to him in a kind way.
→ _____, she answered him in a kind way

3 Because he is interested in space science, the boy wants to work at NASA.
→ _____ space science, the boy wants to work at NASA.

4 If it is drunk moderately, red wine can be good for your health.
→ _____, red wine can be good for your health

5 As she listens to music with her earphones, Sujin does her homework.
→ _____ with her earphones, Sujin does her homework

# Knowhow

# 4

긴 문장을
짧게 줄여 써보자
**문장의 축소**

# Chapter 10 준동사 Ⅱ(의미상 주어·시제·태)

## VOCA Preview
이 챕터에서 학습할 문장에 쓰인 필수 어휘입니다. 어휘 의미는 물론, 철자와 변화형, 파생어와 참고어까지 학습해봅시다.

| | | |
|---|---|---|
| appreciate ❶ 철자주의 | 감사하다; 감상하다; 이해하다 | |
| arrange | 준비하다; 배열하다 | ▶ arrangement 배열, 정리; 준비 |
| bite | 물다 | bit-bitten-biting ❶ 변화형 주의 |
| burst into | 갑자기 (~)하다 | ▶ burst 폭발하다; 터지다<br>burst-burst-bursting ❶ 변화형 주의 |
| consume | 섭취하다; 소비[소모]하다 | ▶ consumer 고객 |
| deny | 부인[부정]하다 | |
| essential | 필수적인; 기본적인 | = necessary |
| eyesight | 시력 | |
| farewell party | 송별회 | |
| half | 반, 2분의 1 | cf. quarter 4분의 1; 분기 |
| mess | 엉망, 혼란 | ▶ messy 지저분한, 엉망인 |
| misunderstand | 오해하다 | ❶ 변화형 주의<br>misunderstood-misunderstood-misunderstanding |
| nap | 낮잠을 자다, 잠시 졸다 | |
| natural | 당연한, 이치에 맞는; 타고난 | |
| necessary | 필요한; 필수적인 | ▶ necessity 필요(성) ▶ necessities 필수품 |
| package | 소포; 포장 | |
| passionate | 열정적인, 열렬한 | ▶ passion 열정 |
| pregnant | 임신한 | |
| previous | 이전의, 먼저의 | |
| promotion | 승진, 진급; 판매 촉진 | ▶ promote 승진시키다; 촉진하다; 홍보하다 |
| proper | 적절한, 알맞은 | = appropriate |
| raise | (아이를) 기르다; ~을 (들어) 올리다 | |
| rare | 덜 익은; 드문; 희박한 | |
| remains | ((복수형)) 유적, 유물; 나머지 | ▶ remain 여전히 있다, 남아 있다 |
| respond to | ~에 응답하다[반응하다] | |
| reward | 보상; 대가; 상을 주다 | |
| selfish | 이기적인 | ↔ selfless 이기심[욕심] 없는 |
| suit | 정장; ~에게 어울리다 | |
| toward | ~을 향해, ~쪽으로 | |
| valuable | 가치 있는; 값비싼 | ▶ value 가치; ~을 평가하다; 존중하다 |
| vegetarian ❶ 철자주의 | 채식주의자 | cf. veterinarian 수의사 |
| work | 작동하다; (약이) 효과가 있다 | |

# UNIT 01 | to부정사와 동명사의 의미상 주어

준동사는 모두 동사에서 온 것이므로 동사적 성질을 가지고 있어, 의미상 주어·시제·태에 주의해야 할 경우가 있다.

## 1 to부정사

의미상 주어(부정사의 동작을 행함)가 문장의 주어나 목적어, 또는 일반인일 때는 별도로 표현하지 않는다.
그렇지 않을 경우에는 「for[of]+의미상 주어」 형태로 부정사 앞에 나타낸다.

**This suit** is so expensive that **I** cannot buy it.
≠
⇌ **This suit** is too expensive **for me** to buy.

| | |
|---|---|
| **1** 그녀는 식물을 키우는(grow) 것을 원한다.<br>_____ wants _____ some plants. | 의미상 주어 = 주어 |
| **2** 그녀는 내가 식물을 키우는 것을 원한다.<br>She wants _____ some plants. | 의미상 주어 = 목적어 |
| **3** (사람들이) 나쁜 습관을 버리는(break) 것은 쉽지 않다.<br>It's not easy _____ a bad habit. | 의미상 주어 = 일반인 |
| **4** It is *necessary* that **he** (should) have enough sleep.<br>⇌ It is *necessary* _____ to have enough sleep. | It is 형용사+that절<br>⇌ It is 형용사+for A+to-v<br>*e.g.* necessary, natural, essential, important, strange, surprising 등 |
| **5** 티켓을 잃어버리다니, 그녀는 부주의했다. (careless)<br>It was *careless* **of her** to lose her ticket. | 형용사가 사람의 성질, 감정을 나타내는 경우에는 of 사용<br>*e.g.* kind, nice, polite, wise, stupid, foolish, selfish, silly, careless 등 |

## 2 동명사

to부정사와 마찬가지로 문장의 주어나 목적어, 또는 일반인일 때는 별도로 표현하지 않는다.
그렇지 않을 경우에는 소유격[목적격] 형태로 동명사 앞에 나타낸다.

| | |
|---|---|
| **1** 나는 여행 가는 것을 좋아한다.<br>**I** like _____ on trips. | 의미상 주어 = 주어 |
| **2** 우리를 저녁 식사에 초대해 주셔서 감사합니다.<br>Thank **you** for _____ us to dinner. | 의미상 주어 = 목적어 |
| **3** 보는 것이 믿는 것이다.<br>_____ is _____. | 의미상 주어 = 일반인 |
| **4** He insists that **I** should take a ballet class.<br>⇌ He insists on **my[me]** taking a ballet class.<br>He complained that **his steak** was rare.<br>⇌ He complained of **his steak** being rare. | S+V+that절<br>⇌ S+V+전치사+소유격[목적격]+동명사<br>*e.g.* insist on, complain of, decide on, think of, hear of |

〈☞ 정답 및 해설 p.25〉

# UNIT EXERCISE

**A** 👓 다음 문장에서 굵게 표시한 부분의 의미상 주어에 밑줄을 그으시오. (단, 일반인인 경우 ×로 표시할 것)

1 There is a great chance of his **getting** a promotion.

2 It would be better **to wear** rain boots in heavy rain.

3 She blamed me for **being** late for the meeting.

4 We decided **to travel** around the world for a year after marriage.

5 It's hard for people with poor eyesight **to see** things clearly.

6 Loving someone means **trusting** them.

7 It was selfish of him **to think** about only himself.

8 The interviewer requested the interviewee **to inform** his previous job.

**B** ✅ 다음 중 어법상 적절한 표현을 고르시오.

1 It is wise of / for you not to overspend.

2 We really appreciate yours / your coming to our party.

3 It is natural of / for babies to have trouble sleeping.

4 Is he okay? I heard of he / his screaming last night.

5 It is essential of / for a pregnant woman to consume vitamin D.

**C** 🔄 다음 두 문장이 같은 의미가 되도록 to부정사와 동명사의 의미상 주어를 사용하여 빈칸을 완성하시오.

1 It is strange that he acts carelessly like that.
= It is strange _____ carelessly like that.

2 My parents were proud that I helped the lost kid.
= My parents were proud of _____

3 We arranged enough chairs so that everyone could sit.
= We arranged enough chairs in order _____

4 The soup is so spicy that children can't eat it.
= The soup is too _____

5 I remember that he said that he would volunteer in Africa.
= I remember _____ he would volunteer in Africa

# UNIT 02  to부정사와 동명사의 시제·태

## 1  to부정사의 시제·태

**1**  It **seems** that he **is** sick.
⇌ He seems _____ sick.

**2**  It **seemed** that he **was** sick.
⇌ He seemed _____ sick.

> 주절과 종속절의 시제가 같은 경우:
> to-v

**3**  It **seems** that he **was[has been]** sick.
⇌ He seems _____ sick.

**4**  It **seemed** that he **had been** sick.
⇌ He seemed _____ sick.

> 주절보다 종속절의 시제가 앞서거나 완료형인 경우: to have p.p.

**5**  I hope **(that) I will be given** a reward.
⇌ I hope _____ a reward.

> 의미상 주어와의 관계가 수동인 경우:
> to be p.p.

**6**  It appears that the address **was changed**.
⇌ The address appears _____.

> 의미상 주어와의 관계가 수동이면서 종속절의 시제가 앞서는 경우:
> to have been p.p.

## 2  동명사의 시제·태

**1**  She **is** proud that she **is** helpful.
⇌ She **is** proud of _____ helpful.

**2**  She **was** proud that she **was** helpful.
⇌ She **was** proud of _____ helpful.

> 주절과 종속절의 시제가 같은 경우:
> v-ing

**3**  He **is** ashamed that he **didn't know[hasn't known]** the answer.
⇌ He **is** ashamed of _____ the answer.

**4**  He **was** ashamed that he **hadn't known** the answer.
⇌ He **was** ashamed of _____ the answer.

**5**  I remember **that I saw** him once.
⇌ I remember _____ him once.

> 주절보다 종속절의 시제가 앞서거나 완료형인 경우: having p.p.
>
> *단, remember, forget, regret 등 전후 관계 분명한 동사일 경우:
> v-ing형 사용 가능

**6**  He complained **that he was misunderstood**.
⇌ He complained of _____.

> 의미상 주어와의 관계가 수동인 경우:
> being p.p.

**7**  He complained **that he had been misunderstood**.
⇌ He complained of _____.

> 의미상 주어와의 관계가 수동이면서 종속절의 시제가 앞서는 경우:
> having been p.p.

〈☞ 정답 및 해설 p.25〉

# UNIT EXERCISE

**A** ✅ 다음 두 문장이 같은 뜻이 되도록 알맞은 것을 고르시오.

1 She seemed to enjoy fishing.
= It seemed that she | has enjoyed / enjoyed | fishing.

2 The man denied that he stole the watch.
= The man denied | being stolen / stealing | the watch.

3 My grandparents are proud that they are healthy.
= My grandparents are proud of | having been / being | healthy.

4 They appear to have a passionate attitude toward art.
= It appears that they | have / had | a passionate attitude toward art.

**B** 🔁 다음 주어진 우리말에 맞도록 괄호 안의 단어를 적절히 배열하시오.

1 그는 모기들에게 **물린 것에 대해 불평했다**. (bitten, of, being, complained)
→ He _____ by mosquitoes.

2 Anna는 수업 중에 눈물을 **터뜨렸던 것에 대해 부끄러워한다**. (burst, is, having, of, ashamed)
→ Anna _____ into tears during class.

3 그녀는 그 소식에 **충격을 받은 것 같았다**. (shocked, to, seemed, be)
→ She _____ by the news.

4 그들은 적절한 의료 서비스가 **제공되기를 바란다**. (provided, be, hope, to)
→ They _____ with proper health service.

5 나는 부엌을 **엉망으로 만든 것을 인정한다**. (mess, admit, a, making)
→ I _____ in the kitchen.

**C** 🔄 다음 두 문장이 같은 의미가 되도록 문장을 완성하시오.

1 I wasn't aware of you having become a vegetarian.
= I wasn't aware that you _____ a vegetarian.

2 Mr. Jackson insisted on not having been given any packages.
= Mr. Jackson insisted that he _____ any packages.

3 It seems that he has worked at the same company for over 10 years.
= He _____ at the same company for over 10 years.

4 We regret that we missed the beginning of the play.
= We regret _____ the beginning of the play.

# UNIT. 03  분사의 의미상 주어·시제·태

## 1  분사·분사구문의 의미상 주어

**1** There was **a surprising** *development*.

(= There was **a development** which was surprising.)

**2** He managed to open **the locked** *gate*.

(= He managed to open **the gate which** was locked.)

수식 받는 명사 = 분사의 의미상 주어

---

**3** As **my sister** was sick, **I** had to take care of her.

⇌ _____ sick, I had to take care of her.

부사절의 주어가 주절의 주어와 일치하지 않을 때는 분사 앞에 남겨 둔다.

---

**4** She was walking on the grass. + **Her dog** was **following** her.

⇌ She was walking on the grass *with* _____

_____ her.

**5** I stayed asleep. + **My TV** was **turned on**.

⇌ I stayed asleep *with* _____.

with+(대)명사+분사:
((부대상황)) ~한 채로, ~하면서

*(대)명사가 분사의 의미상 주어이다.

## 2  분사구문의 시제·태

**1** After we **had had** dinner, we **spent** some time watching TV.

⇌ _____ dinner, we spent some time watching TV.

주절보다 종속절의 시제가 앞서거나 완료형인 경우: having p.p.

---

**2** When I **was spoken** to in English, I **felt** surprised.

⇌ _____ to in English, I felt surprised.

주절과 종속절의 시제가 일치하고, 종속절의 동사가 수동태인 경우: (being) p.p.
*being은 자주 생략된다.

---

**3** As it **had been fixed** the day before, the bike **worked** well.

⇌ _____ the day before, the bike worked well.

주절보다 종속절의 시제가 앞서거나 완료형이고, 종속절의 동사가 수동태인 경우: (having been) p.p.
*having been은 자주 생략된다.

〈☞ 정답 및 해설 p.26〉

# UNIT EXERCISE

**A** 다음 문장에서 굵게 표시한 부분의 의미상 주어에 밑줄을 그으시오.

1   The doctor is running toward the **injured** player.
2   Jane watched the sad movie with tears **running down** on her face.
3   **Having been raised** in the city, he got used to traffic jams.
4   The firefighters in the helicopter spray water on the **burning** building.
5   She stands near the bus stop with her arms **crossed**.
6   Our manager **moving** to New York, we held a farewell party for her.

**B** 다음 각 문장의 밑줄 친 부분이 어법상 옳으면 ○, 틀리면 ×로 표시하고 바르게 고치시오.

1   <u>Taking</u> a shower, I couldn't respond to the ringing bell.  ☐ _____
2   <u>Breaking</u> her arms recently, she can't practice the violin.  ☐ _____
3   Kyle played the piano passionately with the audience <u>admired</u>.  ☐ _____
4   <u>Having almost died</u> in the war, the soldier will receive a medal.  ☐ _____
5   <u>Being</u> discovered 3 years ago, the ancient remains are recognized  ☐ _____
    as valuable.

**C** 다음 문장을 분사구문을 활용하여 다시 쓰시오.

1   The boy was napping on the bed as his eyes were half closed.
    → The boy was napping on the bed with _____

2   As he had been late for work, he promised never to be late again.
    → _____, he promised never to be late again

3   Because the bookstore was closed, she could not buy the new textbook.
    → _____, she could not buy the new textbook

4   After he had finished his homework, he could play the computer game.
    → _____ his homework, he could play the computer game

5   Since she was scared of thunder, the girl wanted to sleep with her parents.
    → _____, the girl wanted to sleep with her parents

# OVERALL TEST

**A** ✅ 다음 두 문장이 같은 의미가 되도록 적절한 표현을 고르시오.

1 It seems that the girl has eaten all the candies.

= The girl | seems to eat / seems to have eaten | all the candies.

2 I hope that I can turn back time to my childhood.

= I hope to | turn / be turned | back time to my childhood.

3 The player is sure that he improves his running skill.

= The player is sure | of / for | improving his running skill.

4 The diner complained that he was given the food very slowly.

= The diner complained of | giving / being given | the food very slowly.

5 It is necessary that he wear black clothes to go to a funeral.

= It is necessary | of / for | him to wear black clothes to go to a funeral.

6 We heard that we should fill out the form before enrollment.

= We heard of | filling / we filling | out the form before enrollment.

7 Because I had been told the truth, I didn't blame him for the mistake.

= | Being / Having been | told the truth, I didn't blame him for the mistake.

**B** 📝 다음 두 문장이 같은 의미가 되도록 괄호 안의 단어를 적절히 배열하시오.

1 The mother asked that the father will pick their children up. (pick, father, the, asked, to)

= The mother _____ their children up.

2 She takes a speaking class so that she can speak more confidently. (to, as, speak, so)

= She takes a speaking class _____ more confidently.

3 The boy was proud that he climbed the tall mountain. (of, proud, was, climbing)

= The boy _____ the tall mountain.

4 Thomas didn't believe the news that he was accepted to Harvard University.

(accepted, being, of)

= Thomas didn't believe the news _____ to Harvard University.

5 This summer camp is for students who are interested in biology. (interested, students, in)

= This summer camp is for _____ biology.

6 The CEO of the company insists that the price should be competitive.

(price, the, on, being)

= The CEO of the company insists _____ competitive.

**C** 👓 다음 문장에서 굵게 표시한 부분의 의미상 주어에 밑줄을 그으시오. (단, 일반인인 경우 ×로 표시할 것)

1 Thank you for **taking** me to such a nice restaurant.

2 It takes some time **to make** a habit of getting up early.

3 Some students don't recognize the **decorated** classroom.

4 It's wise of her **to take** notes in all of her classes.

5 I was cooking the soup with my sister **helping** to set the table.

6 The manager wants the waiter **to treat** customers in a friendly way.


**D** 🔄 다음 두 문장이 같은 의미가 되도록 주어진 단어를 활용하여 빈칸을 완성하시오.

1 **Because my phone's battery died** an hour ago, I have to borrow my friend's phone. (having)

= _____ an hour ago, I have to borrow

my friend's phone.

2 I'm **old enough to try** bungee jumping by myself. (that, can)

= I'm _____ bungee jumping by myself.

3 **As soon as I opened my eyes**, I heard the alarm clock go off. (on)

= _____, I heard the alarm clock go off.

4 Neil Armstrong was **the first person who stepped on** the moon. (to)

= Neil Armstrong was _____ the moon.

5 It is **important that we keep** learning something new. (to, for)

= It is _____ learning something new.

6 My brother was ashamed **that he had spilt milk** all over the table. (of)

= My brother was ashamed _____ all over the table.

7 The swimmer leads the race **and the other competitors chase** after him. (with)

= The swimmer leads the race _____ after him.

OVERALL TEST

# Knowhow

# 5

기본 문장에
효과를 더하라
**문장의 표현**

# Chapter 11 비교

| | | |
|---|---|---|
| absent | 결석한; 부재의 | ↔ present 참석한<br>▶ absence 결석; 부재(↔ presence 참석) |
| air conditioner | 에어컨 | |
| amusement park | 놀이공원 | |
| bank | 강둑; 은행 | |
| be responsible for | ~에 책임이 있다 | |
| clever | 똑똑한, 영리한 | = smart ↔ stupid 어리석은, 멍청한 |
| comfortable | 편안한 | ↔ uncomfortable 불편한 |
| convenient | 편리한; 가까운 | ↔ inconvenient 불편한 |
| crowded | 붐비는 | |
| destination | 목적지, 도착지 | |
| electric car | 전기 자동차 | ▶ electric 전기의, 전기를 이용하는 |
| fluent | 유창한 | ▶ fluently 유창하게  ▶ fluency 유창(함) |
| folding fan | 부채 | |
| frighten ❶ 철자주의 | 놀라게 하다; 겁주다 | |
| individual | 각기 다른, 개별적인; 개인적인 | |
| instrument | 악기; 기구 | |
| Mercury | 수성 | |
| opposing | 상대의; 대립하는; 반대하는 | |
| parking lot | 주차장 | |
| performance | 공연; 수행; 성과 | ▶ perform 공연하다; 수행하다 |
| planet | 행성 | |
| precious | 소중한, 값비싼 | = valuable |
| professor | 교수 | |
| rapid | 빠른, 신속한 | ▶ rapidly 빠르게, 신속하게 |
| solar system | 태양계 | |
| sour ❶ 철자주의 | (맛이) 신; (우유 등이) 상한 | |
| thoughtful | 사려 깊은; 생각에 잠긴 | = considerate 사려 깊은 |
| wool | 양털, 양모 | |

## 비교 구문의 이해

대부분의 형용사와 부사는 '정도의 차이'가 있다. 예를 들어, pretty, tall, fast 같은 것은 얼마나 예쁘고, 키가 크고, 빠른지에 정도의 차이가 있기 마련이다. 그러므로 A와 B를 서로 비교하는 경우가 많이 생긴다.

| | |
|---|---|
| She is **pretty**. | She is **as pretty as** ~. |
| She is **tall**. | She is **taller than** ~ |
| She runs **fast**. | She runs **fastest in her class**. |

반면, '정도의 차이'가 있을 수 없는 의미의 형용사나 부사는 당연히 비교 구문을 사용하지 않는다.

| | |
|---|---|
| She is **absent** today. | 그녀는 오늘 **결석했다**. |
| The old man looked **dead**. | 그 노인은 **죽은** 것 같았다. |
| There are **only** two cars in the parking lot. | 주차장에는 **단지** 두 대의 차가 있다. |

---

## UNIT 01    A는 B만큼 ~, A는 B보다 ~

### A=B

A와 B의 어떤 성질이나 상태의 정도가 서로 같은 것을 나타낸다.

**1** This book is easy. That one is easy.
→ This book is _____ that one.

> A as 형용사[부사]의 원급 as B:
> A는 B만큼 ~

**2** She sings well. That singer sings well.
→ She sings _____ that singer.

**3** 그는 지금 아빠와 똑같은 정도로 키가 크다.
He is │ just / almost │ as tall as his dad now.

> 원급 수식: just(똑같은 정도로, 정확히), almost(거의), about(약) 등

### A<B, A>B

A와 B의 어떤 성질이나 상태의 정도가 서로 차이가 나는 것을 나타낸다.

**1** 그 검정 코트는 남색 코트보다 **더 길다**.
The black coat is _____ than the navy blue one.
= The navy blue coat is not _____ the black one.

> A 비교급 than B: A는 B보다 ~
> = B not as[so] 원급 as A:
>   B는 A만큼 ~않다

**2** 비는 내가 예상한 것보다 **더 빨리**(quickly) 그쳤다.
The rain stopped _____ than I expected.

> 대부분의 2음절 이상의 단어 앞에는 more를 붙인다. (☞ APPENDIX 2)

**3** 오늘은 어제보다 **훨씬 더 춥다**.
It's │ very / much │ _____ today than it was yesterday.

> 비교급 수식: much, far, a lot, still, even, a little(조금) 등
> *very, really, so, pretty (x)

⟨☞ 정답 및 해설 p.29⟩

# UNIT EXERCISE

**A** 🔵🔵 🅐아 다음 문장에서 비교하고 있는 두 대상에 밑줄을 그은 후, 해석을 완성하시오.

1 Paris isn't so big as Seoul.
→ 파리는 서울_____.

2 This apple is fresher than the one on the ground.
→ 이 사과가 땅에 있는 사과_____.

3 Mike is just as smart as his brother.
→ Mike는 그의 형과_____.

4 Your cooking is far spicier than my cooking.
→ 네 요리는 내 요리_____.

**B** ✅ 다음 중 어법상 적절한 표현을 고르시오.

1 Electric cars run as |fast / faster| as gasoline cars.
2 The baby is stronger |as / than| he was 3 months ago.
3 I am |very / even| more hungry in the evening than in the morning.
4 My new pair of shoes aren't so comfortable |as / than| my old ones.

**C** 🔠🔧 다음 주어진 우리말에 맞도록 괄호 안의 단어를 활용하여 빈칸을 완성하시오. (단, 필요시 단어 추가 및 변형 가능)

1 그 소년은 다른 이들**만큼 용감하다**. (brave, is, as)
→ The boy _____ the others.

2 그 양털 목도리는 뜨개질로 뜬 목도리**보다 더 따뜻하다**. (warm, than, is)
→ The wool scarf _____ the knit scarf.

3 그 팀은 상대 팀**만큼 경기를 잘하지 못했다**. (well, play, not, as, did)
→ The team _____ the opposing team.

4 에어컨은 부채**보다 훨씬 더 시원하다**. (cool, are, still)
→ Air conditioners _____ folding fans.

5 오렌지 주스는 레모네이드**만큼 시지 않다**. (as, not, sour, is)
→ Orange juice _____ lemonade.

6 두 번째 질문은 **거의** 첫 번째 질문**만큼 쉬웠다**. (almost, as, easy, was)
→ The second question _____ the first one.

## 1 비교의 초점이 되는 형용사 vs. 부사

| | |
|---|---|
| 1   Is your dog as ⬚ happy/ happily ⬚ as you? | 형용사 vs. 부사: 문장 구조상 적절한 것을 선택해야 한다. |
| 2   He can cycle as ⬚ rapid / rapidly ⬚ as me. | Your dog is **happy**. |
| 3   Iron is ⬚ heavier / more heavily ⬚ than stone. | He can cycle **rapidly**. |
| 4   He speaks English ⬚ more fluent / more fluently ⬚ than me. | Iron is **heavy**. |
| | He speaks English **fluently**. |

| | |
|---|---|
| 5   그는 너만큼 새 악기 연주법을 배우는 것에 **능숙**하다. <br> He is as **good** *at learning how to play new instruments* as you. | |
| 6   나는 그녀가 나보다 수업에서 배운 모든 스포츠를 **더 잘한**다는 것에 질투심을 느낀다. <br> I feel jealous that she is **better** *at playing all the sports taught in class* than I. | 형용사에 딸린 어구가 있어 길어질 수 있다. |

## 2 비교의 대상인 A와 B

| | |
|---|---|
| 1   He is as tall as _____. <br> He is as tall as I (am). | B가 인칭대명사인 경우, 주격 또는 목적격을 쓰고, 주격을 쓸 때 동사가 앞의 동사와 반복될 때 생략하는 경우가 많다. |
| 2   강물은 강둑의 너와 가까운 곳의 **물**보다 더 빨리 흐르고 있다. <br> The river is flowing faster than **the water** *close to you by the bank*. | B에 딸린 어구가 있어 길어질 수 있다. |
| 3   My friends **use** the library as frequently as I ⬚ am / do ⬚. | B 뒤의 동사를 생략하지 않을 때는 앞의 동사와 B에 맞게 적절한 것을 선택해야 한다. |
| 4   그 구두는 내가 생각했던 만큼 편안하다. <br> **The shoes are** as **comfortable** as I thought (they were comfortable). | |
| 5   과일은 한국에서보다 베트남에서 훨씬 더 싸다. <br> **Fruit is** a lot **cheaper** in Vietnam than (it is cheap) in Korea. | B에서는 앞에 나온 어구와 반복되는 부분을 거의 생략한다. |
| 6   Sometimes **staying** at home is just as exciting as ⬚ to go / going ⬚ out. | |
| 7   **Your idea** is as good as ⬚ me / mine ⬚. | A와 문법적 성격(형태, 격, 수)을 잘 맞추어야 한다. |
| 8   **Babies' eating patterns** are as individual as ⬚ that / those ⬚ of their parents. | |

⟨☞ 정답 및 해설 p.29⟩

# UNIT EXERCISE

정답 및 해설 p.29

**A** ✅ 다음 중 어법과 문맥상 적절한 표현을 고르시오.

1 You still dance as good / well as you did in high school.
2 Our team's score is not as good / well as theirs.
3 My friend solved the math problems more quickly than I was / did .
4 Now, my hair is as long as you / yours .
5 Your face gets as red / redly as a rose. You must be shy.
6 The rooms on the top floor are bigger than that / those on other floors.
7 Eating is as important as exercising / to exercise .
8 In this city, subways are more convenient / conveniently than buses.

**B** 💡 다음 각 문장에서 어법상 틀린 부분을 찾아 바르게 고치시오.

1 My brother has as many friends to play with as I am.
2 Not wearing a helmet is more dangerously than you think.
3 Her ability to make people laugh is as great as a comedian.
4 The tiger's strength is even stronger than those of a cat.

**C** 🔧🔧 다음 주어진 우리말에 맞도록 괄호 안의 단어를 활용하여 빈칸을 완성하시오. (단, 필요시 단어 추가 및 변형 가능)

1 그는 다른 직원들**만큼 그 프로젝트에 책임이 있다.** (for, is, project, as, responsible, the)
   → He _____ the other workers.

2 한국의 역사는 **미국의 역사보다 훨씬 더 길다.** (of, long, America, much, that, is)
   → The history of Korea _____ .

3 너는 **네 주위의 사람들만큼 소중하다.** (as, you, precious, people, the, around, are)
   → You _____ .

4 Julia는 그녀의 친구들**만큼 거미에 놀라지 않았다.** (frightened, as, by, spider, the, not, was)
   → Julia _____ her peers

5 그들은 전에 **했던 것보다 더 성공적으로** 공연을 마쳤다. (they, than, successful, did)
   → They finished the performance _____ before

# 주의해야 할 원급, 비교급 구문들

## 1 배수사와 수치의 이용

**1** 이 케이크는 보이는 것의 **두 배만큼 맛있다.**
This cake is _____ it looks.

> '~ 배'를 나타내는 표현: ~의[보다] 몇 배
> …한
> *e.g.* half(1/2배), once(1배), twice[two
> times](두 배), three times(세 배)
> 등

**2** 이 컴퓨터는 옛날 것보다 **세 배 더 빠르다.**
This computer is _____ than the old one.

**3** 그녀는 나보다 **세 살 더 어리다.**
She is _____ than me.

> 구체적인 숫자를 이용하여 정도의 차이를
> 나타낼 수 있다.

## 2 원급, 비교급을 사용하는 주요 구문

**1** **할 수 있는 한 많은 책을** 읽어라.
Read _____ .
= Read _____ .

> as 원급 as possible: 할 수 있는 한
> ~한[하게]
> = as 원급 as 주어 can[could]

**2** 그것은 취미**라기보다는 오히려** 일이다.
It's _____ a hobby _____ a career.
= It's _____ a hobby _____ a career.
= It's _____ a career _____ a hobby.
= It's a career _____ a hobby.

> not so much A as B: A라기보다는 오
> 히려 B인
> = not A so much as B
> = rather B than A
> = B rather than A

**3** 그녀에 대해 들**으면 들을수록**, 나는 그녀가 **더** 좋아진다.
_____ I hear about her, _____ I like her.

> the 비교급, the 비교급: ~하면 할수록
> 더 …

**4** **점점 더 추워**지고 있다.
It's getting _____ .

> 비교급+and+비교급: 점점 더 ~한[하게]
> *대부분의 2음절 이상의 단어인 경우:
> 「more and more+원급」 형태로 쓴다.

**5** 주택 가격이 **점점 더 비싸**지고(expensive) 있다.
House prices are getting _____ .

〈☞ 정답 및 해설 p.30〉

# UNIT EXERCISE

**A** ✅ 다음 중 어법과 문맥상 적절한 표현을 고르시오.

1 James is 20cm tall / taller than Anna.
2 Please call me as soon / sooner as you can.
3 Her dog is two / twice as heavy as my dog.
4 The more you exercise, the lighter / lighter you feel.
5 As winter approaches, the days are getting short / shorter and shorter.

**B** 🔍✏️ 다음 주어진 우리말에 맞도록 〈보기〉에서 적절한 단어를 활용하여 빈칸을 완성하시오.

| 〈보기〉 young | heavy | often | good |
|---|---|---|---|

1 Andy는 누나**보다 2살 더 어리**다.
  → Andy is _____ his sister.

2 건강을 위해 당신은 **할 수 있는 한 자주** 걸어야 한다.
  → You should walk _____ for your health.

3 나는 우리 아버지의 **절반만큼 무겁**다.
  → I am _____ my father.

4 그의 피아노 연주 기술이 **점점 더 나아**지고 있다.
  → His piano skills are getting _____

**C** 🔧🔩 다음 주어진 우리말에 맞도록 괄호 안의 단어를 활용하여 빈칸을 완성하시오. (단, 필요시 단어 추가 및 변형 가능)

1 **바다가 깊으면 깊을수록**, 그것은 **더 어두워** 보인다. (the ocean, deep, is, dark)
  → _____, _____ it looks

2 Anderson 씨는 **교수님이라기보다는 오히려 친구**다. (a friend, not so much, a professor)
  → Mr. Anderson is _____

3 지구는 **달보다 네 배 더 크다**. (than, big, the moon, four)
  → The Earth is _____

4 고속도로에서 그 차의 속도가 **점점 더 올라**가고 있다. (high)
  → The speed of the car is getting _____ on the highway

5 네가 할 수 있는 **한 많은 시간과 에너지를** 아껴라. (energy, much, and, as, time)
  → Save _____ you can

## 1 (···중에서) A가 가장 ~

3개 이상의 것을 비교해서 그중 하나가 다른 것들보다 어떤 성질이나 상태의 정도가 가장 심한 것을 나타낸다.

**1** 이 세 권 중에서 이 책이 **가장 흥미롭다**(interesting).
This book is _____ *of* these three.

A ... the 최상급: A는 (셋 이상의 것 중에서) 가장 ~
*부사의 경우 the를 붙이지 않는 것이 원칙이나, 미국 영어에서는 붙이는 경우도 많다.
*최상급은 흔히 범위를 나타내는 of ~, in ~, 또는 경험을 뜻하는 절이 자주 쓰인다.
*「one of the+최상급」에는 복수 명사가 나오는 것에 유의한다.

**2** 오늘 아침에 우리 가족 중에서 내가 **가장 일찍**(early) 일어났다.
I got up _____ *in* my family this morning.

**3** 이것은 내가 지금까지 본 **가장 재미난**(funny) **영화들**(films) 중의 하나이다.
This is *one of* _____ I've ever seen.

**4** 이 사이트에는 **단연** 가장 좋은 무료 온라인 게임들이 있다.
This site has │ very / much │ the best free online games.

최상급 수식: much, by far, the very 등

## 2 최상급의 의미를 뜻하는 원급·비교급 구문

**1** 이 책은 **다른 어떤 책들보다 더 흥미롭다**.
This book is **more interesting than any other** │ book / books │.

비교급+than any other+단수 명사

**2** **그 어떤 책도** 이 책보다 **더 흥미롭지 않다**.
_____ is **more interesting than** this book (is).

No (other)+단수 명사+비교급 than

**3** **그 어떤 책도** 이 책만큼 흥미롭지 않다.
**No (other) book** is _____ this book (is).

No (other)+단수 명사+as[so] 원급 as

⟨☞ 정답 및 해설 p.30⟩

# UNIT EXERCISE

정답 및 해설 p.30

A  ✓  다음 중 어법상 적절한 표현을 고르시오.

1  No student is / students are as clever as John.

2  One of most / the most famous brands is Facebook.

3  Thomas arrived very / by far the earliest at the destination.

4  No other member / members worked harder than Suzy.

B  🔧 🔩  다음 주어진 우리말에 맞도록 괄호 안의 단어를 활용하여 빈칸을 완성하시오. (단, 필요시 단어 추가 및 변형 가능)

1  Beatles는 **다른 어떤** 밴드**보다 더 유명하**다. (band, any, famous)
   → The Beatles is _____.

2  7월과 8월은 한국에서 **단연 가장 더운** 달이다. (much, hot)
   → July and August are _____ months in Korea.

3  **그 어떤 도시도** 싱가포르보다 살기에 **더** 비싸지 **않다**. (city, is, other)
   → _____ expensive to live in than Singapore.

4  이것은 내가 지금까지 본 **가장 평화로운 호수들 중 하나**이다. (peaceful, lake)
   → This is _____ I've ever seen.

C  🔄  다음 문장들의 의미가 같도록 괄호 안에 주어진 단어를 활용하여 문장을 완성하시오.

1  Mercury is the smallest planet in the solar system.
   = No other _____ Mercury in the solar system. (smaller)
   = No other planet _____ in the solar system. (as)

2  Jane is the most thoughtful member of the group.
   = _____ thoughtful than Jane of the group. (no other)
   = Jane is _____ of the group
     (any other)

3  Saturday is the most crowded day in the amusement park.
   = No other day _____ in the amusement park. (as)
   = Saturday is _____ in the amusement park
     (any other)

# Knowhow

# 5

기본 문장에
효과를 더하라
**문장의 표현**

# Chapter 12  부정, 강조, 도치

## VOCA Preview
이 챕터에서 학습할 문장에 쓰인 필수 어휘입니다. 어휘 의미는 물론, 철자와 변화형, 파생어와 참고어까지 학습해봅시다.

| | | |
|---|---|---|
| AI | 인공 지능(artificial intelligence) | |
| appreciate ❶ 철자주의 | 진가를 알아보다[인정하다]; 고마워하다 | |
| argument | 언쟁, 말다툼; 논쟁 | ▶ argue 말싸움하다, 다투다 |
| article | 기사, 논설 | |
| at noon | 정오에 | |
| blow | (퓨즈가) 끊어지다; 폭파[폭발]하다 | blew-blown-blowing ❶ 변화형 주의 |
| born in | ~에서 태어난 | |
| catcher | (야구의) 포수, 캐처 | |
| complicate | 복잡하게 하다, 어렵게 만들다 | ▶ complicated 까다로운, 복잡한 |
| development | 성장, 발달; 개발 | ▶ develop 발달시키다, 발전하다; 개발하다 |
| exactly | 정확하게 | ▶ exact 정확한 |
| fantastic | 환상적인, 기막히게 좋은 | ▶ fantasy 상상, 공상 |
| field trip | 현장학습, 수학여행 | |
| foolish | 어리석은 | ↔ wise 현명한, 지혜로운 |
| fuse | 퓨즈 | |
| hardly | 거의 ~ 않는 | = seldom, scarcely, rarely |
| make fun of | ~을 놀리다[비웃다] | |
| mayor | 시장(市長) | |
| offer | 제안[제공]하다 | |
| outgoing | 외향적인, 사교적인 | = sociable |
| passenger ❶ 철자주의 | 승객, 여객 | |
| popularize | 대중화하다, 많은 사람들에게 알리다 | ▶ popularization 대중화 |
| quality time | 귀중한 시간 | |
| rescue | 구하다, 구조하다; 구조 | |
| risk | 위험(성) | |
| route | 노선, 경로; 길 | |
| rumor | 소문 | |
| satisfactory | 만족스러운 | ▶ satisfy 만족시키다 |
| traffic jam | 교통 체증 | |
| uncommon ❶ 철자주의 | 흔치 않은 | ↔ common 흔한 |
| unpleasant ❶ 철자주의 | 불쾌한; 불친절한 | ↔ pleasant 즐거운; 상냥한, 예의 바른 |
| unusual | 특이한, 흔치 않은 | ↔ usual 일반적인, 일상의 |
| value | 가치; 가치 있게 여기다 | ▶ valuable 소중한; 가치가 큰; 값비싼 |
| work | (기계 장치 등이) 작동되다, 기능하다; 일 | |

# UNIT 01 부정

## 1 부정어

**1** 그들은 서로 **거의 잘 몰랐다.**
They h_____ k_____ each other.

결과는 **결코 만족스럽지 않았다.**
The result was f_____ f_____ satisfactory.

> never, hardly, seldom, far from(전혀[결코] ~이 아닌) 등

**2** 나는 어젯밤에 잠을 **거의** 자지 **못했다.**
I slept very | little / a little | last night.

> little: ((양·정도)) 거의[별로] (~하지 않는)
> *cf.* a little: ((긍정적)) 조금, 약간

## 2 전체부정 vs. 부분부정

**1** 나는 그의 부모님을 **다 모른**다.
I know _____ of his parents.
= I _____ know _____ of his parents.

> **전체부정**
> not ~ either, neither: (둘 중) 어느 것도 ~ 아닌
> not ~ any, none ~, no ~: 모두 ~ 아닌

**2** 나는 **아무것도** 읽지 **않았**다.
I've read _____ of them.
= I _____ read _____ of them.

**3** 나는 그의 부모님을 **두 분 다** 아는 **것은 아니다.**
I _____ know _____ of his parents.

> **부분부정**
> not ~ both: 둘 다 ~인 것은 아닌
> not ~ all[every]: 모두 ~인 것은 아닌
> not ~ always[necessarily]: 항상[반드시] ~인 것은 아닌

**4** **모든** 승객들이 구출된 **것은 아니**었다.
_____ _____ of the passengers were rescued.

**5** 신문 기사가 **항상** 진실인 **것은 아니**다.
Newspaper articles are _____ _____ true.

## 3 부정+부정=긍정

**1** 그 나무들이 그렇게 일찍 꽃을 피우는 것은 **드문 일은 아니**다(**흔한**(usual) 일이다).
It's _____ _____ for the trees to flower so early.
= It's _____ for the trees to flower so early.

> ~이 아닌 것은 아니다 = ~이다

**2** 그들은 만나**면**(그들은 만날 **때마다**) 꼭 말다툼을 시작한다.
They _____ meet _____ starting an argument.
= _____ they meet, they start an argument.

> never ... without v-ing
> = whenever ..., 절
> ...하면 반드시[꼭] ~

〈☞ 정답 및 해설 p.31〉

# UNIT EXERCISE

정답 및 해설 p.31

**A** (A아) 밑줄 친 부분에 유의하여 다음 해석을 완성하시오.

1 None of the air conditioners are working now.
  → 지금 _____.

2 There are two routes to get to the airport and I haven't tried both of them.
  → 공항으로 가는 두 가지 경로가 있는데, 나는 _____.

3 In Korea, it's not uncommon for adult children to live with their parents.
  → 한국에서는, 성인 자녀가 부모님과 함께 사는 것이 _____.

4 I never go into the water without wearing a life jacket.
  → 나는 _____.

**B** ✓ 다음 두 문장이 같은 의미가 되도록 문맥상 알맞은 것을 고르시오.

1 Many students studied hard for the test, but some students didn't.
  → Not all / None of the students studied hard for the test.

2 I didn't raise both of my hands to stop the passing car.
  → I raised none / one of my hands to stop the passing car.

3 Sometimes, making a mistake can be helpful.
  → Making a mistake is always / never / not always bad.

4 My dad was born in Argentina and my mom was born in Chile.
  → Neither / Not both of my parents were born in Argentina.

**C** 다음 주어진 우리말에 맞도록 괄호 안의 단어를 적절히 배열하시오.

1 내 지갑에는 **남은 돈이 거의 없다.** (little, there, money, is)
  → _____ in my wallet.

2 비싼 음식이 **반드시 맛있는 것은 아니다.** (are, delicious, not, necessarily)
  → Expensive meals _____.

3 **모든 실수가 어리석은 것은 아니다.** (a, one, every, foolish, not, mistake, is)
  → _____.

4 **나는 그 두 벌의 드레스 중 어느 것도 사지 않았다.** (didn't, of, dresses, two, buy, the, I, either)
  → _____.

5 그 소녀는 **잠자리에 들려면 반드시 부모님과 포옹을 한다.**
  (her, without, to, hugging, bed, goes, parents, never)
  → The girl _____.

**1 It is[was] ~ that ...: ...하는 것은 바로 ~이다[였다]**

~ 자리에 강조하려는 어구를 둔다. 주어, 목적어, 부사(구, 절)를 강조할 수 있다.

I talked with Karen there yesterday. 나는 어제 거기에서 Karen과 얘기했다.

| | | |
|---|---|---|
| **1** 어제 거기서 Karen과 얘기했던 사람은 바로 **나**였다.<br>**It was** _____ **that[who]** talked with Karen there yesterday. | I 강조 (사람 주어를 강조할 경우 who도 가능) | |
| **2** 내가 어제 거기서 얘기했던 사람은 바로 **Karen**이었다.<br>**It was** _____ **that[who(m)]** I talked with there yesterday. | Karen 강조 (사람 목적어를 강조할 경우 who(m)도 가능) | |
| **3** 내가 어제 Karen과 얘기했던 곳은 바로 **거기**였다.<br>**It was** _____ **that** I talked with Karen yesterday. | there 강조 | |
| **4** 내가 거기서 Karen과 얘기했던 것은 바로 **어제**였다.<br>**It was** _____ **that** I talked with Karen there. | yesterday 강조 | |
| **5** 그녀가 빌린 것은 바로 **내 휴대폰**이었다.<br>**It was** _____ **that[which]** she borrowed. | 사물을 강조할 경우 which도 가능 | |
| **6** 학교의 점심시간이 시작된 것은 **정확히**(exactly) **정오**였다.<br>**It was** _____ **that** the school's lunch hour started. | 부사구 강조 | |
| **7** 내가 회의에 참석하지 못한 것은 **내가 다쳤기 때문**이었다.<br>**It was** _____ **that** I couldn't join the meeting. | 부사절 강조 | |
| **8** 2010년대가 **돼서야 비로소** 스마트폰이 대중화되었다.<br>Smartphones were *not* popularized *until the 2010s*.<br>→ **It was** _____ **that** smartphones were popularized.<br>**선생님께서 들어오시고 나서야 비로소** 그 소녀들은 수다를 멈췄다.<br>The girls did*n't* stop chatting *until the teacher came in*.<br>→ **It was** _____ **that** the girls stopped chatting. | 「not ... until ~」 구문의 강조<br>~해서야 비로소 ...하다 | |

## 강조 어구의 이용

| | | |
|---|---|---|
| **1** Sarah는 오겠다고 말했는데, **정말** 왔다.<br>Sarah said she would come, and she _____ come. | 동사를 강조하는 do: 정말 ~<br>*do[does, did]+동사원형: 강조하려는 동사의 시제와 수에 맞춰 쓴다. | |
| **2** 그 소녀는 그 그림을 **직접** 그렸다.<br>The girl _____ painted the picture.<br>= The girl painted the picture herself. | 재귀대명사(직접, 그 자신): myself, yourself, ourselves, herself, himself, itself, themselves | |

〈☞ 정답 및 해설 p.32〉

# UNIT EXERCISE

정답 및 해설 p.32

**A** 🤓 다음 문장에서 강조되고 있는 어구에 밑줄을 그으시오.

1 I borrowed the book and did return it.

2 Steve himself is elected as the mayor of the city.

3 It was at that moment that the ball hit the catcher's shoulder.

4 Jane is outgoing and does like to travel to new places.

**B** 🧩🔧 다음 주어진 우리말에 맞도록 괄호 안의 단어를 적절히 배열하시오. (단, 필요시 단어 추가 가능)

1 우리 반이 등반 사진을 찍은 곳은 **바로 산의 꼭대기에서였다.** (mountain, the, at, of, top, the, was)

→ It _____ my class took climbing photos.

2 **일부 아이들이** 놀리는 **사람은 바로 Jason이다.** (some, is, children, Jason)

→ It _____ make fun of.

3 **그가** 어떤 단어든 **말한 것은 비로소 3살이 되고 나서였다.** (was, he, not until, spoke, 3, he, became)

→ It _____ any words.

4 **그를 미치게 하는 것은 바로 더운 날씨이다.** (him, weather, the, crazy, drives, hot, is)

→ _____

**C** 🔄 다음 문장에서 굵게 표시한 부분을 강조하여 주어진 문장을 바꿔 쓰시오.

1 I'm late for the interview **since I was stuck in a traffic jam**.

→ It is _____ I'm late for the interview.

2 **Stephen Hawking** warned about the risks of AI development.

→ It was _____ warned about the risks of AI development.

3 Most people avoid answering **complicated questions**.

→ It is _____ most people avoid answering.

4 My class went on a field trip and **enjoyed** picking strawberries.

→ My class went on a field trip and _____

# UNIT 03 도치

## 1 부정어 (포함 어구)를 문장 앞으로 보내는 경우

1 나는 그렇게 많은 사람들을 본 적이 없다.

**Never** _____ seen so many people.

(← I have **never** seen so many people.)

2 그제야 나는 불쾌한 진실을 알게 되었다.

**Only then** _____ learn the unpleasant truth.

(← I **only then** learned the unpleasant truth.)

3 우리는 건강을 잃어버리고 나서야 그것의 가치를 안다.

**Not until** we lose our health _____ know its value.

(← We do **not** know its value **until** we lose our health.)

4 그는 왔을 뿐만 아니라 나를 도와주겠다고 제안도 했다.

**Not only** _____ come **but also** he offered to help me.

(← He **not only** came **but also** offered to help me.)

5 내가 잠이 들자마자 전화가 울렸다.

**Hardly** _____ fallen asleep **when[before]** the telephone rang.

(← I had **hardly** fallen asleep **when[before]** the telephone rang.)

6 Tom이 TV를 켜자마자 퓨즈가 나갔다.

**No sooner** _____ turned on the TV **than** the fuse blew.

(← Tom **had no sooner** turned on the TV **than** the fuse blew.)

> 부정어 (포함 어구)+의문문 어순((조)동사+주어)
> *여러 부정어구: never, little, only, not, not only, hardly, no sooner, not until 등
> *일반동사의 경우: do/does/did+주어+동사원형

> Hardly A when[before] B
> = No sooner A than B: A 하자마자 B하다

## 2 장소, 방향의 부사(구)를 문장 앞으로 보내는 경우

1 눈이 밤새 내렸다.

**Down** _____ the snow all night.

(← The snow came **down** all night.)

2 모퉁이를 돌아 큰 개가 왔다.

**Round the corner** _____ a large dog.

(← A large dog came **round the corner**.)

3 여기 버스가 온다!

**Here** _____ the bus! (← The bus comes **here**.)

> 장소, 방향의 부사(구)+(조)동사+주어
> *there[here] 뒤는 주어가 대명사인 경우만 제외하고 도치된다.
> *e.g.* There *goes the bell*!
> Here *you are*.
> → Here *are you*. (x)

## 문법상의 도치

1 나는 졸리다. ― 나도 역시 그렇다(= 졸리다).

I'm sleepy. ― **So** _____.

2 나는 그 책을 읽은 적이 없다. ― 나도 역시 그렇지 않다(= 읽은 적이 없다).

I haven't read the book. ― **Neither[Nor]** _____.

> So[Neither, Nor]+(조)동사+주어 = ~도 역시 그렇다[그렇지 않다]

〈☞ 정답 및 해설 p.32〉

# UNIT EXERCISE

**A** 🔅 다음 각 문장의 밑줄 친 부분이 어법상 옳으면 ○, 틀리면 ×로 표시하고 바르게 고치시오.

1 Not a sound <u>I heard</u> in the church.   ☐ _____

2 I'm interested in math. — So <u>am I</u>.   ☐ _____

3 No sooner <u>I had left</u> the house than the phone rang.   ☐ _____

4 I don't like pizza, <u>nor my brother does</u>.   ☐ _____

5 I haven't heard the rumor. — Neither <u>have I</u>.   ☐ _____


**B** 🔄 다음 문장에서 굵게 표시한 부분을 강조하여 주어진 문장을 바꿔 쓰시오.

1 My cell phone fell **out of my hand**.
 → Out of my hand _____.

2 We started to watch the video **only when he came back**.
 → Only when _____ to watch the video.

3 John had **never** been to such a fantastic restaurant.
 → Never _____ such a fantastic restaurant.

4 Vicky did **not** clean her room **until her mom was angry**.
 → Not until _____


**C** 🔢 다음 주어진 우리말에 맞도록 도치 구문을 활용하여 괄호 안의 단어를 적절히 배열하시오.

1 **그는** 그 상황에 대해 **거의 이해하지 못했다**. (understand, did, he, little)
 → _____ about the situation.

2 **사람들은** 이 음악가의 재능을 **거의 인정하지 않는다**. (appreciate, hardly, people, do)
 → _____ this musician's talent.

3 **교수님이 오신다**. 이제 자리에 앉자. (comes, the professor, here)
 → _____. Let's take our seats now.

4 **날씨가 추웠을 뿐만 아니라**, 매일 비도 왔다. (cold, was, not only, it)
 → _____, but it also rained every day.

5 나는 휴가 동안 가족들과 귀중한 시간을 보냈어. — **나도 역시 그랬어**. (did, I, so)
 → I spent quality time with my family during the holidays. — _____

# OVERALL TEST

**A** Ⓐ 밑줄 친 부분에 유의하여 다음 해석을 완성하시오.

1 The math test is <u>as difficult as I expected</u>.

→ 그 수학 시험은 _____.

2 <u>It was not until I was 50 years old</u> that I learned Spanish.

→ 내가 스페인어를 배운 것은 _____.

3 <u>None of the stores are open</u> at night.

→ 밤에는 _____.

4 <u>No other subject is as interesting as history</u> to me.

→ 나에게 _____.

5 <u>Hardly had I finished writing my essay</u> when the teacher announced the end of the exam.

→ _____ 선생님께서 시험의 종료를 알리셨다.

**B** ✓ 다음 중 어법과 문맥상 적절한 표현을 고르시오.

1 Russia is bigger [as / than] England.

2 My baking skills are as good as [you / yours].

3 No other [thing is / things are] as important as family.

4 Tokyo is one of the most crowded [city / cities] in the world.

5 He never drinks soda [with / without] putting some ice in it.

6 Here [comes the sun / the sun comes]!

7 She's singing as [loud / loudly] as she can.

8 He [did / does] go on a picnic yesterday.

9 My dad drinks coffee every morning. — So [do / am] I.

**C** 💡 다음 각 문장의 밑줄 친 부분이 어법상 옳으면 ○, 틀리면 ✕로 표시하고 바르게 고치시오.

1 Lily is as talented as I <u>am</u>. ☐ _____

2 The woman <u>herself</u> wrote the novel and signed it. ☐ _____

3 No sooner <u>they had arrived</u> at the house than it started to rain. ☐ _____

4 The Burj Khalifa is <u>three</u> as tall as the 63 Building. ☐ _____

5 Having a tooth extracted was <u>even</u> more painful than I thought. ☐ _____

**D** 🔄 다음 문장에서 굵게 표시한 부분을 강조하여 주어진 문장을 바꿔 쓰시오.

1 My trophies are **on top of the shelf**.

→ On top of the shelf _____.

2 The baby looked sad **because he was scolded by his mom**.

→ It was _____ the baby looked sad.

3 I have **never** met my sister's boyfriend before.

→ Never _____ my sister's boyfriend before.

4 My brother did **not** start to study **until yesterday**.

→ It was _____.

5 Daniel had **no sooner** entered the house **than** his dog ran towards him.

→ No sooner _____ the house than his dog ran towards him.

**E** 🏫🔧 다음 주어진 우리말에 맞도록 괄호 안의 단어를 활용하여 문장을 완성하시오. (단, 필요시 단어 추가 및 변형 가능)

1 중국은 세계에서 가장 빠르게 성장하고 있는 나라들 중 하나이다. (growing, fast, country, one)

→ China is _____ in the world.

2 지구가 더 따뜻해질수록, 빙하가 더 빨리 녹을 것이다. (becomes, warm, the Earth, fast)

→ _____, _____ the icebergs will melt.

3 그녀는 자신의 가방을 찾고 나서야 비로소 모두에게 사과했다. (she, do, her bag, found)

→ Not until _____ apologize to everyone.

4 나는 내 컴퓨터 없이는 거의 숙제를 할 수 없다. (I, can, my homework)

→ Hardly _____ without my computer.

5 모든 학생이 새로운 언어를 정복할 수 있는 것은 아니다. (all, the, not, students, of)

→ _____ can master a new language.

6 처음으로 Tim이 한국에 온 것은 바로 2010년이었다. (Korea, in 2010, to, Tim, came)

→ It _____ for the first time.

# APPENDIX 1 주의해야 할 동사의 변화형

## ❶ A-B-B형

| 현재형 | 과거형 | 과거분사형(p.p.) | 현재분사형(v-ing) |
|---|---|---|---|
| **bleed** (피를 흘리다) | bled | bled | bleeding |
| **bring** (가져오다) | brought | brought | bringing |
| **build** (짓다) | built | built | building |
| **burn** (태우다; 타오르다) | burnt/burned | burnt/burned | burning |
| **buy** (사다) | bought | bought | buying |
| **catch** (잡다) *3인칭 단수: catches | caught | caught | catching |
| **feel** (느끼다) | felt | felt | feeling |
| **fight** (싸우다) | fought | fought | fighting |
| **flee** (달아나다) | fled | fled | fleeing |
| **get** (얻다) | got | got/gotten | getting |
| **have** (가지다) *3인칭 단수: has | had | had | having |
| **hang** (걸다) | hung | hung | hanging |
| **hear** (듣다) | heard | heard | hearing |
| **hold** (잡고 있다; 개최하다) | held | held | holding |
| **keep** (유지하다) | kept | kept | keeping |
| **kneel** (무릎을 꿇다) | knelt | knelt | kneeling |
| **lay** (눕히다, 놓다) | laid | laid | laying |
| **lead** (이끌다) | led | led | leading |
| **leave** (떠나다) | left | left | leaving |
| **lose** (잃다) | lost | lost | losing |
| **lend** (빌려주다) | lent | lent | lending |
| **make** (만들다) | made | made | making |
| **mean** (의미하다) | meant | meant | meaning |
| **meet** (만나다) | met | met | meeting |
| **pay** (지불하다) | paid | paid | paying |
| **say** (말하다) | said | said | saying |
| **seek** (찾다, 추구하다) | sought | sought | seeking |
| **sell** (팔다) | sold | sold | selling |
| **send** (보내다) | sent | sent | sending |
| **sleep** (자다) | slept | slept | sleeping |
| **smell** (냄새를 맡다) | smelt | smelt | smelling |
| **shine** (빛나다) | shone/shined | shone/shined | shining |
| **shoot** (쏘다) | shot | shot | shooting |
| **sit** (앉다) | sat | sat | sitting |
| **spend** (소비하다) | spent | spent | spending |
| **spill** (엎지르다) | spilt/spilled | spilt/spilled | spilling |
| **stand** (서 있다) | stood | stood | standing |
| **swing** (흔들리다, 흔들다) | swung | swung | swinging |
| **teach** (가르치다) *3인칭 단수: teaches | taught | taught | teaching |
| **tell** (말하다) | told | told | telling |

| think (생각하다) | thought | thought | thinking |
| understand (이해하다) | understood | understood | understanding |
| wake (잠 깨다) | woke | woken | waking |
| win (이기다) | won | won | winning |

## ❷ A-B-C형

| 원형 | 과거형 | 과거분사형(p.p.) | 현재분사형(v-ing) |
| --- | --- | --- | --- |
| bear (참다; (아이를) 낳다) | bore | born | bearing |
| begin (시작하다) | began | begun | beginning |
| bite (물다) | bit | bitten | biting |
| blow (불다; 폭발하다) | blew | blown | blowing |
| break (깨뜨리다) | broke | broken | breaking |
| choose (고르다) | chose | chosen | choosing |
| do (하다) *3인칭 단수: does | did | done | doing |
| draw (그리다) | drew | drawn | drawing |
| drink (마시다) | drank | drunk | drinking |
| drive (운전하다) | drove | driven | driving |
| eat (먹다) | ate | eaten | eating |
| fall (떨어지다) | fell | fallen | falling |
| flow (흐르다) | flew | flown | flowing |
| fly (날다) *3인칭 단수: flies | flew | flown | flying |
| forget (잊다) | forgot | forgotten | forgetting |
| freeze (얼다) | froze | frozen | freezing |
| get (얻다) | got | gotten/got | getting |
| give (주다) | gave | given | giving |
| go (가다) *3인칭 단수: goes | went | gone | going |
| grow (자라다) | grew | grown | growing |
| hide (숨다) | hid | hidden | hiding |
| know (알다) | knew | known | knowing |
| lie (눕다) | lay | lain | lying |
| ride (타다) | rode | ridden | riding |
| ring (울리다) | rang | rung | ringing |
| rise (오르다) | rose | risen | rising |
| see (보다) | saw | seen | seeing |
| shake (흔들다) | shook | shaken | shaking |
| show (보여주다) | showed | shown/showed | showing |
| speak (말하다) | spoke | spoken | speaking |
| sing (노래하다) | sang | sung | singing |
| steal (훔치다) | stole | stolen | stealing |
| swell (부풀다) | swelled | swollen/swelled | swelling |
| swim (수영하다) | swam | swum | swimming |
| take (잡다) | took | taken | taking |
| throw (던지다) | threw | thrown | throwing |
| wear (입다) | wore | worn | wearing |
| write (쓰다) | wrote | written | writing |

## ❸ A-A-A형

| 원형 | 과거형 | 과거분사형(p.p.) | 현재분사형(v-ing) |
| --- | --- | --- | --- |
| beat (치다; 때리다) | beat | beat | beating |
| cost (비용이 들다) | cost | cost | costing |
| cut (베다) | cut | cut | cutting |
| hit (치다; 때리다) | hit | hit | hitting |
| hurt (다치게 하다) | hurt | hurt | hurting |
| let (~하게 하다) | let | let | letting |
| put (놓다) | put | put | putting |
| set (놓다) | set | set | setting |
| shut (닫다) | shut | shut | shutting |
| read[riːd] (읽다) | read[red] | read[red] (읽다) | reading |

## ❹ A-B-A형

| 원형 | 과거형 | 과거분사형(p.p.) | 현재분사형(v-ing) |
| --- | --- | --- | --- |
| become (되다) | became | become | becoming |
| come (오다) | came | come | coming |
| run (달리다) | ran | run | running |

## ❺ 혼동하기 쉬운 동사의 변화형

| 원형 | 과거형 | 과거분사형(p.p.) | 현재분사형(v-ing) |
| --- | --- | --- | --- |
| bind (묶다) | bound | bound | binding |
| bound (튀어 오르다) | bounded | bounded | bounding |
| die (죽다) | died | died | dying |
| dye (염색하다) | dyed | dyed | dyeing |
| fall (떨어지다) | fell | fallen | falling |
| fell (넘어뜨리다) | felled | felled | felling |
| find (찾다) | found | found | finding |
| found (설립하다) | founded | founded | founding |
| hang (걸다) | hung | hung | hanging |
| hang (목매달다) | hanged | hanged | hanging |
| lie (거짓말하다) | lied | lied | lying |
| lie (눕다) | lay | lain | lying |
| lay (놓다) | laid | laid | laying |
| rise (오르다) | rose | risen | rising |
| raise (올리다) | raised | raised | raising |
| sew (바느질하다) | sewed | sewn/sewed | sewing |
| sow (씨를 뿌리다) | sowed | sown/sowed | sowing |
| saw (톱질하다) | sawed | sawn/sawed | sawing |
| wind (감다) | wound | wound | winding |
| wound (상처를 입히다) | wounded | wounded | wounding |

# APPENDIX 2 비교 변화표

**❶ 규칙변화**

**(1) -er, -est**
  1) 대부분의 단음절어
  2) 2음절어 중 단어의 어미가 -y, -er, -le, -ow이거나 마지막 음절에 강세가 있는 경우

| 원급 | 비교급 | 최상급 |
|---|---|---|
| cold | colder | coldest |
| small | smaller | smallest |
| long | longer | longest |
| cheap | cheaper | cheapest |
| nice | nicer | nicest |
| large | larger | largest |
| busy | busier | busiest |
| easy | easier | easiest |
| happy | happier | happiest |
| early | earlier | earliest |
| big | bigger | biggest |
| hot | hotter | hottest |
| cool | cooler | coolest |
| fat | fatter | fattest |
| thin | thinner | thinnest |

**(2) more ~, most ~**
  1) 단음절어 중 right, wrong, tired, bored 등
  2) 대부분의 2음절어, 특히 -ful, -ly, -less, -ous, -ive, -ed, -ing, -ish로 끝나는 단어
  3) 3음절 이상의 단어

| 원급 | 비교급 | 최상급 |
|---|---|---|
| right | more right | most right |
| wrong | more wrong | most wrong |
| tired | more tired | most tired |
| bored | more bored | most bored |
| beautiful | more beautiful | most beautiful |
| famous | more famous | most famous |
| difficult | more difficult | most difficult |
| expensive | more expensive | most expensive |
| useful | more useful | most useful |
| surprised | more surprised | most surprised |
| interesting | more interesting | most interesting |
| handsome | more handsome | most handsome |
| carefully | more carefully | most carefully |
| friendly | more friendly/friendlier | most friendly |
| lovely | more lovely/lovelier | most lovely/loveliest |

| lonely | more lonely/lonelier | most lonely/loneliest |
| easily | more easily | most easily |
| quickly | more quickly | most quickly |

❷ 불규칙변화

(1) -er, -est

   1) 대부분의 단음절어

   2) 2음절어 중 단어의 어미가 -y, -er, -le, -ow이거나 마지막 음절에 강세가 있는 경우

| 원급 | 비교급 | 최상급 |
|---|---|---|
| good[well] | better | best |
| many[much] | more | most |
| little | less | least |
| far (거리가 먼) | farther | farthest |
| [(정도가) 심한, 거리가 먼] | [further] | [furthest] |
| late (시간이 늦은) | later | latest |
| [(순서가) 나중인] | [latter] | [last] |
| old (오래된, 나이든) | older | oldest |
| [손윗사람의] | [elder] | [eldest] |

# APPENDIX 3 주의해야 할 명사의 복수형

❶ 단수형과 복수형이 같은 경우

| 단수형 | 복수형 |
|---|---|
| deer | deer |
| fish | fish |
| salmon | salmon |
| means | means |
| sheep | sheep |
| series | series |
| species | species |

❷ 철자가 불규칙적으로 변하는 경우

| 단수형 | 복수형 |
|---|---|
| man | men |
| tooth | teeth |
| goose | geese |
| ox | oxen |
| datum | data |
| curriculum | curricula |
| basis | bases |
| woman | women |
| foot | feet |
| child | children |
| medium | media |
| phenomenon | phenomena |
| bacterium | bacteria |

## ❸ 항상 복수형으로 쓰이는 명사

| | |
|---|---|
| glasses | pants |
| shorts | scissors |
| pajamas | goods |

## ❹ 's'가 붙어 의미가 달라지는 명사

| | |
|---|---|
| arm (팔) | arms (무기) |
| custom (관습) | customs (세관; 관세) |
| good (훌륭한) | goods 상품, 제품 |
| mean (의미하다) | means (수단, 방법) |
| remain (계속 [여전히] ~이다) | remains (유적; 나머지) |
| saving (절약) | savings (저축한 돈) |
| spectacle (장관, 놀라운 광경) | spectacles (안경) |

MEMO

MEMO

# 1 구문

## 판매 1위 '천일문' 콘텐츠를 활용하여 정확하고 다양한 구문 학습

끊어읽기    해석하기    문장 구조 분석    해설·해석 제공    단어 스크램블링    영작하기

# 2 문법·서술형

## 쎄듀의 모든 문법 문항을 활용하여 내신까지 해결하는 정교한 문법 유형 제공

객관식과 주관식의 결합    문법 포인트별 학습    보기를 활용한 집합 문항    내신대비 서술형    어법+서술형 문제

# 3 어휘

## 초·중·고·공무원까지 방대한 어휘량을 제공하며 오프라인 TEST 인쇄도 가능

영단어 카드 학습    단어 ↔ 뜻 유형    예문 활용 유형    단어 매칭 게임

# 4 선생님 보유 문항 이용

Online Test    OMR Test

cafe.naver.com/cedulearnteacher

쎄듀런 학습 정보가 궁금하다면?

## 쎄듀런 Cafe

· 쎄듀런 사용법 안내 & 학습법 공유
· 공지 및 문의사항 QA
· 할인 쿠폰 증정 등 이벤트 진행

고등 기초부터     *New*     수능 준비까지

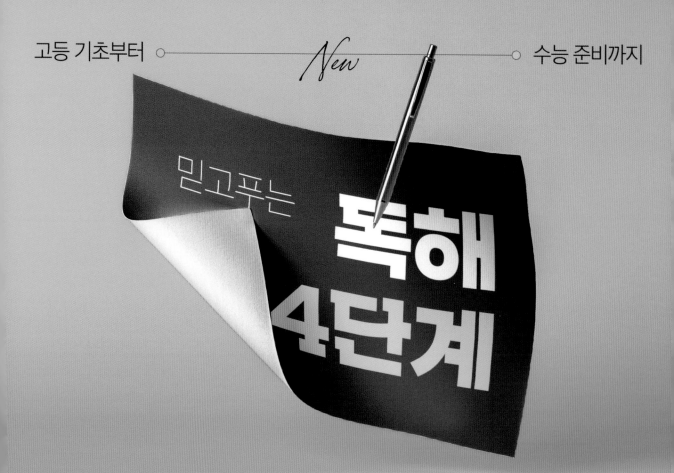

믿고푸는 **독해 4단계**

## 수능 독해의 유형잡고       모의고사로 적용하고

기본 다지는
**첫단추**

**①** 유형의 기본을 이해하는
**첫단추
독해유형편**

**②** 기본실력을 점검하는
**첫단추 독해실전편
모의고사 12회**

실력 올리는
**파워업**

**③** 유형별 전략을
탄탄히 하는
**파워업 독해유형편**

**④** 독해실력을 끌어올리는
**파워업 독해실전편
모의고사 15회**

\* 위 교재들은 최신 개정판으로 21번 함의추론 신유형이 모두 반영되었습니다.

올씀
서술형 시리즈 2

그래머 KNOWHOW

정답 및 해설

올쎰
서술형 시리즈 2

ALL 쎰

정답 및 해설

**그래머 KNOWHOW**

## Chapter 01 우리말과 다른 영어

### UNIT 01 기본 어순   P.10

Cindy played the piano
Cindy played the piano beautifully

### UNIT EXERCISE

A 1 내 친구들과 나는 → My friends and I, 요가 수업을
→ a yoga class, 수강한다 → take
2 많은 사람들이 → Many people, 반려견을 → pets,
기르고 있다 → are raising
3 Robert는 → Robert, 월요일마다 → every Monday, 꽃
을 → flowers, 산다 → buys
4 그 관리자는 → The manager, 그 복잡한 문제를
→ the complex problem, 능숙하게 → skillfully,
해결했다 → solved

B 1 The customer wanted an apology
2 The fire destroyed the building
3 The judge examined the proof
4 The violinist played the piece
5 The waiter recommended today's special
6 The winner expressed his delight

### UNIT 02 주어의 이해   P.12

The children
2-1 people
2-2 The school
3-1 The little children in the room
3-2 The parents and children

### UNIT EXERCISE

A 1 Sweet chocolates
2 The new store
3 elderly people
4 The boys in the pool
5 Kevin and his students

달콤한 초콜릿은 당신의 치아를 손상시킨다.
그 새로운 상점은 내일 무료 행사를 개최할 것이다.

3 사회에서, 노인들은 중요한 역할을 한다.
4 수영장에 있는 그 소년들은 열심히 수영을 배운다.
  ▸ in the pool이 주어 the boys를 수식하여 의미 덩어리를 이룬다.
5 Kevin과 그의 학생들이 무대 위에서 바이올린을 연주한다.
  ▸ Kevin과 his students가 접속사 and로 연결된 주어구이다.

B 1 내 친구는, My friend wished
2 아보카도 나무는, Avocado trees require
3 그 상자들에는, The boxes contain
4 그 아기들은, The babies want

C 1 책상 위에 있는 그 책에는, The book on the desk
2 그 사진 속의 나이 든 남자는, The old man in the picture
3 울타리 안의 검정 토끼들이, The black rabbits inside
the fence
4 학생들과 교수님들은, The students and the
professors
5 새로운 기술을 갖춘 그 비행기는, The airplane with new
technology

1 on the desk가 The book을 수식하여 주어구를 이룬다.
2 the old와 in the picture가 동시에 주어 man을 수식한다.
3 '수식어구(The black)+주어(rabbits)+수식어구(inside the
fence)'의 형태이다.
4 The students와 the professors가 접속사 and로 연결되어
주어구를 이룬다.
5 with new technology가 The airplane을 수식하고 있다.

### UNIT 03 동사, 목적어의 이해   P.14

1 played    2 table tennis
3-1 my question    3-2 a picture
3-3 a pretty picture    3-4 a picture or a plant

### UNIT EXERCISE

A 1 V: makes, O: a weird noise
2 V: play, O: soccer
3 V: drinks, O: two cups of coffee
4 V: heard, O: a rumor
5 V: know, O: my name and face

1  그 커피 머신은 이상한 소음을 낸다.
2  아버지와 나는 토요일마다 축구를 한다.
3  엄마는 매일 커피 두 잔을 마신다.
4  나는 최근에 한 소문을 들었다.
5  그들은 내 이름과 얼굴을 알고 있다.

B  1  <u>그 사실을</u>, believes the truth
   2  <u>텀블러를</u>, carries a tumbler
   3  <u>기타를</u>, plays the guitar

C  1  <u>개 한 마리와 고양이 한 마리를</u>, raise a dog and a cat
   2  <u>맛있는 파이를</u>, bakes delicious pies
   3  <u>교실 창문을</u>, broke the classroom window
   4  <u>많은 질문을</u>, asks a lot of questions
   5  <u>우유 한 잔을</u>, drink a cup of milk

1  a dog와 a cat이 접속사 and로 연결되어 목적어구를 이룬다.

## UNIT 04  부사의 이해                              P.16

| 1   | yesterday |     |      |
|-----|-----------|-----|------|
| 2-1 | well      | 2-2 | here |
| 2-3 | recently  | 2-4 | very |
| 2-5 | enough    | 2-6 | often |

## UNIT EXERCISE

A  1  V: <u>is</u>, M: <u>very</u>
   2  V: <u>play</u>, M: <u>here</u>
   3  V: <u>avoid</u>, M: <u>normally</u>
   4  V: <u>enjoyed</u>, M: <u>recently</u>
   5  V: <u>decorate</u>, M: <u>beautifully</u>

1  이 스파게티는 매우 짜다.
2  내 친구와 나는 여기에서 야구를 한다.
3  어떤 사람들은 보통 언쟁을 피한다.

4  우리 가족은 최근에 전통 음식을 즐겼다.
5  크리스마스 조명은 그 사랑스러운 집을 아름답게 장식한다.
   ▶ lovely는 '사랑스러운'이라는 뜻의 형용사이다.

B  1  ✕ → scarcely calls
   2  ○
   3  ✕ → can sometimes meet
   4  ○
   5  ✕ → is usually interested

1  그녀는 그들에게 거의 다시 전화를 하지 않는다.
   ▶ 빈도부사(scarcely)는 일반동사(calls) 앞에 위치하므로 scarcely calls가 되어야 한다.
2  그 신이 난 강아지는 항상 시끄럽게 짖고 있다.
   ▶ 빈도부사(always)는 be동사(is) 뒤에 위치하므로 is always barking이 적절하다.
3  우리는 때때로 시기적절한 기회를 마주할 수 있다.
   ▶ 빈도부사(sometimes)는 조동사(can) 뒤, 일반동사(meet) 앞에 위치하므로 can sometimes meet가 되어야 한다.
4  그 씩씩한 소년은 좀처럼 어둠 속에서 울지 않는다.
   ▶ 빈도부사(hardly)는 일반동사(cries) 앞에 위치하므로 hardly cries는 옳다.
5  Jason은 평소에 환경 문제에 관심이 있다.
   ▶ 빈도부사 usually는 be동사(is) 뒤에 위치해야 하므로 is usually interested로 고쳐 써야 한다.

C  1  is never late
   2  is large enough
   3  the audience gracefully
   4  the beautiful night view peacefully

1  빈도부사 never는 be동사(is) 뒤에 위치한다.
2  부사 enough는 수식하는 형용사(large) 뒤에 위치한다.
3  모습을 나타내는 부사 gracefully는 주로 「동사(+목적어)+부사」의 순으로 쓰인다.
4  태도를 나타내는 부사 peacefully는 주로 목적어 뒤에 위치한다.

# Chapter 02  동사와 문형의 이해

## UNIT 01  개별 동사의 쓰임새를 알아야 한다        P.20

| 2-1 | reached / arrived        |
|-----|--------------------------|
| 2-2 | entered / went[came]     |
| 2-3 | attended / participated  |
| 2-4 | discuss / talk           |

| 2-5 | consider / think    |
|-----|---------------------|
| 2-6 | leaves / departs    |
| 2-7 | mention / refer     |
| 2-8 | explain / account   |

A　1 Think　2 explain　3 reach　4 talks

1 비닐봉지의 환경적 영향에 대해 생각해라.
▶ consider = think about: ~에 대해 생각하다
2 버스 정류장으로 가는 길을 설명해 주실 수 있나요?
▶ explain = account for: ~에 대해 설명하다
3 우리는 정오 전에 산 정상에 도달할 것이다.
▶ reach = arrive at: ~에 도달하다
4 우리 가족은 휴가 계획에 관해 이야기한다.
▶ discuss = talk about: ~에 관해 이야기하다

B　1 ×→ attend[participate in]
　　2 ×→ departs from[leaves]
　　3 ○
　　4 ×→ entering[going into, coming into]

1 모든 학생은 학급 토론에 참여해야 한다.
▶ 동사 attend는 전치사 없이 뒤에 바로 목적어를 취한다. 같은 의미로 participate in이 있다.
2 Henry는 아침에 일찍 집에서 떠난다.
▶ 동사 depart는 전치사 from과 함께 목적어를 쓴다. 같은 의미로 타동사 leave가 있다.
3 수미는 일주일 동안 내 문자메시지에 답하지 않았다.
▶ 동사 reply는 전치사 to와 함께 목적어를 취한다. 같은 의미로 타동사 answer가 있다.
4 마침내, 그 그룹 멤버들은 콘서트홀에 들어가고 있다.
▶ 동사 enter는 전치사 없이 뒤에 바로 목적어를 취한다. 같은 의미로 go[come] into가 있다.

C　1 entered the kitchen
　　2 arrives at[in] the office
　　3 consider the proposal
　　4 participated in the World Cup
　　5 departs from Jeju for Busan
　　6 the interviewee referred to his experience

## UNIT 02 동사의 의미에 따른 쓰임새를 확인하라　P.22

1-1 laughed
1-2 ran
1-3 is reading
1-4 kicked
2-1 got here
2-2 got hungry
2-3 got a letter
2-4 got his mother a present
2-5 got his children ready

A　1 V: appeared, 자동사
　　2 V: passed, 타동사
　　3 V: changed, 타동사
　　4 V: rises, 자동사
　　5 V: are lying, 자동사
　　6 V: broke, 타동사

1 내가 가장 좋아하는 가수가 텔레비전에 나왔다.
2 Lucy는 나에게 소금을 건네주었다.
3 그 남자는 자신의 마음을 바꿨다.
4 태양은 동쪽에서 뜬다.
5 그들은 잔디 위에 누워 있다.
6 그 고양이는 컵을 깨뜨렸다.

B　1 ⓑ　　2 ⓐ　　3 ⓑ　　4 ⓐ
　　5 ⓑ　　6 ⓐ　　7 ⓑ　　8 ⓐ

1 나는 실수로 내 다리를 다치게 했다(다리를 다쳤다).
2 내 배가 몹시 아프다.
3 우리 엄마가 문을 여셨다.
4 이 통은 쉽게 열리지 않을 것이다.
5 창문을 열어 주세요.
6 그 공은 땅으로 떨어졌다.
7 나는 내 컵을 바닥에 떨어뜨렸다.
8 연필 한 자루가 책상에서 떨어졌다.

C　1 ⓑ, 4문형　　　2 ⓒ, 5문형
　　3 ⓐ, 3문형　　　4 ⓑ, 2문형
　　5 ⓒ, 5문형　　　6 ⓐ, 3문형

1 우리 엄마가 나에게 목도리를 만들어 주셨다.
▶ 여기서 made는 '~에게 …을 만들어 주었다'의 뜻으로 「made+명사(me)+명사(a muffler)」 형태의 4문형의 동사로 쓰였다.
2 그 새 영화는 모든 사람들을 슬프게 했다.
▶ 여기서 「made+명사(everyone)+형용사(sad)」 형태의 5문형으로, sad는 목적어 everyone의 상태를 나타낸다.
3 그들은 지난겨울에 이글루를 만들었다.
▶ 여기서 made는 명사(an igloo)를 목적어로 취하는 3문형 동사이다.
4 우리 아빠는 한 시간 동안 계속 조용한 상태로 계셨다.
▶ 여기서 kept는 형용사 quiet가 주어의 상태를 나타내는 2문형 동사이다.
5 여러분은 냉장고 안에서 음식을 신선한 상태로 유지할 수 있다.
▶ 여기서 keep은 형용사 fresh가 목적어 food의 상태를 나타내는 5문형 동사이다.
6 나는 내 일기장을 안전한 장소에 보관한다.
▶ 여기서 keep은 명사(my diary)를 목적어로 취하는 3문형 동사이다.

## UNIT 03 자동사_1, 2문형 P.24

| | | | |
|---|---|---|---|
| 1-1 | smiled | 1-2 | flies |
| 2-1 | is | 2-2 | is |
| 2-3 | became | 2-4 | grew |
| 2-5 | feels | 2-6 | tastes |
| 2-7 | seem | 2-8 | appeared |

## UNIT EXERCISE

**A**
1 V: swims
2 V: sleep
3 V: gets, C: hotter
4 V: looks, C: like a princess
5 V: seems, C: to be an actor

1 Amy는 아주 빠르게 수영한다.
2 곰은 겨울 동안에는 주로 잔다.
3 요즘 날씨가 점점 더 더워진다.
4 그 귀여운 소녀는 공주처럼 보인다.
5 그 남자는 영화에 나오는 배우처럼 보인다.

**B**
1 carefully, ⓐ
2 sweet, ⓑ
3 an honor, ⓑ
4 red, ⓑ
5 suddenly, ⓐ

1 나는 항상 조심스럽게 운전한다.
 ▶ 여기서 drive는 '운전하다'의 뜻으로 뒤에 부사 carefully가 수식하는 것이 적절하다.
2 그 모카커피는 단맛이 난다.
 ▶ taste는 '~한 맛이 난다'의 뜻으로 형용사 sweet가 주어를 설명하는 2문형의 동사이다.
3 그 노벨상은 영광으로 남아 있다.
 ▶ 이 문장에서 remain은 '~인 채로 있다'의 뜻으로 명사(an honor)가 주어(The Nobel Prize)를 설명하는 2문형의 동사로 쓰였다.
4 그 당황한 남자의 얼굴은 빨갛게 되었다.
 ▶ 여기서 turn은 '~이 되다'의 뜻으로 형용사 red가 주어를 설명하는 2문형의 동사이다.
5 그 스포트라이트는 무대에서 갑자기 사라졌다.
 ▶ disappear는 '사라지다, 없어지다'의 뜻으로 뒤에 부사 suddenly가 동사를 수식한다.

**C**
1 That swing moves
2 appeared strict
3 howling sounds sad
4 stay healthy

1 여기서 move는 '움직이다'의 뜻을 가진 1문형의 동사로 쓰였다.
2 appear는 '~처럼 보이다'의 뜻으로 뒤에 형용사(strict)는 주어의 상태를 설명한다.
3 sound는 '~처럼 들리다'의 뜻으로 뒤에 형용사(sad)는 주어의 상태를 설명한다.
4 stay 다음의 형용사 healthy는 주어의 상태를 설명하므로 2문형으로 쓰였다.

## UNIT 04 타동사_3, 4, 5문형 P.26

| | | | |
|---|---|---|---|
| 1-1 | broke the window | 1-2 | lost my bag |
| 2-1 | him the books | 2-2 | her a doll |
| 3-1 | her sad | 3-2 | her captain |
| 3-3 | him very tall | 3-4 | me to help |
| 3-5 | him swim | 3-6 | him entering |
| 3-7 | the job done[completed] | | |

## UNIT EXERCISE

**A**
1 for  2 to exercise  3 dirty
4 repair  5 falling

1 그 학생들은 선생님을 위해 차를 사드렸다.
 ▶ 동사 buy는 4문형에서 3문형으로 전환 시 전치사 for를 사용한다.
2 이 기계는 사람들이 운동할 수 있게 해준다.
 ▶ 5문형 문장으로 enable은 목적어 뒤에 to부정사를 쓴다.
3 내 남동생은 항상 그 테이블을 더럽게 내버려 둔다.
 ▶ 5문형 문장으로 leave는 목적어 뒤에 형용사가 올 수 있다.
4 나는 수리공에게 내 고장 난 휴대폰을 수리하도록 했다.
 ▶ 5문형 동사 have의 목적어로 사람인 the repairman이 올 때는 목적어 뒤로 원형부정사인 repair가 알맞다(능동 관계).
5 우리는 모두 무언가가 하늘에서 떨어지고 있는 것을 보았다.
 ▶ 5문형 문장으로 see는 목적어 뒤에 원형부정사나 분사가 온다.

**B**
1 pay the money to
2 chose the diamond ring for

1 당신은 저쪽에서 계산원에게 돈을 낼 수 있다.
 ▶ 동사 pay는 4문형에서 3문형으로 전환할 때 간접목적어 앞에 전치사 to를 취한다.
2 그 남자는 자신의 여자 친구에게 다이아몬드 반지를 골라 주었다.
 ▶ 동사 choose는 4문형에서 3문형으로 전환할 때 간접목적어 앞에 전치사 for를 취한다.

**C**
1 heard a bear growling
2 showed the children his funny face
3 let us go long distances
4 your confidence makes you enthusiastic

**1** heard는 「목적어(a bear)＋분사(growling)」 형태를 취하는 5문형 동사로 쓰였다.

**2** 「showed＋간접목적어＋직접목적어」 형태의 4문형으로 써야 한다.

**3** 이 문장에서 let은 「목적어(us)＋동사원형(go)」 형태를 취하는 5문형의 동사로 쓰였다.

**4** 형용사 enthusiastic이 목적어의 상태를 설명하므로 「make＋목적어＋형용사」의 어순으로 쓴다.

---

## OVERALL TEST

P.28

**A**  1 ⓕ, ⓓ  2 ⓐ, ⓕ  3 ⓐ, ⓑ  4 ⓓ
5 ⓒ, ⓑ  6 ⓑ, ⓔ  7 ⓕ, ⓓ  8 ⓑ, ⓔ

**1** 그 사건은 여전히 미스터리이다.

**2** 공룡은 오늘날 어디에도 존재하지 않는다.

**3** 그 목격자는 침착하게 사건을 설명했다.

**4** 설탕을 줄이려는 계획은 합리적으로 들린다.

**5** 그 군인은 간절히 자신의 아내에게 편지를 보냈다.

**6** 냉장고는 샐러드와 주스를 신선하게 유지시킨다.

**7** 모나리자는 항상 명작으로 남을 것이다.

**8** 지휘자는 연주자들이 그 곡을 연습하도록 설득했다.

**B**  1 singing  2 like honey
3 completed  4 the president
5 attend  6 successful

**1** 나는 그 이웃이 시끄럽게 노래하고 있는 것을 들었다.
▶ '지각동사＋목적어＋분사'의 형태가 가능하다.

**2** 그 보디클렌저는 꿀 같은 냄새가 난다.
▶ smell은 「like＋명사」를 보어로 취하기도 한다.

**3** 우리 교수님께서 다음 주까지 보고서가 완료되도록 하실 것이다.
▶ 목적어인 보고서(the report)가 완료되는 수동의 의미이므로 p.p.가 적절하다.

**4** 그 정치인들은 그를 의장으로 선출했다.
▶ 그(him)를 의장(the president of congress)으로 선출하는 것이므로 명사인 the president가 알맞다.

**5** 그 유망한 스케이터는 대회에 참가할 것이다.
▶ attend는 '～에 참석하다'의 의미이지만 전치사 없이 목적어를 바로 취한다.

**6** 그 감독은 영화가 성공적이라고 믿는다.
▶ 「believe＋목적어＋형용사」의 5문형 형태를 취하고, successful은 the movie의 상태를 설명한다.

**C**  1 ✕ → discuss  2 ○
3 ✕ → explained  4 ✕ → for
5 ✕ → sour enough  6 ○

**1** 연구자들은 그 약의 부작용에 대해 논의한다.
▶ discuss는 '～에 대해 논의하다'의 의미이지만 전치사 없이 바로 목적어를 취하는 동사이다.

**2** 휴일은 항상 내게 많은 기쁨을 준다.
▶ give는 3문형 동사로 쓰일 경우 전치사 to를 더해 간접목적어를 나타낸다.

**3** 그 관리자는 환불 정책에 대해 설명했다.
▶ explain은 '～에 대해 설명하다'라는 의미이지만, 전치사를 쓰지 않고 목적어를 취한다.

**4** 내 친구는 내게 호주산 팔찌를 마련해 주었다.
▶ get은 3문형 동사로 쓰일 경우 간접목적어 앞에 for를 더한다.

**5** 그리스식 요구르트는 종종 충분히 시다.
▶ enough는 부사로서 수식하는 형용사 뒤에 써야 한다.

**6** 우리 어머니는 야외활동을 거의 선호하지 않으신다.
▶ 빈도부사 hardly는 be동사 뒤에 위치한다.

**D**  1 arrived at the airport
2 seems to be her grandson
3 entered the university 3 years ago
4 wanted the album released
5 consider the study conditions
6 kept the patient comfortable
7 found my cell phone for me
8 made him tell the truth

**1** arrive는 전치사 at과 함께 쓰여 '～에 도착하다'라는 의미이다.

**2** seem은 명사를 보어로 취하며, 명사 앞의 to be는 생략 가능하다.

**3** enter는 '～에 들어가다'의 뜻이지만 전치사 없이 바로 목적어를 취한다.

**4** want는 5문형 동사로 쓰일 경우 목적어의 상태를 설명하는 p.p.를 보어로 취할 수 있다.

**5** consider는 '～에 대해 고려하다'의 의미이지만 전치사를 쓰지 않고 목적어를 취한다.

**6** 「keep＋목적어＋형용사」의 형태가 가능하고, comfortable은 목적어의 상태를 설명한다.

**7** find는 3문형 동사로 쓸 경우 간접목적어 앞에 전치사 for를 쓴다.

**8** make는 사역동사로 원형부정사를 써서 목적어를 보충 설명한다. him과 tell은 의미적으로 주어-동사 관계이다.

## Chapter 03 시제·조동사

### UNIT 01 시제와 때 · P.32

| | | | | | |
|---|---|---|---|---|---|
| 1-1 | go | 1-2 | come | 1-3 | rains |
| 1-4 | knew | 1-5 | were | | |

### UNIT EXERCISE

**A**
| | | | |
|---|---|---|---|
| 1 | get | 2 | had |
| 3 | will publish | 4 | departs |
| 5 | is | 6 | arrives |
| 7 | will go | 8 | were |

1 내가 집에 도착하면 네게 전화를 할게.
　▶ 때를 나타내는 부사절(when ~)에서는 현재시제가 미래를 대신한다.
2 만일 내가 충분한 돈이 있다면, 새로운 스마트폰을 살 텐데.
　▶ 가정법 과거에서 if절의 동사는 과거형으로 쓴다.
3 그 작가는 내년에 새로운 책을 출판할 것이다.
4 우리 비행기는 15분 후에 서울에서 제주로 출발할 것이다.
　▶ 미래 부사구를 동반할 경우 현재시제가 미래를 대신할 수 있다.
5 결과가 발표될 때까지 기다리자.
　▶ 때를 나타내는 부사절 안에서는 현재시제를 쓴다.
6 그 매니저는 도착하자마자 우리에게 알릴 것이다.
　▶ 때를 나타내는 부사절(as soon as)이므로 현재시제로 나타낸다.
7 만일 내일 날씨가 좋다면, 우리는 하이킹을 갈 것이다.
　▶ 미래의 일을 언급하므로 주절에서는 미래시제로 나타낸다.
8 거의 모든 사람은 자신이 지금보다 더 낫기를 희망한다.
　▶ 「주어+wish+가정법 과거」 문장으로 were가 적절하다.

**B**
| | | | |
|---|---|---|---|
| 1 | ○ | 2 | ✕ → were |
| 3 | ✕ → starts | 4 | ✕ → comes out |

1 올해 크리스마스는 화요일이다.
　▶ 현재 사실을 나타내므로 현재시제가 적절하다.
2 나는 대학에 들어가기에 너무 나이가 많다. 내가 더 어리면 좋을 텐데.
　▶ 현재 사실의 반대를 소망하는 경우 가정법 과거를 쓰므로 were가 적절하다.
3 걱정하지 마. 영화가 시작하기 전에 우리는 영화관에 도착할 거야.
　▶ 시간을 나타내는 부사절(before ~)에서는 현재시제가 미래시제를 대신한다.
4 모든 관중이 예상치 못한 승자가 나올 때까지 기다릴 것이다.
　▶ until이 이끄는 시간을 나타내는 부사절로 현재시제가 미래시제를 대신한다.

**C**
1 As there were many people
2 Once you listen to her song
3 while you look after the baby
4 If we had more rooms

1 기다린 시점(과거)과 많은 사람들이 있는 시점이 같으므로 과거시제로 나타내야 한다.
4 현재 사실의 반대를 가정, 소망하는 경우 가정법 과거를 쓰므로 have를 had로 고쳐 써야 한다.

### UNIT 02 현재·과거시제와 현재완료의 구분 · P.34

| | | | |
|---|---|---|---|
| 1-1 | boils | 1-2 | bites |
| 1-3 | die | 1-4 | met |
| 2-1 | has, finished | 2-2 | has taken |
| 2-3 | have seen | 2-4 | have known |

### UNIT EXERCISE

**A**
| | | | |
|---|---|---|---|
| 1 | is | 2 | started |
| 3 | freezes | 4 | visits |
| 5 | went | | |

1 과학적 사실(진리)을 나타내므로 현재시제 is가 적절하다.
2 과거 부사구(a few days ago)가 있기 때문에 과거시제를 써야 한다.
3 일반적인 진리를 나타내므로 현재시제가 적절하다.
4 그녀의 습관을 나타내므로 현재시제를 쓴다.
5 과거 부사구(last year)가 있으므로 과거시제를 쓴다.

**B**
| | | | |
|---|---|---|---|
| 1 | ✕ → has snowed | 2 | ✕ → visited |
| 3 | ○ | 4 | ○ |

1 지난주 월요일부터 눈이 왔다.
　▶ 계속 기간을 나타내는 부사구 since last Monday와 함께였으므로 현재완료로 써야 한다.
2 내 지난 생일날에 나는 놀이공원을 방문했다.
　▶ 과거(my last birthday)에 일어난 사건을 말하므로 과거시제가 알맞다.
3 내 여동생은 지난 방학 동안 유럽으로 여행을 갔다.
　▶ 과거(last vacation)에 일어난 일을 말하므로 traveled는 적절하다.
4 나는 3일 전에 온라인으로 재킷을 주문했지만, 그것은 아직 도착하지 않았다.

▶ 3일 전에 주문한 재킷이 아직 도착하지 않았으므로 현재완료의 완료 용법으로 쓰였다. yet은 완료 용법에서 흔히 쓰이는 부사이다.

**C**
1 The manager has gone to Singapore
2 has used the same cell phone
3 I have broken my arm
4 Have you finished your homework

## UNIT 03 과거완료를 써야 하는 경우 P.36

1 had, left
2 had lost
3 had seen
4 had lived
5 had bought
6 had gone, have saved
7 had been

## UNIT EXERCISE

**A**
1 had
2 would have visited
3 had
4 had left
5 had
6 would have gone

나는 내 친구가 내게 줬던 그 원피스를 입었다.
▶ 입은(wore) 것보다 친구가 내게 준 것이 먼저 일어난 동작이므로 대과거를 쓴다.
만일 내가 그녀가 어디에 사는지 알았더라면, 그녀를 방문했을 텐데.
▶ 가정법 과거완료는 「If+주어+had p.p., 주어+조동사 과거형+have p.p.」의 형태이다.
우리가 차를 팔기 전에, 우리는 12년 동안 그것을 소유해 왔었다.
▶ 차를 파는 과거의 시점까지 그 차를 쭉 소유한 상태였으므로 계속 용법의 과거완료를 쓴다.
모든 식사 손님이 떠나자마자, 우리는 식탁을 치우기 시작했다.
▶ 식탁을 치우기 시작한(started) 것보다 손님이 떠난 것이 먼저 일어난 동작이므로 대과거를 쓴다.
Judy가 오늘 아침에 호텔에 도착했을 때, 메이드가 이미 청소를 했다.
▶ Judy가 도착한(arrived) 과거의 시점까지 메이드가 청소를 완료했으므로 과거완료를 쓴다.
만일 날씨가 좋았다면, 우리는 어제 공원에 갔을 텐데.
▶ 과거의 사실을 반대로 가정하는 경우로 가정법 과거완료를 쓴다.

**B**
1 had traveled around the world
2 had saved my file, crashed
3 I had met her
4 she had already left
5 the agency would have canceled
6 had studied English for several years
7 Jane checked, had called twice

## UNIT 04 꼭 알아둬야 할 주요 조동사 P.38

1-1 take
1-2 come
2-1 must have passed
2-2 could have forgotten
2-3 may[might] have heard
2-4 cannot have said
2-5 should have talked
2-6 would rather go
2-7 would rather stay, than exercise
2-8 cannot help
2-9 cannot be too
2-10 may well want
2-11 may as well go
2-12 had better leave

## UNIT EXERCISE

**A**
1 remain
2 should
3 cannot
4 be
5 would rather not

1 가격이 경쟁력 있어야 하는 것은 필수적이다.
▶ essential(필수적인) 다음에 나오는 that절에는 「(should+)동사원형」이 온다.
2 나는 낮은 점수를 받았다. 나는 시험을 위해 더 열심히 공부했어야 했다.
▶ 과거 행동에 대한 후회를 나타내므로 「should have p.p.」가 적절하다.
3 그는 러시아에 갔을 리가 없다. 그는 여권이 없다.
▶ 과거 행동에 대한 강한 부정적 추측을 나타내므로 「cannot have p.p.」가 적절하다.
4 그녀는 그가 발표를 담당해야 한다고 제안했다.
▶ suggest(제안하다) 다음에 오는 that절이 당위성을 나타내는 경우 동사는 「(should+)동사원형」의 형태로 쓴다.
5 나는 건강을 위해 패스트푸드를 차라리 먹지 않는 편이 낫다.
▶ 의미상 패스트푸드를 먹지 않는 것이 건강에 도움이 되므로 would rather not(차라리 ~하지 않는 편이 낫다)이 알맞다.

**B**
1 must have seen
2 may have called
3 should have brought
4 cannot have delivered

1 과거 사실에 대한 강한 추측을 나타내므로 「must have p.p.」가 적절하다.
2 '~했을지도 모른다'라는 의미의 불확실한 추측이므로 「may have p.p.」가 적절하다.
3 문맥상 과거에 대한 후회를 나타내므로 「should have p.p.」로 써야 한다.

올쏨
서술형 시리즈 2

ALL
쏨

ALL 그래머 KNOWHOW

WORKBOOK

올씀
서술형 시리즈 2

ALL씀
WORKBOOK

그래머 KNOWHOW

# UNIT 01 기본 어순

**A** 👓 다음 밑줄 친 우리말과 그에 맞는 영문을 화살표로 연결하시오.

1  플라스틱은 환경을 오염시킨다.

   Plastics pollute the environment.

2  우리는 그들의 마지막 공연을 재미있게 보았다.

   We saw their last performance excitedly.

3  그 점원은 내 돈을 즉시 환불해 주었다.

   The clerk refunded my money immediately.

4  그 연극은 아이들을 즐겁게 했다.

   The play entertained the children.

**B** 💬 다음 주어진 우리말에 맞도록 괄호 안의 단어를 적절히 배열하시오.

1  나는 그 날을 분명하게 기억한다. (the day, remember, I)

   → _____ clearly.

2  그 기자는 진실을 요구했다. (the truth, the journalist, required)

   → _____ .

3  그는 내 이름을 다정하게 불렀다. (called, my name, he)

   → _____ gently.

4  나는 이를 잘 닦는다. (brush, my teeth, I)

   → _____ well.

5  그 새로운 영화가 내 관심을 끌었다. (my attention, grabbed, the new movie)

   → _____ .

6  모든 학생들이 그 설명을 완벽하게 이해했다. (understood, the explanation, every student)

   → _____ perfectly.

# UNIT 02 주어의 이해

**A** 다음 굵게 표시된 동사를 직접 행하는 대상을 찾아 밑줄을 그으시오. (단, 수식어구도 포함할 것)

1  My sister on the bed **caught** a cold yesterday.

2  The small vacuum cleaner **cleaned** the dirty floor.

3  In his mother's hug, the lovely baby **felt** the warmth.

4  Many citizens in the country **oppose** building coal plants.

5  The old diary under the pillow **has** a lot of memories in it.

6  The members of the dancing club **wanted** a new practice room.

**B** 다음 우리말에서 주어에 밑줄을 긋고 우리말에 맞도록 괄호 안의 단어를 적절히 배열하시오.

1  그녀의 남편이 아들의 사진을 찍는다. (husband, her, takes)

→ _____ photographs of their son.

2  그 햄스터들은 과일과 야채를 먹을 수 있다. (the, can, hamsters, eat)

→ _____ fruit and vegetables.

3  우리 언니는 만화책을 읽는 데 주말을 보냈다. (spent, sister, my)

→ _____ weekends reading comic books.

4  고대에, 이 지역의 사람들은 소고기를 먹지 않았다. (didn't, people, the, eat)

→ In ancient times, _____ in this region _____ beef.

5  그 대학교에서는 그 유학생들에게 기숙사를 제공한다. (university, the, provides)

→ _____ dormitories for the international students.

**C** 다음 우리말에서 주어구에 밑줄을 긋고 우리말에 맞도록 괄호 안의 단어를 적절히 배열하시오.

1  화분 안의 아름다운 장미에는 가시가 있다. (the, in, the, beautiful, pot, rose)

→ _____ has thorns.

2  우리 아빠와 엄마는 외식하는 것을 즐기지 않으신다. (and, mom, dad, my)

→ _____ don't enjoy eating out.

3  기차 안의 승무원이 승객들의 표를 확인한다. (train, the, on, the, attendant)

→ _____ checks the tickets of the passengers.

4  그 유리잔에 든 오렌지 주스에는 많은 비타민 C가 있다. (the, orange, in, juice, glass, the)

→ _____ has a lot of vitamin C.

# UNIT 03 동사, 목적어의 이해

**A** 다음 문장에서 동사와 목적어(구)를 찾아 밑줄을 긋고 각각 V, O로 표시하시오.

1 We saw a shooting star yesterday.

2 My brother studies math after school.

3 My parents love me the most.

4 She eats an apple or a banana for breakfast.

5 The man teaches English at the high school.

**B** 다음 우리말에서 목적어에 밑줄을 긋고 우리말에 맞도록 괄호 안의 단어를 적절히 배열하시오.

1 나는 오이를 아주 싫어한다. (cucumbers, hate)

&rarr; I _____ a lot.

2 우리 아빠는 매일 밤 책을 읽으신다. (books, reads)

&rarr; My dad _____ every night.

3 Susan은 주말마다 영화를 본다. (movie, watches, a)

&rarr; Susan _____ every weekend.

4 진희는 친구들과 함께 그 박물관을 방문했다. (museum, the, visited)

&rarr; Jinhee _____ with her friends.

**C** 다음 우리말에서 목적어구에 밑줄을 긋고 우리말에 맞도록 괄호 안의 단어를 적절히 배열하시오.

1 그 회사는 새로운 기술자를 원한다. (engineer, a, wants, new)

&rarr; The company _____.

2 그 소녀는 자신의 방과 화장실을 청소한다. (bathroom, cleans, and, her room, the)

&rarr; The girl _____.

3 나는 이번 주 일요일에 내 친한 친구를 만날 것이다. (meet, close, my, will, friend)

&rarr; I _____ this Sunday.

4 그들은 지난달에 비싼 차를 샀다. (expensive, bought, car, an)

&rarr; They _____ last month.

5 그녀는 토요일마다 노란 원피스를 입는다. (a, dress, wears, yellow)

&rarr; She _____ every Saturday.

# UNIT 04 부사의 이해

**A** 다음 문장에서 동사와 부사를 찾아 밑줄을 긋고 각각 V, M으로 표시하시오.

1 He blew his nose hard.

2 She silently raised her hand.

3 The girls play volleyball together.

4 The lovely girl often reads fairy tales.

5 The teacher praised her students happily.

6 The friendly officer likes getting to work early.

**B** 다음 각 문장의 밑줄 친 부분이 어법상 옳으면 ○, 틀리면 ×로 표시하고 바르게 고치시오.

1 Math tests always are difficult for me. □ _____

2 Many scientists can hardly solve the mystery. □ _____

3 Some interviewees are frequently nervous. □ _____

4 She pays often costly bills for using lots of electricity. □ _____

5 The man delivers usually the just-cooked pizza quickly. □ _____

**C** 다음 주어진 우리말에 맞도록 괄호 안의 단어를 적절히 배열하시오.

1 그 물병은 **거의 비어 있다**. (empty, almost, is)

→ The water bottle _____.

2 그녀는 **곳곳에서 열쇠를** 찾고 있었다. (key, everywhere, the)

→ She was looking for _____.

3 내 남동생은 유령을 **거의 두려워하지 않는다**. (afraid, is, of, hardly)

→ My brother _____ ghosts.

4 그는 **성급하게 결론을** 내렸다. (the, impatiently, conclusion)

→ He made _____.

5 그 남자는 **용감하게 운전자를** 구했다. (driver, bravely, the)

→ The man rescued _____.

# UNIT 01 개별 동사의 쓰임새를 알아야 한다

**A** 다음 중 어법상 적절한 표현을 고르시오.

1 I participated / attended in the seminar last week in New York.

2 Could you reply / answer the ringing phone right now?

3 Our tour departs / leaves Incheon Airport on August 29.

4 Please come / enter into the waiting room one by one.

**B** 다음 각 문장의 밑줄 친 부분이 어법상 옳으면 ○, 틀리면 ×로 표시하고 바르게 고치시오.

1 He is selfish and only considers about himself.

2 Let's discuss some business matters.

3 We reached at the island on a small plane.

4 I mentioned my decision to go abroad to my parents.

**C** 다음 주어진 우리말에 맞도록 괄호 안의 단어를 적절히 배열하시오. (단, 필요시 알맞은 전치사를 추가할 것)

1 그 가수는 가장 열렬한 팬들에게서 온 **편지에 답장했다**. (letters, replied)

   → The singer _____ from his biggest fans.

2 Grace는 늦은 **이유를 설명해야** 한다. (her reason, account)

   → Grace should _____ for being late.

3 그 우주선은 다음 주면 **달에 도달할** 것이다. (moon, reach, the)

   → The spacecraft will _____ by next week.

4 누구도 허락 없이 **그 방에서 떠날** 수 없었다. (the, leave, room)

   → No one could _____ without permission.

5 오늘 토론에서, 우리는 **지구 온난화에 대해 논의할** 것이다. (warming, discuss, global)

   → In today's debate, we will _____.

6 내 친구와 나는 보통 점심시간에 **야구 경기에 관해 이야기한다**. (games, talk, baseball)

   → My friends and I usually _____ at lunchtime.

# UNIT 02 동사의 의미에 따른 쓰임새를 확인하라

**A** 👓 다음 중 동사에 밑줄을 긋고 각각 자동사 또는 타동사로 쓰시오.

1 The thief ran away. _____

2 My friend told me an amazing story. _____

3 We entered the building. _____

4 This paper can burn easily. _____

5 The baby smiled at me. _____

6 My mom grows tomatoes in her garden. _____

**B** 🔍 다음 굵게 표시된 동사의 뜻을 〈보기〉에서 골라 그 기호를 쓰시오.

| 〈보기〉 ⓐ 타오르다 | ⓑ ~을 태우다 |
|---|---|

1 I **burned** my fried egg by mistake. _____

2 The firewood is **burning** in the fireplace. _____

| 〈보기〉 ⓐ 읽히다 | ⓑ ~을 읽다 |
|---|---|

3 The boy is **reading** a comic book during class. _____

4 These lyrics **read** like a poem. _____

| 〈보기〉 ⓐ 써지다 | ⓑ ~을 쓰다 |
|---|---|

5 This pen doesn't **write** well. _____

6 The woman **wrote** an experiment report. _____

**C** 👓🔍 다음 굵게 표시된 동사의 뜻을 〈보기〉에서 골라 그 기호를 쓰고, 각 문장의 문형을 쓰시오.

| 〈보기〉 ⓐ 자라다 | ⓑ ~이 되다, ~해지다 | ⓒ ~을 기르다, 키우다 |
|---|---|---|

1 The sky **grew** dark and it began to snow. _____ , _____

2 They **grow** cucumbers and eggplants in the backyard. _____ , _____

3 The tree will **grow** to 5 meters. _____ , _____

| 〈보기〉 ⓐ ~이 되다, ~해지다 | ⓑ ~을 얻다 | ⓒ ~에게 …을 구해 주다 |
|---|---|---|

4 For my birthday, my grandma **got** me a ring. _____ , _____

5 It was raining a lot and we **got** wet. _____ , _____

6 Did you **get** tickets for the game? _____ , _____

# UNIT 03 자동사_1, 2문형

**A** 다음 문장에서 동사와 보어를 찾아 밑줄을 긋고 각각 V, C로 표시하시오. (단, 보어가 없는 경우 V만 표시할 것)

1 My grandmother coughs a lot.

2 The candle burns easily.

3 The curious girl became an astronaut.

4 The water drops from the ceiling.

5 The documentary seems educational.

**B** 다음 중 어법상 적절한 표현을 고른 후, 〈보기〉에서 해당하는 문형을 찾아 그 기호를 쓰시오.

| 〈보기〉 ⓐ 1문형 | ⓑ 2문형 |
|---|---|

1 Most flowers smell good / well . (    )

2 Earthquakes happen frequent / frequently . (    )

3 My father stays wake / awake late at night. (    )

4 Our holiday was too short. The time passed very quick / quickly . (    )

5 The white curtain looks a ghost / like a ghost at night. (    )

**C** 다음 주어진 우리말에 맞도록 괄호 안의 단어를 적절히 배열하시오.

1 그 아이들은 **예의 바르게 자랄** 것이다. (courteous, grow)

→ The children will _____.

2 그 새로운 제안은 **좋은 아이디어처럼 들린다**. (idea, good, sounds, a, like)

→ The new suggestion _____.

3 정숙해 주세요. **콘서트가 곧 시작할 것입니다.** (soon, concert, starts, the)

→ Please keep quiet. _____.

4 천둥소리 때문에 **그녀의 얼굴은 창백해졌다**. (pale, face, turned, her)

→ _____ because of the sound of the thunder.

# UNIT 04 타동사_3, 4, 5문형

**A** ✔ 다음 중 어법상 적절한 표현을 고르시오.

1 She felt someone watching / to watch her.

2 I made a rice cake to / for my daughter.

3 He found the boy in the pool scare / scared .

4 She always treats me cold / coldly .

5 The man ordered his dog wait / to wait .

6 I think the ladder dangerous / dangerously to climb.

7 The harsh wind made me cold / coldly .

8 John lent his laptop to / for his sister.

**B** 🔄 다음 두 문장이 같은 의미가 되도록 빈칸을 완성하시오.

1 The defender passed the main striker the ball.

= The defender _____ the main striker.

2 Susan bought her mother-in-law a flowered scarf.

= Susan _____ her mother-in-law.

3 My grandmother taught me knitting and sewing.

= My grandmother _____ me.

4 The head chef cooked the VIP customer a special dish.

= The head chef _____ the VIP customer.

**C** 🧩 다음 주어진 우리말에 맞도록 괄호 안의 단어를 적절히 배열하시오.

1 모든 학급 친구들이 **Chloe를 반장으로 선출했다**. (Chloe, class president, the, elected)

→ The entire class _____.

2 그 사서가 **내게 프랑스어 사전을 찾아 주었다**. (found, the, French dictionary, me)

→ The librarian _____.

3 그 승객은 **택시 기사가 안전하게 운전하기를 요청했다**. (to, the, safely, asked, drive, taxi driver)

→ The passenger _____.

4 눈이 많이 온 후에, 나는 **내 차가 눈으로 덮여 있는 것을 발견했다.**

(my car, with, found, snow, covered)

→ After a heavy snow, I _____.

# UNIT 01 시제와 때

**A** ✓ 다음 중 어법상 적절한 표현을 고르시오.

1 Most people wish they won / will win the lottery.

2 You should contact me as soon as you find / will find any errors.

3 If students ask questions, the teacher answered / will answer them immediately.

4 I will be a dad when spring comes / will come .

5 The ship left / leaves for the island every hour these days.

6 The girl wishes every day is / were her birthday.

7 By the time you receive / will receive this letter, I would be in Switzerland.

8 If I had / have children, I would buy that tricycle for them.

**B** 💡 다음 각 문장의 밑줄 친 부분이 어법상 옳으면 ○, 틀리면 ×로 표시하고 바르게 고치시오.

1 I will have some herb tea after I <u>will take</u> a shower. ☐ _____

2 Once you <u>arrive</u> home, you will have to wash your hands. ☐ _____

3 The singer <u>will hold</u> a concert here next week. ☐ _____

4 If I <u>am</u> not sick, I would go watch a movie with you. ☐ _____

**C** 🔧🔧 다음 주어진 우리말에 맞도록 괄호 안의 단어를 적절히 배열하시오. (단, 필요시 동사의 시제를 변형할 것)

1 만약 내일 눈이 온다면, **우리는 눈썰매를 타러 갈 것이다.** (will, go, we, sledding)

→ If it snows tomorrow, _____ .

2 **내가 형제나 자매가 있으면** 좋을 텐데. (sisters, have, I, or, brothers)

→ I wish _____ .

3 내 아내가 직장에서 집으로 오기 전에, **나는 저녁 식사를 요리할 것이다.** (dinner, will, I, cook)

→ Before my wife comes home from work, _____ .

4 **태풍이 지나갈 때까지** 그들은 호텔에 머물 것이다. (the, until, pass, typhoon)

→ They will stay at the hotel _____ .

# UNIT 02 현재·과거시제와 현재완료의 구분

**A** 다음 주어진 우리말에 맞도록 주어진 동사를 시제에 유의하여 알맞은 형태로 바꿔 쓰시오.

1 그녀는 다이아몬드가 탄소로 구성된다고 말했다. (be)

→ She said that diamonds _____ composed of carbon.

2 미국 대통령은 백악관에서 산다. (live)

→ The president of the USA _____ in the White House.

3 그는 치과 정기 검진을 위해 1년에 두 번 치과에 간다. (go)

→ He _____ to the dentist twice a year for a regular dental check up.

4 나는 3년 전에 컴퓨터 회사에서 프로그래머로 일했다. (work)

→ I _____ for a computer company as a programmer three years ago.

**B** 다음 각 문장의 밑줄 친 부분이 어법상 옳으면 ○, 틀리면 ×로 표시하고 바르게 고치시오.

1 I played hockey with my friends last weekend. ☐ _____

2 I have watched a Korean movie yesterday. ☐ _____

3 My colleague has written ten e-mails since this morning. ☐ _____

4 Jenny has never been to Japan as an international student. ☐ _____

5 My uncle drove this car for 10 years now. ☐ _____

**C** 다음 주어진 우리말에 맞도록 괄호 안의 단어를 활용하여 빈칸을 완성하시오. (단, 현재완료형으로 쓸 것)

1 **우리는 열쇠를 잃어버렸다.** 그래서 집 안으로 들어갈 수 없다. (our, lose, we, keys)

→ _____. So we can't get in the house.

2 **과학자들은** 곤충의 새로운 종을 **최근에 발견했다.** (discover, scientists, recently)

→ _____ a new species of insect.

3 A: **당신은** 뉴욕에 **가 본 적이 있나요?** (to, you, be, ever)

→ A: _____ New York?

4 B: 아니요, **저는 그곳에 가본 적은 없습니다.** 하지만 언젠가 그곳에 가보기를 바랍니다.

(be, I, there, not)

→ B: No, _____. But I hope to go there one day.

# UNIT 03 과거완료를 써야 하는 경우

**A**  ✓  다음 중 어법상 적절한 표현을 고르시오.

1  I ⟨finished / had finished⟩ all my homework by the time you called.

2  I guessed that my classmate ⟨hadn't / hasn't⟩ taken Spanish classes before.

3  I wish my father ⟨gave up / had given up⟩ smoking when he was younger.

4  If the old lady had not fallen down the stairs, she ⟨hasn't / wouldn't have⟩ hurt herself.

5  My mom wore the muffler which I ⟨gave / had given⟩ her last Christmas.

6  When I left for the airport, I realized that I ⟨hadn't / haven't⟩ brought the charger for my phone.

**B**  ☺  다음 주어진 우리말에 맞도록 괄호 안의 단어를 적절히 배열하시오.

1  내가 그때 **나의 멘토의 충고를 따랐다면** 좋을 텐데. (advice, followed, mentor's, my, had)

→ I wish I _____ at the time.

2  그녀는 경찰에게 **자신의 지갑을 잃어버렸다고 말했다.** (her, lost, she, wallet, told, had)

→ She _____ the police that _____.

3  John이 그 상을 **받았을** 때까지, 그는 **몇 편의 영화를 감독했다.**

(directed, films, received, had, several)

→ By the time he _____ the award, John _____.

4  경찰이 도착했을 때 그 도둑은 **막 방을 떠났다.** (just, room, left, the, had)

→ The thief _____ when the police arrived.

5  Jason은 호주로 **여행 갔을** 때까지 영어를 사용하는 원어민을 **만나본 적이 없었다.**

(met, traveled, never, had)

→ Jason _____ a native English speaker until he _____ to Australia.

6  나는 Mike가 **벌써** 관리자로 **승진했다**는 것을 듣고 놀랐었다. (had, got promoted, already)

→ I was surprised to hear that Mike _____ to supervisor.

7  그들이 더 큰 집으로 이사 갔을 때 **3년간 결혼한 상태였다.** (three years, for, been, married, had)

→ They _____ when they moved to a bigger house.

# UNIT 04 꼭 알아둬야 할 주요 조동사

**A** ✅ 다음 중 어법과 문맥상 적절한 표현을 고르시오.

1 Jane $\boxed{\text{may / could}}$ have bought the book, but she borrowed it from the library instead.

2 Many college students insisted that the university $\boxed{\text{lower / lowered}}$ the tuition fees.

3 My uncle recommended that I $\boxed{\text{travel / traveled}}$ more often.

4 We $\boxed{\text{would rather not / may as well}}$ cancel the picnic because it is raining.

**B** 🔍⚡ 다음 주어진 우리말에 맞도록 〈보기〉에서 알맞은 표현을 고른 후 괄호 안의 단어를 활용하여 빈칸을 완성하시오.

| 〈보기〉 may well | had better |
|---|---|
| would rather A than B | have no choice but to |

1 너는 피곤해 보인다. 너는 너무 밤늦게까지 **공부하지 않는 편이 낫다**. (study)

→ You look tired. You _____ too late at night.

2 나는 수학을 **공부하느니 차라리** 역사책을 **읽고 싶다**. (study, read)

→ I _____ a history book _____ math.

3 나는 그를 어린 시절부터 알았다. 그가 그렇게 **생각하는 것이 당연하다**. (think)

→ I've known him since my childhood. He _____ that way.

4 나는 나에 대한 진실을 **말할 수밖에 없다**. (tell)

→ I _____ the truth about me.

**C** 🧩 다음 주어진 우리말에 맞도록 괄호 안의 단어를 적절히 배열하시오.

1 **우리가** 서로를 **이해하고 지지하는 것이 중요하다**.

(we, important, understand, that, support, and)

→ It is _____ each other.

2 나는 **그 코미디 프로그램을** 반복해서 **보지 않을 수 없다**.

(watching, show, can't, the, help, comedy)

→ I _____ on repeat.

3 그 지휘관은 **우리가 그 임무를** 정오까지 **마쳐야 한다고 명령했다**.

(the, complete, ordered, mission, that, we)

→ The commander _____ by noon.

# UNIT 01 수동태의 기본 이해

**A** 다음 각 문장의 밑줄 친 부분이 어법상 옳으면 ○, 틀리면 ×로 표시하고 바르게 고치시오.

1 Sam was <u>told wait</u> for another 10 minutes. ☐ _____

2 All the seats <u>had taken</u> before you came to the hall. ☐ _____

3 My mom <u>saw</u> drinking coffee near the table back then. ☐ _____

4 James will <u>be elected</u> the leader of the accounting ☐ _____
department.

**B** 다음 문장을 수동태로 바꿔 쓸 때, 빈칸을 알맞게 완성하시오.

1 Many viewers found the movie boring.

→ The movie _____ by many viewers.

2 My mother made me clean my room.

→ I _____ clean my room by my mother.

3 The server was serving lunch at the time.

→ Lunch _____ at the time by the server.

4 My granddaughter sent me a letter.

→ I _____ by my granddaughter.

5 The director had offered Thomas the prince role before.

→ Thomas _____ the prince role before by the director.

**C** 다음 주어진 우리말에 맞도록 괄호 안의 단어를 적절히 배열하시오.

1 새로운 건물이 내년에 방문객들**에게 보일 것이다**. (be, to, shown, will)

→ The new building _____ the visitors next year.

2 그 차는 Mary의 아이를 태우기 위해 그녀**에 의해 운전되고 있는 중이다**. (is, by, driven, being)

→ The car _____ Mary to pick up her child.

3 노벨상은 1901년 이래로 **큰 영광으로 여겨져 왔다**. (been, a, honor, considered, great, has)

→ The Nobel Prize _____ since 1901.

4 새롭게 개발된 백신은 **완전히 효과가 있는 것으로 밝혀졌다**. (effective, found, was, completely)

→ The newly developed vaccine _____.

# UNIT 02 능동·수동의 구분

**A** ✅ 다음 중 어법상 적절한 표현을 고르시오.

1 The ending of the movie was disappointing / disappointed .

2 Questions about the event remain / are remained .

3 That old building is renovating / being renovated now.

4 Last year's champion defeated / was defeated by the new player.

5 The *Mona Lisa* can see / be seen at the Louvre Museum.

6 Several car accidents have occurred / been occurred on this road.

7 The passengers were annoying / annoyed at the flight delay.

**B** 💡 다음 각 문장의 밑줄 친 부분이 어법상 옳으면 ○, 틀리면 ×로 표시하고 바르게 고치시오.

1 This curtain <u>washes</u> well. □ _____

2 About 70 percent of our body <u>composes of</u> water. □ _____

3 The telephone <u>invented</u> by Alexander Graham Bell. □ _____

4 The man dressed as Dracula was <u>terrifying</u>. □ _____

5 Embarrassing situations <u>were arisen</u> years ago. □ _____

**C** 🔧 다음 주어진 우리말에 맞도록 괄호 안의 단어를 활용하여 빈칸을 완성하시오.

1 다행히도, 그 폭발 사고에서 아무도 **다치게 되지** 않았다. (hurt)

→ Luckily, nobody _____ in the explosion.

2 그녀가 쓴 경제 기사들은 잘 **읽힌다**. (read)

→ The economic articles written by her _____ well.

3 그 학생은 보이 스카우트에 **속해 있다**. (belong to)

→ The student _____ the Boy Scouts.

4 나는 아버지로부터 특별한 재능을 **받았다**. (give)

→ I _____ a special talent from my father.

5 연장전이 끝날 무렵에 모든 선수들이 **지쳤다**. (tire)

→ All players _____ by the end of the overtime.

# UNIT 03 주의해야 할 수동태 형태

**A** ✓ 다음 각 문장의 밑줄 친 부분이 어법상 옳으면 ○, 틀리면 ×로 표시하고 바르게 고치시오.

1 Margarine can <u>be used to making</u> cookies instead of butter. ☐ _____

2 He <u>used to enjoy</u> meat a lot, but he is a vegetarian now. ☐ _____

3 The close colleagues <u>are used to hear</u> his unusual accent now. ☐ _____

**B** 🔍🔧 다음 주어진 우리말에 맞도록 〈보기〉에서 알맞은 구동사를 골라 수동태로 바꿔 쓰시오.

| 〈보기〉 make use of | laugh at | ask for | refer to A as B |
|---|---|---|---|

1 추가 스테이크 소스가 그 손님에 의해 **요청되었다.**

→ Extra steak sauce _____ by the customer.

2 한국어를 말하는 그의 능력이 우리 프로젝트에 **이용될** 수 있다.

→ His ability to speak Korean can _____ in our project.

3 그 거지는 아이들에게 **비웃음을 당했다.**

→ The beggar _____ by the children.

4 'Cattle'은 구어로 'cow'**라고 불린다.**

→ *Cattle* _____ *cow* in spoken language.

**C** 🔄 다음 문장을 수동태로 바꿔 쓸 때, 빈칸을 알맞게 완성하시오.

1 In the past, people considered that the world was flat.

→ In the past, it _____ the world was flat.

→ In the past, the world _____ flat.

2 They report that the witness lied in court.

→ It _____ the witness lied in court.

→ The witness _____ in court.

3 People think that walking under a ladder causes bad luck.

→ It _____ walking under a ladder causes bad luck.

→ Walking under a ladder _____ bad luck.

4 They know that cars have a harmful effect on the environment.

→ It _____ a harmful effect on the environment.

→ Cars _____ a harmful effect on the environment.

# UNIT 04 암기하면 좋은 수동태 표현

**A** ✅ 다음 중 어법상 적절한 표현을 고르시오.

1  The treasure chest is filled `in / with` gold and jewels.

2  Josh is surprised `of / at` the news about Jayden.

3  She is not interested `in / at` any sport except baseball.

4  His face is covered `with / to` sweat.

5  The customers are very satisfied `of / with` the meal.

**B** 🔍🔧 다음 주어진 우리말에 맞도록 〈보기〉에서 알맞은 전치사를 고른 후 괄호 안의 단어를 활용하여 빈칸을 완성하시오. (단, 한 번씩만 쓸 것)

| 〈보기〉 | by | of | for | from |
|---|---|---|---|---|

1  플로리다는 그것의 아름다운 해변**으로 유명하다**. (know)

→ Florida _____ its beautiful beaches.

2  이 가방은 재활용 플라스틱**으로 만들어져 있다**. (make)

→ This bag _____ recycled plastics.

3  사람은 그가 사귀는 친구**로 알 수 있다**. (know)

→ A man _____ the company he keeps.

4  이 조각상은 대리석**으로 만들어져 있다**. (make)

→ This statue _____ marble.

**C** 🧩🔧 다음 주어진 우리말에 맞도록 괄호 안의 단어를 활용하여 빈칸을 완성하시오. (단, 필요시 단어 추가 및 변형 가능)

1  너는 15분 전에 여기에 **있도록 되어 있었다**. (be, suppose)

→ You _____ here 15 minutes ago.

2  그 환자는 **퇴원하는 것이 허락되었다**. (the, leave, allow, hospital)

→ The patient _____ .

3  그 비행기는 오후 5시에 **도착할 예정이지**만, 연착되었다. (schedule, arrive)

→ The flight _____ at 5 p.m., but it was delayed.

4  모든 동아리 회원들은 설문지를 **작성하도록 요청받았다**. (fill out, ask)

→ All club members _____ the survey.

# UNIT 01 형용사(구)의 어순과 위치에 유의하라

**A** ✓ 다음 주어진 우리말에 맞도록 네모 안의 단어를 적절한 순서로 배열한 것을 고르시오.

1 참석한 모든 사람

present everyone / everyone present

2 이 금으로 만든 아름다운 반지

this gold beautiful / this beautiful gold ring

3 저 다섯 사내들 모두

those five guys all / all those five guys

4 네 예쁜 여동생 둘 다

both your pretty / both pretty your / pretty both your sisters

5 살아 있는 많은 사람들

alive many people / many people alive / many alive people

6 영광스러운 그의 삶

his glorious / glorious his life

7 그 책의 첫 두 장

first two the chapters / the two first chapters / the first two chapters of the book

**B** 다음 주어진 우리말에 맞도록 괄호 안의 단어를 적절히 배열하시오.

1 **특별한 누군가가** 우리 마을을 방문했다. (special, someone)

→ _____ visited our town.

2 **그 프로젝트를 위한 우리의 노력은** 성공적이었다. (the, our, for, project, efforts)

→ _____ were successful.

3 **그 나무 밑의 사과들은** 썩었다. (the, under, tree, apples, the)

→ _____ were rotten.

4 **떠나기로 한 우리의 결정은** 쉽지 않았다. (to, decision, leave, our)

→ _____ was not easy.

5 **그 잠든 귀여운 아기는** 평온해 보인다. (asleep, cute, baby, the)

→ _____ looks calm.

6 **시험 결과에 만족한 그 소년은** 밝게 웃었다. (student, the, result, with, test, content, the)

→ _____ smiled brightly.

# UNIT 02 수식하는 분사(구)의 형태와 위치에 유의하라

**A** ✓ 다음 주어진 우리말에 맞도록 네모 안에서 알맞은 분사를 고르시오.

1 마른 풀: the | drying / dried | grass

2 자고 있는 아기: a | sleeping / slept | baby

3 구운 베이컨: the | baking / baked | bacon

4 재활용된 종이: a | recycling / recycled | paper

5 기쁜 소식: the | delighting / delighted | news

6 잃어버린 신발: the | losing / lost | shoes

7 구부러진 철사: a | bending / bent | wire

8 기어가는 지렁이: a | crawling / crawled | worm

**B** 🔧 다음 괄호 안의 단어를 알맞은 분사로 고치시오. (철자에 주의할 것)

1 the (write) letter → the _____ letter

2 a (take) photograph → a _____ photograph

3 the (damage) storm → the _____ storm

4 a (ring) phone → a _____ phone

5 the (satisfy) record → the _____ record

**C** 💬 다음 주어진 우리말에 맞도록 괄호 안의 단어를 적절히 배열하시오.

1 **날고 있는 새들은** 자유와 가능성을 상징한다. (birds, flying)

→ _____ symbolize freedom and possibilities.

2 **충분한 영양분을 포함한 식단이** 권장된다. (enough, a, nutrients, containing, diet)

→ _____ is recommended.

3 **해변을 따라 걷고 있는 사람들은** 평화로워 보인다. (along, walking, beach, people, the)

→ _____ seem peaceful.

4 **로봇에 흥미가 있는 그 소년은** 내 남동생이다. (in, boy, robots, the, interested)

→ _____ is my brother.

5 **반 고흐가 그린 몇몇 그림은** 자화상이다. (some, Van Gogh, paintings, by, painted)

→ _____ are self-portraits.

6 **슈퍼마켓에서 파는 냉동식품은** 편리하다. (supermarkets, foods, sold, in, frozen)

→ _____ are convenient.

# UNIT 03 주어는 여러 형태가 가능하다

**A** ✓ 다음 중 알맞은 주어의 형태를 고르시오.

1 [That / To] turn the lights on when you read is important.

2 [Be / Being] a good listener is important.

3 [It / That] is always interesting to learn about our ancestors.

4 It is certain [that / to] he will be elected.

5 [Take / Taking] a nap can make you more productive.

6 It is obvious [to / that] Jackson is losing confidence.

7 It is clear [to / that] you didn't do what I told you to do.

**B** 👓 다음 각 문장에서 (진)주어를 찾아 밑줄을 그으시오.

1 Following mom's advice is the most sensible way.

2 To hear birds' singing in the morning makes me happy.

3 That a typhoon can cause great destruction is certain.

4 It is essential to wash your hands before eating.

5 Having Greek yogurt for breakfast benefits your health.

6 To dive into the sea from a cliff can be dangerous.

**C** 🗩 다음 주어진 우리말에 맞도록 괄호 안의 단어를 적절히 배열하시오.

1 **운전면허증 없이 운전하는 것은** 위법이다. (license, without, drive, driver's, to, a)

   → It is illegal _____.

2 **커피를 너무 많이 마시는 것은** 밤에 너를 깨어 있게 할 수 있다. (coffee, too, drinking, much)

   → _____ can keep you awake at night.

3 **런던에서의 세 달은** 내 인생의 최고의 경험이었다. (months, London, three, in, the)

   → _____ was the best experience in my life.

4 **너의 감정을 표현하는 것은** 기분을 더 나아지게 도와준다. (your, express, feelings, to)

   → _____ helps you feel better.

5 Jamie가 지갑을 또다시 잃어버렸다**는 것은 놀랍지 않다**. (that, not, is, surprising, it)

   → _____ Jamie lost his wallet again.

# UNIT 01 주어＋관계대명사절

**A** 다음 각 문장의 밑줄 친 부분이 어법상 옳으면 ○, 틀리면 ×로 표시하고 바르게 고치시오.

1  색이 검은 그 차는 내 것이 아니다.

The car <u>that</u> color is black is not mine.  ☐ _____

2  아버지가 칠하신 지붕은 녹슬었다.

The roof <u>whom</u> my father painted became rusty.  ☐ _____

3  유명한 예술가가 그린 그 그림은 높은 가격에 팔렸다.

The painting <u>whose</u> a famous artist drew was sold at  ☐ _____

a high price.

4  내가 인터뷰한 그 목격자는 수사에 도움이 되었다.

The witness <u>whom</u> I interviewed was helpful in the  ☐ _____

investigation.

5  그가 협상한 그 사람은 회사의 대표이다.

The person <u>whom</u> he negotiates with is the representative  ☐ _____

of the company.

**B** 다음 주어진 우리말에 맞도록 괄호 안의 단어를 적절히 배열하시오.

1  **내가 산 셔츠는** 옷깃에 얼룩이 있었다. (bought, that, shirt, I, the)

→ _____ had a stain on its collar.

2  **내게 시간을 물은 그 남자는** 눈에 띄게 잘생겼다. (me, the, time, the, asked, man, who)

→ _____ is strikingly handsome.

3  **그가 가장 좋아하는 식사인 카레라이스는** 방금 다 팔렸다.

(his, curry and rice, is, meal, which, favorite)

→ _____ has just sold out.

4  **Kyle이 존경하는 그 교수님께서는** 대학에서 은퇴하셨다.

(whom, the, respected, professor, Kyle)

→ _____ retired from the university.

5  **뚜껑이 제거된 그 병은** 쏟아지기 쉽다. (lid, the, removed, whose, is, bottle)

→ _____ is easy to spill.

6  **깃털이 알록달록한 그 새는** 책에 나와 있는 것과는 다르다.

(colorful, the, feathers, bird, are, whose)

→ _____ is different from the one in the book.

# UNIT 02 주어+관계부사절

**A** 다음 각 문장의 밑줄 친 부분이 어법상 옳으면 ○, 틀리면 ✕로 표시하고 바르게 고치시오.

1 내가 가고 싶어 하는 그 도시는 가장 아름다운 도시들 중에 하나이다.

The city <u>when</u> I want to go is one of the most beautiful cities. ☐ _____

2 우리가 재활용해야 하는 이유는 그 팸플릿에 설명되어 있다.

The reason <u>why</u> we should recycle is explained in the ☐ _____

pamphlet.

3 그 대통령이 연설하는 방식은 교양이 있다.

The way <u>how</u> the president makes a speech is well educated. ☐ _____

4 내가 새 배낭을 산 그 가게는 역 근처에 있다.

The store <u>where</u> I bought my new backpack is near the ☐ _____

station.

5 남자들이 치마를 입을 수 있던 시기는 19세기 이전이었다.

The time <u>where</u> men could wear skirts was before the 19th ☐ _____

century.

**B** 다음 주어진 우리말에 맞도록 괄호 안의 단어를 적절히 배열하고, 〈보기〉의 관계부사 중 하나를 추가하여 문장을 완성하시오. (단, 중복 사용 가능)

| 〈보기〉 | when | where | why | how |
|---|---|---|---|---|

1 **Jennifer가 태어났던** 도시는 서울이다. (was, Jennifer, born)

→ The city _____ is Seoul.

2 **그가 항상 빨간 티셔츠를 입는** 이유는 내게 흥미롭다. (wears, always, T-shirt, he, red, a)

→ The reason _____ is interesting to me.

3 **그녀가 출장을 위해 떠난** 날은 어제였다. (left, business trip, she, a, for)

→ The day _____ was yesterday.

4 **동물 실험이 실행되고 있는 이유는** 이해되지 않는다.

(experiments, the, carried out, animal, reason, are)

→ _____ is not understood.

5 **비평가들이 예술 작품을 해석하는 방식은** 예술가의 의도와 다를 수 있다.

(artwork, interpret, critics, an)

→ _____ can differ from an artist's intention.

# UNIT 03 응용: 목적어의 확장

**A** 다음 밑줄 친 목적어를 수식하는 어구를 <u>모두</u> 찾아 [　]로 표시하시오.

1 A man called the brown <u>horse</u> eating some grass.

2 My mom cleaned <u>the drain</u> clogged with hair.

3 Police interviewed <u>the people</u> who are involved in the crime.

4 My brother puts on <u>the baseball glove</u> that is worn out.

5 Do you have any <u>rooms</u> available tonight?

6 I have a stack of dirty <u>clothes</u> to wash on weekends.

**B** 다음 주어진 우리말에 맞도록 괄호 안의 단어를 적절히 배열하시오.

1 우리 동아리는 여름방학 동안 **도보여행을 하러 갈** 계획이다. (go, to, trekking)

→ Our club plans _____ during summer vacation.

2 **에어컨을 꺼도** 될까요? (air conditioner, turning off, the)

→ Do you mind _____?

3 나는 점심으로 **토마토가 들어 있는 연어 샌드위치를** 먹었다.

(tomatoes, a, sandwich, with, salmon)

→ I had _____ for lunch.

4 나는 **나에 관한 몇 가지 믿기 힘든 소문을** 들었다. (about, unbelievable, rumors, me, some)

→ I heard _____.

5 우리 선생님께서 **명사와 동사 간의 차이점을** 설명해 주셨다.

(and, the, verbs, differences, nouns, between)

→ Our teacher explained _____.

6 우리는 **늦는 사람들을 기다리기로** 동의했다. (who, the, late, wait for, people, are, to)

→ We agreed _____.

7 그 교수는 **기계가 대부분의 일자리를 대체할 것이라고** 주장한다.

(take over, will, that, most jobs, machines)

→ The professor insists _____.

8 아빠는 **모기에게 물린 그 사랑스러운 아기를** 보고는 놀랐다.

(by, the, mosquitoes, baby, adorable, bitten)

→ Dad was surprised to see _____.

# UNIT 04 응용: 보어의 확장

**A** 👓 다음 밑줄 친 보어를 수식하는 어구를 <u>모두</u> 찾아 [ ]로 표시하시오.

1 The book became a famous <u>movie</u> attracting many new fans.

2 Einstein is <u>the inventor</u> who led to important scientific advances.

3 This is <u>the house</u> with the beautiful garden in front.

4 The flood was a severe <u>problem</u> causing a lot of damage.

5 Cebu is the perfect <u>place</u> to spend a summer holiday.

6 My neighbors are nice <u>people</u> who are raising a cute puppy.

**B** 📝 다음 주어진 우리말에 맞도록 괄호 안의 단어를 적절히 배열하시오.

1 긴장을 푸는 최고의 해결책은 **스트레스 받는 상황들을 잊는 것**이다.

(stressful, forgetting, situations)

→ The best solution to relax is _____.

2 선거는 **사회에 기여하는** 가장 좋은 기회이다. (to, society, contributing, of)

→ Elections are the best opportunities _____.

3 선인장은 뾰족한 가시가 달린 **사막에서 자라는** 식물이다. (the, grows, in, that, desert)

→ A cactus is a plant _____ with sharp thorns.

4 새로운 언어를 배우는 것은 **그 문화를 배우는 것**이다. (learn, culture, the, to)

→ To learn a new language is _____.

5 그 내구성이 있는 상품들은 **우리 회사에서 만든** 것들이다. (by, made, company, our)

→ The durable products are the ones _____.

6 당신의 업무의 첫 단계는 **모든 문서를 확인하는 것**입니다. (all, documents, the, checking)

→ The first step of your work is _____.

7 나의 삼촌이 좋아하는 것은 **험한 산을 등반하는 것**이다. (rough, mountains, climbing)

→ What my uncle likes to do is _____.

8 그 경적 소리는 **역으로 다가오는 기차의** 소리이다. (station, the, approaching, of, train, the)

→ The whistling noise is the sound _____.

# UNIT 01 단어, 구의 연결

**A** ✅ 다음 중 어법과 문맥상 적절한 표현을 고르시오.

1 This salad is neither delicious or / nor fresh.

2 You can have either the red skirt or / not the blue skirt.

3 All she enjoys is dancing, playing, and to sing / singing .

4 She usually reads a book in her room but / or at the library.

5 He swears to tell the truth and not to tell / not telling a lie.

6 Junsung helps his mother to cook dinner and clean / cleaning the house.

**B** 🗣️🔧 다음 주어진 우리말에 맞도록 괄호 안의 단어를 활용하여 빈칸을 완성하시오. (단, 필요시 단어 추가 가능)

1 이 음식은 **맵지만 달콤하다**. (sweet, spicy)

→ This food tastes _____ .

2 나는 모임의 **시간이나 날짜를 변경할** 것을 제안했다. (date, change, time, the, the)

→ I offered to _____

of the meeting.

3 당신은 **집으로 혹은 회사로** 나를 방문하셔도 됩니다. (at, home, office, the, at, either)

→ You can visit me _____ .

4 노래를 부를 때, Ann은 **박자뿐만 아니라 가사 또한** 고려한다. (lyrics, the, the, beat, but also)

→ When singing, Ann considers _____ .

5 그 놀이공원의 새로운 놀이 기구는 **가파른 경사와 스피드 둘 다를** 갖추고 있다.

(a, speed, slope, steep, both)

→ A new ride in the amusement park has _____ .

6 **음료나 디저트를 좀** 드시겠어요? (dessert, some, drinks)

→ Would you like _____ ?

7 나는 **집에 머물면서가 아니라, 교외로 드라이브 감으로써** 휴식을 취한다.

(at, to, home, not by, by driving, country, the, staying)

→ I relax _____

8 그 사서는 **책들을 정리하고 대출해 주는 일을** 담당한다. (books, arranging, checking out)

→ The librarian is responsible for _____ .

# UNIT 02 절의 연결 Ⅰ_ 등위절, 명사절

**A** ✓ 다음 중 어법과 문맥상 적절한 표현을 고르시오.

1 I like my neighbors, | but / or | I don't like the weather here.

2 We hoped | that / whether | we could have a cat.

3 Exercise regularly, | but / and | you'll feel lighter.

4 My dad used to say | that / if | money is not everything.

5 Tommy asked Sophie | that / whether | she can go to the concert.

6 Call the taxi, | or / and | we have to walk for 30 minutes.

7 Philip was not certain | when / that | it's the right thing to do.

**B** 🔁 다음 주어진 우리말에 맞도록 괄호 안의 단어를 적절히 배열하시오.

1 나는 남동생에게 말하고 있었지만, **그러나 그는 나를 무시했다**. (he, but, me, ignored)

→ I was talking to my brother, _____.

2 그들은 **그 외국인이 한국말을 할 수 있다는 것**에 놀랐다.

(foreigner, speak, can, Korean, that, the)

→ They were surprised _____.

3 Sara는 **그 많은 관광객이 어디서 온 것인지** 궁금했다.

(the, came from, tourists, where, many)

→ Sara wondered _____.

4 부디 지금 **내가 항공권을 살 수 있는지** 나에게 말해 주세요.

(buy, plane, whether, I, a, can, ticket)

→ Please tell me _____ now.

5 Peter는 Sally에게 학교에서 **얼마나 많은 학생을 그녀가 가르치는지** 물어보았다.

(how, students, many, teaches, she)

→ Peter asked Sally _____ at school.

6 그녀는 **그 영화가 몇 시에 시작하는지** 기억하지 못했다. (the, starts, what time, movie)

→ She couldn't remember _____.

7 조심해라, **그렇지 않으면 너는 데일 것이다**. (you, get, or, burned, will)

→ Be careful, _____.

# UNIT 03 절의 연결 Ⅱ_부사절(1)

**A** ✅ 다음 중 어법과 문맥상 적절한 표현을 고르시오.

1 I should take care of my brothers while / although my parents are away.

2 While / Once Tom finishes his work, he goes home in a hurry.

3 Judy joined the singing club as / although she loved to sing.

4 Although / Because the manager was not there, I left a message with his secretary.

**B** 💬 다음 주어진 우리말에 맞도록 괄호 안의 단어를 적절히 배열하시오.

1 그는 **2018년에 퇴직했을 때까지** 고등학교의 교장 선생님이었다. (in, he, until, 2018, retired)

→ He was the principal of a high school _____.

2 **공항이 그가 머문 호텔에서 멀기 때문에** Sean은 택시를 탈 수밖에 없다.

(is, hotel, since, his, airport, far, the, from)

→ Sean can't help taking a taxi _____.

3 **여러분이 들은 것을 잊어버리기 전에** 필기하는 것을 습관으로 하라.

(you, hear, forget, before, you, what)

→ Make a habit of taking notes _____.

4 **네가 동의하지 않더라도**, 나는 인터넷이 친구 사이의 소통을 향상시킨다고 생각한다.

(agree, don't, although, you)

→ _____, I think that the Internet improves communication among friends.

**C** 🔄💬 〈보기〉에서 적절한 전치사와 명사구를 골라 밑줄 친 부사절을 부사구로 전환하시오.

| 〈보기〉 | because of | during | despite |
|---|---|---|---|
| | worries about his career | feeling homesick | the movie |

1 <u>Even though she feels homesick</u>, she will stay in America to earn a living.

→ _____, she will stay in America to earn a living.

2 <u>Because he was worried about his career</u>, he went to see a counselor.

→ _____, he went to see a counselor.

3 <u>While the movie is playing</u>, I don't like people who talk.

→ _____, I don't like people who talk.

# UNIT 04 절의 연결 Ⅲ_부사절(2)

**A** ✅ 다음 중 어법과 문맥상 적절한 표현을 고르시오.

1 I will give you a map so / such that you can find the way to the theater.

2 She is so / such an attractive woman that everybody likes her.

3 The twins are so / such alike that I can't distinguish one from the other.

4 If / Unless you show me your membership card, you can get a discount.

5 It's so / such a great movie that I've watched it many times.

6 If / Unless you turn in your homework, you will not pass this course.

**B** 💬 다음 주어진 우리말에 맞도록 괄호 안의 단어를 적절히 배열하시오.

1 그 개는 **공격당하지 않는다면** 거의 짖지 않는다. (is, unless, it, attacked)

  → The dog hardly barks _____.

2 그는 **모든 사람들이 자신에게 집중하도록** 크게 이야기했다.

  (would, that, him, pay attention, so, to, everybody)

  → He spoke loudly _____.

3 그는 **너무 자신만만한 남자여서** 도움을 청하지 않을 것이다. (that, confident, is, man, a, so)

  → He _____ he will not ask for help.

4 **당신이 여권을 가지고 있지 않다면**, 비행기에 탑승하실 수 없습니다.

  (a, you, passport, unless, have)

  → You can't take a flight _____.

5 그녀는 영국에 6년 동안 살았고 **그래서 자신의 영어 실력을 향상할 수 있었다**.

  (improve, could, English, so, she, her)

  → She lived in England for six years _____.

6 그 소년은 **너무 훌륭한 질문을 해서** 선생님께서 그를 칭찬하셨다.

  (brilliant, that, a, question, asked, such)

  → The boy _____ the teacher praised him.

# UNIT 01 단수 주어와 복수 주어

**A** ✅ 다음 중 어법상 적절한 표현을 고르시오.

1 To look after babies |requires / require| carefulness.

2 A number of days |has / have| passed since you left.

3 The Maldives |is / are| the smallest country in Asia.

4 Physics |is / are| a field of natural science.

5 The number of foreign tourists |is / are| constantly increasing.

6 Why he committed the crime |remains / remain| unknown.

7 The wise |turns / turn| their words into action.

8 Wearing masks |protects / protect| people from fine dust.

**B** 💡 다음 각 문장의 밑줄 친 부분이 어법상 옳으면 ○, 틀리면 ×로 표시하고 바르게 고치시오.

1 To speak loudly in the subway <u>annoy</u> others. □ _____

2 The injured <u>was</u> taken to the hospital after the fire. □ _____

3 The United Arab Emirates <u>uses</u> Arabic as an official language. □ _____

4 The number of polar bears <u>are</u> decreasing due to global warming. □ _____

5 Ethics <u>define</u> concepts such as good and evil or right and wrong. □ _____

**C** 🔧🔧 다음 주어진 우리말에 맞도록 괄호 안의 단어를 활용하여 빈칸을 완성하시오. (단, 필요시 단어 변형 가능)

1 **그 최근의 소식은** 나를 들뜨게 **만든다.** (news, latest, make, the)

→ _____ me excited.

2 **엄청나게 많은 별들이** 하늘에서 **반짝이고 있었다.** (be, of, a huge number, stars, shining)

→ _____ in the sky.

3 **긍정적인 태도를 지니는 것은** 행복한 삶에 필수적**이다.** (a, be, have, attitude, to, positive)

→ _____ essential to a happy life.

4 **당신이 이기는지 지는지는 당신에게 달려 있다.** (you, lose, depend on, win, you, whether, or)

→ _____.

# UNIT 02 진짜 주어 찾기

**A** 다음 문장에서 주어를 수식하는 어구를 모두 찾아 [ ]로 표시하고, 동사에 밑줄을 그으시오.

1  The tiger that is angry at the spectators roars at them.

2  The man jogging along the pond is sweating a lot.

3  The cabins by the beach were reserved in advance.

4  That painting different from the others seems to be a work of the 1950s.

5  The girl putting on accessories imitates her mother.

6  The people who want to buy the new product are waiting in line.

7  The policy to reduce electricity use is posted on the bulletin board.

8  The convenience stores on the main street are closed on Sundays.

**B** 다음 문장에서 수식어구를 제외한 주어나 선행사에 밑줄을 긋고 수일치에 유의하여 알맞은 형태의 동사를 고르시오.

1  The woman who wears sunglasses look / looks cool.

2  My feet under the blanket start / starts to get warmer.

3  Things to do today are / is sometimes delayed by tomorrow.

4  We didn't hire candidates who was / were late for the interview.

5  The city hall destroyed by the earthquakes are / is going to be rebuilt.

**C** 다음 주어진 우리말에 맞도록 괄호 안의 단어를 활용하여 빈칸을 완성하시오. (단, 필요시 단어 변형 가능)

1  **한번 내뱉어진 말은** 모두에게 빠르게 **퍼진다.** (once spoken, spread, words)

→ _____ to all quickly.

2  **사회 활동을 좋아하는** 사람들은 주로 외향적이라고 불린**다.** (fond of, activity, be, social)

→ People _____ usually called outgoing.

3  **마당에 있는 새끼 고양이가** 공을 가지고 **논다.** (play, the yard, kitten, the, in)

→ _____ with a ball.

4  그들은 **그 새로운 치료법이 필요한** 당뇨병 환자들이다. (treatment, who, new, need, the)

→ They are the patients with diabetes _____.

# UNIT 03 부분표현과 주요 구문

**A** ✅ 다음 중 어법상 적절한 표현을 고르시오.

1 French fries as well as soda is / are bad for your health.

2 Almost 80 percent of these bottles is / are empty.

3 Neither my family nor my friends knows / know the news.

4 Only half of the guests arrives / arrive at the party on time.

5 One-fourth of the survivors is / are badly injured.

6 Some of the restaurants still opens / open on Christmas Eve.

7 The majority of employees in this building takes / take the elevator.

8 All of the violinists was / were ready to play and waited for the conductor.

**B** 🔧 다음 주어진 단어를 어법상 알맞은 형태로 빈칸에 쓰시오. (단, 현재형으로 쓸 것)

1 The writers or the director _____ the scene to the actors. (explain)

2 Most of the students _____ an orderly line. (form)

3 Part of our strategies _____ giving people free coupons. (involve)

4 Not talents but passion _____ you to success. (lead)

5 One of my favorite places _____ Han River Park. (be)

**C** 🧩🔧 다음 주어진 우리말에 맞도록 괄호 안의 단어를 활용하여 빈칸을 완성하시오. (단, 필요시 단어 변형 가능)

1 그 배에서 **나머지 선원들은 친절했다**. (the rest, be, crews, the, of, kind)

→ _____ on the ship.

2 이 대학에 있는 **국제 학생들의 대부분이** 유럽에서 **온다**.

(of, students, the majority, international, come)

→ _____ from Europe

at this college.

3 **Sue나 그 소년들 모두** 교실에 **있지 않았다**. (boys, nor, Sue, the, neither, be)

→ _____ in the classroom.

4 **사람들뿐 아니라 동물들도** 지문을 **가지고 있다**. (animals, but also, men, not only, have)

→ _____ fingerprints.

# UNIT 01 절 ⇌ to부정사 구문

**A** 다음 두 문장이 같은 의미가 되도록 to부정사를 사용하여 문장을 완성하시오.

1 I expect that I will finish the report tonight.

= I expect _____ tonight.

2 They are looking for a house which they would live in.

= They are looking for _____ .

3 We request that you consider our suggestion carefully.

= We request _____ our suggestion carefully.

4 My parents taught me that I should treat all people with respect.

= My parents taught me _____ with respect.


**B** 밑줄 친 부분에 유의하여 다음 해석을 완성하시오.

1 The audience waited in line <u>in order to get into the theater</u>.

→ 관객들은 _____ 줄을 서서 기다렸다.

2 When it's raining, be careful <u>so as not to slip</u>.

→ 비가 올 때는, _____ 조심해라.

3 The mangoes <u>aren't ripe enough to eat</u>.

→ 그 망고들은 _____ .

4 I was <u>too concerned</u> about the job interview <u>to sleep</u>.

→ 나는 취업 면접이 _____ .


**C** 다음 두 문장이 같은 의미가 되도록 주어진 단어를 활용하여 문장을 완성하시오.

1 We are renovating so that we could deliver a better service. (so)

= We are renovating _____ .

2 He was so brave that he could volunteer for military service. (as to)

= He was _____ for military service.

3 She was so disappointed that she couldn't give him a second chance. (too)

= She was _____ a second chance.

4 I turned off the TV so that I won't bother my brother. (order)

= I turned off the TV _____ .

# UNIT 02 절 ⇌ 동명사 구문

**A** 다음 각 문장의 밑줄 친 부분이 어법상 옳으면 ○, 틀리면 ×로 표시하고 바르게 고치시오.

1 They had the idea <u>at</u> traveling across Africa. ☐ _____

2 Instead of <u>use</u> plastic bags, Eddy brought his own bag. ☐ _____

3 My brother complained <u>that</u> getting car sick. ☐ _____

4 He did some warm-up exercises before <u>diving</u> into the water. ☐ _____

**B** 다음 두 문장이 같은 의미가 되도록 주어진 단어를 활용하여 문장을 완성하시오.

1 The policeman ran fast so that he could catch a thief. (purpose)

= The policeman ran fast _____ the thief.

2 The girl is ashamed that she is lazy. (of)

= The girl _____ .

3 She did not drive a car, but took a bus. (instead)

= _____ , she took a bus.

4 The couple heard the news that they will have twins. (of)

= The couple heard _____ .

**C** 다음 주어진 우리말에 맞도록 괄호 안의 단어를 적절히 배열하시오. (단, 필요시 단어 변형 가능)

1 우리는 그 팀의 **일원이 된 것이 자랑스럽다.** (proud, be, of, are, part)

→ We _____ of the team.

2 그 손님들은 한 시간 동안 **줄을 서서 기다린 것을 후회했다.** (in line, wait, regretted)

→ The guests _____ for an hour.

3 우리 언니는 두통**이 있는 것에 대해 호소했다.** (of, have, complained)

→ My sister _____ a headache.

4 그 소년은 반장으로 **선출될 가능성**이 있다. (elected, a, be, chance, of)

→ The boy has _____ as a class leader.

5 나의 학생은 제시간에 그 과제를 **제출하지 않은 것에 대해 미안해했다.**

(not, sorry, submit, was, for)

→ My student _____ the assignment on time.

# UNIT 03 절 ⇌ 분사, 분사구문

**A** ✓ 다음 중 어법과 문맥상 적절한 표현을 고르시오.

1 We live in an apartment | built / building | in 2000.

2 | Hoping / Being hoped | to better enjoy the musical, I chose a seat in the front row.

3 She pays attention to the lecture, | she is / being | eager to pass the exam.

4 The high school is recruiting a teacher | taught / teaching | Japanese.

5 The man found the | broken /breaking | eyeglasses under his pillow.

**B** 🔄 다음 주어진 문장과 같은 의미가 되도록 분사를 활용하여 빈칸을 완성하시오.

1 My family enjoyed the dinner which was satisfying.

→ My family enjoyed _____.

2 The man towed the car which was illegally parked.

→ The man towed _____.

3 Santa Claus gave me the present which is wrapped in newspaper.

→ Santa Claus gave me _____.

4 The host of the party is grateful to the guests who wait.

→ The host of the party is grateful to _____.

**C** 🔄 다음 문장을 분사구문을 활용하여 다시 쓰시오.

1 She entered the house, and heard her child crying.

→ She entered the house, _____.

2 As they hold hands, the children run to the park.

→ _____, the children run to the park.

3 When you speak on the phone, you should try not to talk too loud.

→ _____, you should try not to talk too loud.

4 Because she was young, the student made lots of mistakes in her writing.

→ _____, the student made lots of mistakes in her writing.

5 If you don't focus on driving, you are likely to get into a car accident.

→ _____, you are likely to get into a car accident.

# UNIT 01 to부정사와 동명사의 의미상 주어

**A** 다음 문장에서 굵게 표시한 부분의 의미상 주어에 밑줄을 그으시오. (단, 일반인인 경우 ×로 표시할 것)

1 It is stupid of him **to forget** to bring his umbrella again.

2 She apologized for her son **breaking** his car window.

3 Mr. Lee is so considerate **as to advise** me about my career path.

4 **To be** in other's shoes is hard but rewarding.

5 **Not talking** with food in your mouth is good table manners.

6 The man scolded his daughter for **not brushing** her teeth before bed.

7 Is it possible for you **to finish** that work this week?

8 The action movie led to the director **being awarded** for Best Director.

**B** 다음 중 어법상 적절한 표현을 고르시오.

1 I was afraid of she / her telling my secret.

2 It was so polite of / for him to give his seat to the old man.

3 It is natural of / for people to want to be recognized and respected.

4 I have high hopes of they / their visiting me.

5 The Gold Coast is the best place of / for surfers to ride the waves.

**C** 다음 두 문장이 같은 의미가 되도록 to부정사와 동명사의 의미상 주어를 사용하여 빈칸을 완성하시오.

1 The water in this well is so clean that you can drink it.

= The water in this well is clean enough _____.

2 I'm sure that my favorite actor will win the Best Actor Award.

= I'm sure of _____ the Best Actor Award.

3 It is surprising that he has clear memories of his childhood.

= It is surprising _____ of his

childhood.

4 She insisted that he should wear a tuxedo.

= She insisted on _____.

5 This model plane is so complicated that I can't put it together.

= This model plane is too _____.

# UNIT 02 to부정사와 동명사의 시제·태

**A** ✅ 다음 두 문장이 같은 의미가 되도록 적절한 것을 고르시오.

1  The plot of the story appears to be weak.

= It appears that the plot of the story │ is / was │ weak.

2  She was sorry that she had left her dog alone at home.

= She was sorry for │ leaving / having left │ her dog alone at home.

3  He seemed to have improved his language skills a lot.

= It seemed that he │ improved / had improved │ his language skills a lot.

4  She heard that her son was teased by his classmates.

= She heard of her son │ being teased / having been teased │ by his classmates.

5  It seems that her phone number was changed.

= Her phone number seems to │ be changed / have been changed │.


**B** 🐸 다음 주어진 우리말에 맞도록 괄호 안의 단어를 적절히 배열하시오.

1  그들은 뷔페에서 너무 많이 **먹었던 것을 후회한다**. (eaten, regret, having)

→ They _____ too much at the buffet.

2  그녀는 독립 영화를 자주 **봤던 것 같았다**. (have, seemed, watched, to)

→ She _____ independent films frequently.

3  그는 그 소음에 의해 **방해를 받아왔던 것을 불평했다**.

(been, having, complained, disturbed, of)

→ He _____ by the noise.


**C** 🔄 다음 두 문장이 같은 의미가 되도록 주어진 단어를 활용하여 문장을 완성하시오.

1  She was surprised that her brother cleaned his room.

= She was surprised at her brother _____ his room.

2  It appears that he has lost his car keys.

= He _____ his car keys.

3  We hope that we will be given some advice about gardening.

= We _____ some advice about gardening.

# UNIT 03 분사의 의미상 주어·시제·태

**A** 다음 문장에서 굵게 표시한 부분의 의미상 주어에 밑줄을 그으시오.

1 There are the **invited** people in front of the hall.

2 The weather **being nice**, we decided to go for a picnic.

3 The soccer player became a **rising** star after the World Cup.

4 With the dog **approaching**, the boy ran away.

5 **Seen** from a telescope, an object in space looks very large.

6 He pretended to study with his book **opened**.

**B** 다음 각 문장의 밑줄 친 부분이 어법상 옳으면 ○, 틀리면 ×로 표시하고 바르게 고치시오.

1 With his money <u>hiding</u>, he said that he didn't have anything. ☐ _____

2 <u>Being bought</u> many years ago, the vacuum cleaner is durable. ☐ _____

3 <u>Having found</u> her son at the playground, she feels greatly relieved. ☐ _____

4 <u>Cleaning</u> by my father, the car was found to have some scratches. ☐ _____

**C** 다음 문장을 분사구문을 활용하여 다시 쓰시오.

1 The chef cooks food and his hair is covered with a hair net.

→ The chef cooks food with _____ with a hair net.

2 Because there was no further talking, the director ended the meeting.

→ _____, the director ended the meeting.

3 As he had read the book eagerly, Mike joined in the discussion.

→ _____ the book eagerly, Mike joined in the discussion.

4 My company is making a lot of money and the dollar is rising.

→ My company is making a lot of money with _____.

5 As she had been caught stealing on camera, she acknowledged her crime.

→ _____ stealing on camera, she acknowledged her crime.

# UNIT 01 A는 B만큼 ~, A는 B보다 ~

**A** 😎 Aᵃ  다음 문장에서 비교하고 있는 두 대상에 밑줄을 그은 후, 해석을 완성하시오.

1  Tigers don't run as fast as cheetahs.

　→ 호랑이들은 치타_____.

2  This leather sofa is more comfortable than that bed.

　→ 이 가죽 소파는 저 침대_____.

3  My classmates study just as hard as I.

　→ 우리 반 친구들은 나_____ 공부한다.

4  His sister is much younger than him.

　→ 그의 여동생은 그_____.

**B** ✔  다음 중 어법상 적절한 표현을 고르시오.

1  The cat is almost as whiter / white as snow.

2  Big cities are usually busy / busier than the countryside.

3  The new dictionary is much / a lot of more helpful than the old one.

4  The girl can't speak Chinese as fluently / more fluently as a Chinese person.

**C** 🗣🔧  다음 주어진 우리말에 맞도록 괄호 안의 단어를 적절히 배열하시오. (단, 필요시 단어 추가 및 변형 가능)

1  이집트의 날씨는 영국에서**보다 더 덥다**. (hot, is)

　→ The weather in Egypt _____ in England.

2  고양이는 개**만큼 지능을 갖춘 것**일지도 모른다. (intelligent, be, as)

　→ Cats might _____ dogs.

3  그 선수는 자신의 라이벌**만큼 똑같은 정도로 자신 있다**. (just, is, as, confident)

　→ The player _____ his rival.

4  지금의 공기는 과거의 공기**보다 훨씬 더 더럽다**. (far, is, dirty)

　→ The air now _____ the air in the past.

5  이 영화는 원작 소설**만큼 재미있지 않다**. (not, is, interesting, so)

　→ This film _____ the original novel.

6  건설 현장은 번화한 거리보다 **훨씬 더 위험하다**. (even, are, dangerous)

　→ Construction sites _____ than busy streets.

# UNIT 02 비교 구문을 이루는 어구의 형태

**A** ✅ 다음 중 어법과 문맥상 적절한 표현을 고르시오.

1  Helium gas is | lighter / more lightly | than air around us.

2  He is as | passionate / passionately | fond of cake as I am.

3  My friend's car is not as nice as | me / mine |.

4  To be wise is as difficult as | to be / being | rich.

5  Susan studied for the exam as hard as I | was / did |.

6  South Korea's population is much smaller than | that / those | of China.

7  The water in this river looks as | clear / clearly | as crystal.

8  The employee works more | enthusiastic / enthusiastically | than his colleagues.

**B** 💡 다음 각 문장의 밑줄 친 부분이 어법상 옳으면 ○, 틀리면 ✕로 표시하고 바르게 고치시오.

1  James is as good at speaking Korean as I <u>do</u>.　　□ _____

2  The rules of our schools are stricter than <u>those</u> of yours.　　□ _____

3  My shoes are small for you. Your feet must be bigger than <u>me</u>.　□ _____

4  My sister always thinks as <u>positive</u> about everything as me.　□ _____

**C** 🔧🔨 다음 주어진 우리말에 맞도록 괄호 안의 단어를 적절히 배열하시오. (단, 필요시 단어 추가 및 변형 가능)

1  올해 최고 기온은 작년**의 최고 기온보다 훨씬 더 높았다**. (even, of, that, was, high)

→ The highest temperature of this year _____ last year.

2  잠을 깊게 자는 것은 **충분히 자는 것만큼 중요하다**. (enough, as, sleep, is, important)

→ Sleeping deeply _____.

3  그는 나만큼 **영어를 가르칠 수 있는 능력이 있지 않다**.

(English, of, not, as, is, capable, teaching)

→ He _____ I am.

4  어떤 사람들은 집에서**보다 사무실에서 더 많은 시간을 보낸다**.

(time, much, the, spend, in, office)

→ Some people _____ at home.

# UNIT 03 주의해야 할 원급, 비교급 구문들

**A** 다음 중 어법과 문맥상 적절한 표현을 고르시오.

1 The boy wants to jump as high / higher as possible.

2 My boyfriend arrived here 20 minutes early / earlier than me.

3 This car's window is four / four times as strong as stone.

4 Health's importance is getting big / bigger and bigger.

5 The simpler the cell phone's design is, the more popular / popular the cell phone gets.

**B** 다음 주어진 우리말에 맞도록 〈보기〉에서 알맞은 단어를 골라 활용하여 문장을 완성하시오.

| 〈보기〉 | large | smart | small |
|---|---|---|---|

1 인공지능 로봇들이 **점점 더 똑똑해**지고 있다.

→ Artificially intelligent robots are getting _____.

2 당신이 여행할 때 가방을 **가능한 한 작게** 유지해라.

→ Keep your bag _____ when you travel.

3 남극은 호주의 **두 배만큼 크**다.

→ Antarctica is _____ Australia.

**C** 다음 주어진 우리말에 맞도록 괄호 안의 단어를 활용하여 빈칸을 완성하시오. (단, 필요시 단어 추가 및 변형 가능)

1 사과 가격은 지난달의 **절반만큼 비싸**다. (expensive, half, as)

→ Apple prices are _____ last month.

2 이곳은 **섬이라기보다는 오히려** 천국이다. (an island, rather)

→ This place is a heaven _____.

3 사카린은 설탕**보다 300배 더 달**다. (sweet, 300, than)

→ Saccharine is _____ sugar.

4 **그가 말을 빨리하면 할수록**, 나는 **더 혼란스러워**졌다. (talked, fast, confused, he, the)

→ _____, _____ I became.

5 날씨가 지구 온난화로 인해 **점점 더 악화**되고 있다. (bad)

→ The weather is getting _____ due to global warming.

# UNIT 04 (…중에서) A가 가장 ~

**A** ✓ 다음 중 어법상 적절한 표현을 고르시오.

1 Skiing is one of the most exciting sport / sports .

2 No other river / rivers is wider than the Amazon River.

3 The sloth is the slower / slowest animal we've ever seen.

4 I think that Seoul is safer than any other city / cities .

**B** 🔀 🔧 다음 주어진 우리말에 맞도록 괄호 안의 단어를 활용하여 빈칸을 완성하시오. (단, 필요시 단어 추가 및 변형 가능)

1 모든 학생들은 듣기 시험 동안 **가장 주의 깊게** 대화를 듣는다. (carefully)

→ All students listen to the dialogues ＿＿＿＿＿＿＿＿＿ during the listening test.

2 Ruppell's Griffon Vultures는 세상에서 **단연 가장 높이 난다**. (high, fly, much, the)

→ Ruppell's Griffon Vultures ＿＿＿＿＿＿＿＿＿ in the world.

3 그가 말했던 것은 **내가 지금까지 들은 가장 웃기는 농담**이다. (heard, funny, ever, joke)

→ What he said is ＿＿＿＿＿＿＿＿＿.

4 상하이는 **가장 현대적인 도시들 중의 하나**이다. (of, modern, one, city, the)

→ Shanghai is ＿＿＿＿＿＿＿＿＿.

**C** 🔄 다음 두 문장이 같은 의미가 되도록 주어진 단어를 활용하여 문장을 완성하시오.

1 Light works most effectively in darkness.

= Nothing ＿＿＿＿＿＿＿＿＿ light does in darkness. (as)

= Light works ＿＿＿＿＿＿＿＿＿ any other thing in darkness. (more)

2 Planes move people to a destination the fastest.

= Planes move people to a destination ＿＿＿＿＿＿＿＿＿. (any other thing)

= Nothing moves people to a destination ＿＿＿＿＿＿＿＿＿. (as)

# UNIT 01 부정

**A** (A야) 밑줄 친 부분에 유의하여 다음 해석을 완성하시오.

1 <u>None of his old friends knew</u> what had happened to him.

→ 그에게 무슨 일이 일어났는지 _____ .

2 <u>Not everyone will understand</u> my dream of traveling around the world.

→ 세계 여행을 하겠다는 내 꿈을 _____ .

3 <u>Both of the two countries were not responsible</u> for the war.

→ 전쟁에 대해 _____ .

4 It's <u>not unusual</u> for newborn babies to sleep more than 18 hours a day.

→ 신생아들이 하루에 18시간 넘게 자는 것은 _____ .

**B** ✓ 다음 두 문장이 같은 의미가 되도록 어법과 문맥상 적절한 표현을 고르시오.

1 Whenever he starts working, he drinks a cup of coffee.

→ He | always / never | starts working without drinking a cup of coffee.

2 Not both of my mom and dad have been to Europe before.

→ | None / One | of my mom and dad has been to Europe before.

3 Some of the participants failed to get a good grade for the performance.

→ | Not all / None | of the participants failed to get a good grade for the performance.

**C** 🧩 다음 주어진 우리말에 맞도록 괄호 안의 단어를 적절히 배열하시오.

1 그 경찰 보고서는 **결코 사실이 아니었다**. (from, the, far, was, truth)

→ The police report _____ .

2 **그 변호사들 중 아무도** 그 범죄자를 **변호하려 하지 않았다**.

(the, defend, none, would, lawyers, of)

→ _____ the criminal.

3 터키의 거리에서 **개를 보는 것은 흔하다**. (to, uncommon, is, dogs, it, see, not)

→ _____ on the street in Turkey.

4 그녀는 **식사를 하면 반드시 손을 씻는다**. (meal, washing, hands, never, without, a, eats, her)

→ She _____ .

# UNIT 02 강조

**A** 다음 문장에서 강조되고 있는 어구에 밑줄을 그으시오.

1 The little boy answered with the correct spelling himself.

2 My friend does want to win first place in the contest.

3 It was the poem that made the writer famous.

4 Ashley herself made a speech at the graduation ceremony.

**B** 다음 주어진 우리말에 맞도록 괄호 안의 단어를 적절히 배열하시오. (단, 필요시 단어 추가 가능)

1 <u>Jane과 나는</u> **직접** 그 프로젝트를 성공적으로 **만들었다**. (and, made, Jane, I)

  → _____ the project successful.

2 <u>그 소포가</u> 사무실에 **도착한 것은 바로 어제였다**. (the, got, yesterday, parcel, was)

  → It _____ to the office.

3 우리가 안심하게 된 것은 **비로소 기차가** 제시간에 **도착하고 나서였다**.

  (the, was, arrived, not until, train)

  → It _____ on time that we became relieved.

4 <u>**우리 밴드가**</u> 그 콘서트를 준비하느라 **바빴던 것은 바로 3월이었다**.

  (band, was, in, busy, March, was, our)

  → It _____ preparing for the concert.

**C** 굵게 표시한 부분을 강조하여 주어진 문장을 바꿔 쓰시오.

1 She did **not** check her e-mail **until she completed the work**.

  → It was _____ the work that she checked her e-mail.

2 The smartphone's sales increases **because its design looks better**.

  → It is _____ the smartphone's

  sales increases.

3 Edmund Hillary **became** the first climber of Mount Everest.

  → Edmund Hillary _____ of Mount Everest.

4 You spoke to **my mother** on the phone.

  → It was _____ on the phone.

# UNIT 03 도치

**A** 다음 각 문장의 밑줄 친 부분이 어법상 옳으면 ○, 틀리면 ×로 표시하고 바르게 고치시오.

1 Here <u>your water is</u>. ☐ _____

2 Mark doesn't enjoy exercising, <u>nor does Jane</u>. ☐ _____

3 She is a teacher. — <u>So he is</u>. ☐ _____

4 From a distant land <u>the knights came</u>. ☐ _____

5 <u>Little did I know</u> that Tom would arrive. ☐ _____

**B** 굵게 표시한 부분을 강조하여 주어진 문장을 바꿔 쓰시오.

1 A picture by my favorite artist is **on the wall**.

→ On the wall _____.

2 I **little** expected that I would be a graphic designer.

→ Little _____ that I would be a graphic designer.

3 Our new English teacher walked **into the classroom**.

→ Into the classroom _____.

4 She had **not** spent **a single day** without thinking about him

→ Not a single day _____ without thinking about him.

**C** 다음 주어진 우리말에 맞도록 도치 구문을 활용하여 괄호 안의 단어를 적절히 배열하시오.

1 그는 어떠한 그리스 음식도 전에 먹어 본 적이 없고, **나도 역시 그렇다**. (I, have, nor)

→ He hasn't eaten any Greek food before, _____.

2 **그는 치즈케이크를 만들 뿐만 아니라**, 또한 수제 잼을 준비한다.

(make, not only, he, does, cheesecake, a)

→ _____, but he also prepares

homemade jam.

3 <u>그 파일을 보내고 나서야</u> 내가 했던 실수를 <u>깨닫게 되었다</u>.

(realize, only, file, sending, did, after, I, the)

→ _____ the mistake

I had made.

4 **내가 집에 돌아오고 나서야 나의 개는 잠을 잤다**.

(did, not until, returned, I, my, sleep, home, dog)

→ _____.

서술형 대비는 이제,
올쏨 서술형 시리즈 :)

# 쎄듀 초등 커리큘럼

| | 예비초 | 초1 | 초2 | 초3 | 초4 | 초5 | 초6 |
|---|---|---|---|---|---|---|---|
| **구문** | | 신간 천일문 365 일력 \|초1-3\|<br>교육부 지정 초등 필수 영어 문장 | | 초등코치 천일문 SENTENCE<br>1001개 통문장 암기로 완성하는 초등 영어의 기초 | | | |
| **문법** | | | | 초등코치 천일문 GRAMMAR<br>1001개 예문으로 배우는 초등 영문법 | | | |
| | | | 신간 왓츠 Grammar Start 시리즈<br>초등 기초 영문법 입문 | | | 신간 왓츠 Grammar Plus 시리즈<br>초등 필수 영문법 마무리 | |
| **독해** | | | | 신간 왓츠 리딩 70 / 80 / 90 / 100 A / B<br>쉽고 재미있게 완성되는 영어 독해력 | | | |
| **어휘** | | | | 초등코치 천일문 VOCA&STORY<br>1001개의 초등 필수 어휘와 짧은 스토리 | | | |
| | | 패턴으로 말하는 초등 필수 영단어 1 / 2<br>문장 패턴으로 완성하는 초등 필수 영단어 | | | | | |
| **ELT** | Oh! My PHONICS 1 / 2 / 3 / 4<br>유·초등학생을 위한 첫 영어 파닉스 | | | | | | |
| | | Oh! My SPEAKING 1 / 2 / 3 / 4 / 5 / 6<br>핵심 문장 패턴으로 더욱 쉬운 영어 말하기 | | | | | |
| | | Oh! My GRAMMAR 1 / 2 / 3<br>쓰기로 완성하는 첫 초등 영문법 | | | | | |

# 쎄듀 중등 커리큘럼

| | 예비중 | 중1 | 중2 | 중3 |
|---|---|---|---|---|
| **구문** | | 신간 천일문 STARTER 1 / 2 | | 중등 필수 구문 & 문법 총정리 |
| **문법** | | 천일문 GRAMMAR LEVEL 1 / 2 / 3 | | 예문 중심 문법 기본서 |
| | | GRAMMAR Q Starter 1, 2 / Intermediate 1, 2 / Advanced 1, 2 | | 학기별 문법 기본서 |
| | | 잘 풀리는 영문법 1 / 2 / 3 | | 문제 중심 문법 적용서 |
| | | GRAMMAR PIC 1 / 2 / 3 / 4 | | 이해가 쉬운 도식화된 문법서 |
| | | | 1센치 영문법 | 1권으로 핵심 문법 정리 |
| **문법+어법** | | | 첫단추 BASIC 문법·어법편 1 / 2 | 문법·어법의 기초 |
| **문법+쓰기** | EGU 영단어&품사 / 문장 형식 / 동사 써먹기 / 문법 써먹기 / 구문 써먹기 | | | 서술형 기초 세우기와 문법 다지기 |
| | | | 올씀 1 기본 문장 PATTERN | 내신 서술형 기본 문장 학습 |
| **쓰기** | | 거침없이 Writing LEVEL 1 / 2 / 3 | | 중등 교과서 내신 기출 서술형 |
| | | 개정 중학 영어 쓰작 1 / 2 / 3 | | 중등 교과서 패턴 드릴 서술형 |
| **어휘** | 어휘끝 중학 필수편 | 중학 필수어휘 1000개 | 어휘끝 중학 마스터편<br>고난도 중학어휘 +고등기초 어휘 1000개 | |
| **독해** | | Reading Relay Starter 1, 2 / Challenger 1, 2 / Master 1, 2 | | 타교과 연계 배경 지식 독해 |
| | | READING Q Starter 1, 2 / Intermediate 1, 2 / Advanced 1, 2 | | 예측/추론/요약 사고력 독해 |
| **독해전략** | | | 리딩 플랫폼 1 / 2 / 3 | 논픽션 지문 독해 |
| **독해유형** | | | Reading 16 LEVEL 1 / 2 / 3 | 수능 유형 맛보기 + 내신 대비 |
| | | | 첫단추 BASIC 독해편 1 / 2 | 수능 유형 독해 입문 |
| **듣기** | | Listening Q 유형편 / 1 / 2 / 3 | | 유형별 듣기 전략 및 실전 대비 |
| | | 쎄듀 빠르게 중학영어듣기 모의고사 1 / 2 / 3 | | 교육청 듣기평가 대비 |

## UNIT 02 강조

A　1 The little boy　2 want
　　3 the poem　4 Ashley

1 그 어린 소년은 직접 정확한 스펠링으로 대답했다.
　▶ 재귀대명사 himself는 앞에 나온 The little boy를 강조하며 문장의 끝에 쓸 수 있다.
2 내 친구는 대회에서 1등을 하기를 정말로 원한다.
　▶ does가 동사 want 앞에 쓰여 동사를 강조하고 있다.
3 그 작가를 유명하게 만든 것은 바로 그 시였다.
　▶ It was와 that 사이에 있는 the poem을 강조한다.
4 Ashley 그 자신이 졸업식에서 연설을 했다.
　▶ 재귀대명사 herself가 주어(Ashley)를 강조하고 있다.

B　1 Jane and I ourselves made
　　2 was yesterday that the parcel got
　　3 was not until the train arrived
　　4 was in March that our band was busy

C　1 not until she completed
　　2 because its design looks better that
　　3 did become the first climber
　　4 my mother that[who(m)] you spoke to

1 그녀가 일을 마치고 나서야 자신의 이메일을 확인했다.
　▶ It was와 that 사이에 강조하려는 until 부사절을 쓴다.
2 스마트폰의 디자인이 더 나아 보이기 때문에 그것의 판매량이 증가한다.
　→ 스마트폰의 판매량이 증가한 것은 그것의 디자인이 더 나아 보이기 때문이다.
　▶ It is와 that 사이에 강조하려는 because 절을 쓴다.
3 Edmund Hillary는 에베레스트산의 첫 번째 등반가가 되었다.
　→ Edmund Hillary는 정말로 에베레스트산의 첫 번째 등반가가 되었다.
　▶ became이라는 과거시제의 동사를 강조하는 did를 앞에 쓰고 동사원형(become)을 쓴다.
4 너는 전화로 우리 어머니와 이야기했다.
　→ 네가 전화로 이야기를 한 사람은 우리 어머니였다.
　▶ It was와 that 사이에 강조하려는 목적어(my mother)를 쓰고, 강조하는 것이 사람인 경우 that 대신 who(m)를 쓸 수도 있다.

## UNIT 03 도치

A　1 ✕ → is your water　2 ○
　　3 ✕ → is he　4 ✕ → came the knights
　　5 ○

1 여기 네 물이 있어.
　▶ 「장소 부사(here)+(조)동사+주어」의 어순을 취한다.
2 Mark는 운동하는 것을 즐기지 않고, Jane도 그렇지 않다(= 즐기지

않는다).
　▶ nor+(조)동사+주어: ~도 역시 그렇지 않다
3 그녀는 선생님이다. — 그도 역시 그렇다(= 선생님이다).
　▶ '~도 역시 그렇다'의 의미일 경우 어순은 「So+(조)동사+주어」가 된다.
4 먼 땅에서 그 기사들이 왔다.
　▶ 장소 부사구가 문장의 맨 앞에 오면 주어와 동사는 도치된다.
5 Tom이 도착할 것이라고 나는 거의 알지 못했다.
　▶ 부정어가 문장의 맨 앞에 올 경우 의문문 어순이 이어지므로 did I know는 적절하다.

B　1 is a picture by my favorite artist
　　2 did I expect
　　3 walked our new English teacher
　　4 had she spent

1 내가 가장 좋아하는 예술가의 그림은 벽에 걸려 있다.
　▶ 장소 부사구가 문장의 맨 앞에 오면 주어와 동사가 도치된다.
2 내가 그래픽 디자이너가 될 것이라고 거의 예상하지 못했다.
　▶ 부정어가 문두에 나오면 「조동사+주어+동사」로 도치된다.
3 우리 새 영어 선생님께서 교실 안으로 걸어 들어오셨다.
　▶ 장소 부사구(Into the classroom)가 문장의 맨 앞에 와서 주어와 동사가 도치된다.
4 그녀는 그를 생각하지 않고 하루도 보내지 않았다.
　▶ 부정어구가 문장의 맨 앞에 나오면 도치가 일어나므로 「조동사+주어+동사」의 어순으로 쓴다.

C　1 nor have I
　　2 Not only does he make a cheesecake
　　3 Only after sending the file did I realize
　　4 Not until I returned home did my dog sleep

1 「nor+(조)동사+주어」의 어순이 적절하다.
2 부정어구 not only가 문장의 맨 앞에 와서 「(조)동사+주어+동사」의 어순으로 도치된다.
3 only 부사구 다음에는 「(조)동사+주어+동사」의 도치가 일어난다.
4 not until이 이끄는 부사절이 강조되어 주절의 어순이 「(조)동사+주어+동사」가 되었다.

수 있다. 뒤에 than이 쓰였으므로 비교급이 온다.

**3** 이 차의 창문은 돌보다 네 배 강하다.
- ▶ '네 배'를 나타내는 표현은 four times로 쓴다.

**4** 건강의 중요성이 점점 더 커지는 중이다.
- ▶ 비교급 and 비교급: 점점 더 ~한[하게]

**5** 휴대폰의 디자인이 단순하면 할수록, 휴대폰은 더 인기를 얻는다.
- ▶ the 비교급, the 비교급: ~하면 할수록 더 …

**B** 1 smarter and smarter
2 as small as possible[as small as you can]
3 twice[two times] as large as

2 as ~ as possible: 할 수 있는 한 ~한[하게] = as ~ as 주어 can

**C** 1 half as expensive as
2 rather than an island
3 300 times sweeter than
4 The faster he talked, the more confused
5 worse and worse

- B rather than A: A라기보다는 오히려 B인
- confused의 비교급은 more confused로 쓴다.
- 「비교급 and 비교급」 구문으로 bad의 비교급은 worse로 쓴다.

## UNIT 04 (…중에서) A가 가장 ~               P.41

**A** 1 sports      2 river
3 slowest      4 city

스키는 가장 재미있는 스포츠 중 하나이다.
- ▶ one of the+최상급+복수 명사: 가장 ~한 것들 중의 하나
다른 어떤 강도 아마존강보다 넓지 않다.
- ▶ 「No (other)+단수 명사+비교급 than」은 최상급 의미이다.
나무늘보는 우리가 지금까지 본 것 중에 가장 느린 동물이다.
나는 서울이 다른 어떤 도시보다 더 안전하다고 생각한다.
- ▶ 「비교급+than+any other+단수 명사」는 최상급 의미이다.

**B** 1 (the) most carefully
2 fly much the highest
3 the funniest joke I've[I have] ever heard
4 one of the most modern cities

부사의 경우 최상급에 the를 붙이거나 생략할 수 있다.
much는 최상급을 수식한다.
funny의 최상급은 funniest이다.
one of the+최상급+복수 명사: 가장 ~한 것들 중 하나

**C** 1 works as[so] effectively as / more effectively than
2 faster than any other thing / as[so] fast as planes

**1** 빛은 어둠 속에서 가장 효과적으로 작용한다.
= 어떤 것도 어둠 속에서 빛만큼 효과적으로 작용하지 않는다.
= 빛은 어둠 속에서 다른 어떤 것보다 더 효과적으로 작용한다.

**2** 비행기는 사람들을 목적지로 가장 빠르게 이동시킨다.
= 비행기는 다른 어떤 것보다 더 빠르게 사람들을 목적지로 이동시킨다.
= 어떤 것도 비행기만큼 빠르게 사람들을 목적지로 이동시키지 않는다.
- ▶ 「A … the 최상급 = 비교급+than+any other+단수 명사 = No (other)+단수 명사+비교급 than = No (other)+단수 명사+as[so] 원급 as」

## Chapter 12
## 부정, 강조, 도치

## UNIT 01 부정               P.42

**A** 1 그의 오래된 친구들 모두 알지 못했다
2 모두가 이해하지는 않을 것이다
3 두 나라 모두 책임이 있는 것은 아니었다
4 흔한 일이다[드문 일이 아니다]

**B** 1 never      2 One      3 Not all

**1** 일을 시작할 때마다 그는 커피 한 잔을 마신다.
→ 그는 커피 한 잔을 마시지 않고는 일을 시작하지 않는다.
- ▶ whenever ~, 절 = never ~ without v-ing(~하면 반드시 [꼭] …)

**2** 엄마와 아빠 모두 이전에 유럽에 가 본 적이 있는 것은 아니다.
→ 엄마와 아빠 중 한 분은 이전에 유럽에 가 본 적이 있다.
- ▶ not both는 부분부정 표현으로 '둘 다 ~한 것은 아니다'라는 뜻이므로 둘 중 한 분만 해당된다.

**3** 참가자들 중에서 일부는 공연에 대한 좋은 점수를 받는 데 실패했다.
→ 모든 참가자들이 공연에 대한 좋은 점수를 받는 데 실패한 것은 아니다.
- ▶ not all은 부분부정 표현으로 '모두가 ~한 것은 아니다'라는 뜻이다. 따라서 일부만 실패한 것이라는 의미이다.

**C** 1 was far from the truth
2 None of the lawyers would defend
3 It is not uncommon to see dogs
4 never eats a meal without washing her hands

## UNIT 01  A는 B만큼 ~, A는 B보다 ~  P.38

**A**
1 Tigers, cheetahs, 만큼 빠르게 달리지 않는다
2 This leather sofa, that bed, 보다 더 편안하다
3 My classmates, I, 만큼 똑같은 정도로 열심히
4 His sister, him, 보다 훨씬 더 어리다

**B**  1 white  2 busier  3 much  4 fluently

1 그 고양이는 거의 눈만큼 하얗다.
   ▶ 「A as 원급 as B」 구문에서 almost가 원급을 수식한다.
2 큰 도시들은 보통 시골보다 더 분주하다.
   ▶ A 비교급 than B: A는 B보다 ~
3 그 새로운 사전은 오래된 것보다 훨씬 더 유용하다.
   ▶ 비교급 more helpful을 수식하는 부사로는 much가 적절하다.
   a lot of가 아닌 a lot이 비교급을 수식함에 유의한다.
4 그 소녀는 중국인만큼 유창하게 중국어를 말하지는 못한다.
   ▶ B not as[so] 원급 as A: B는 A만큼 ~않다

**C**
1 is hotter than
2 be as intelligent as
3 is just as confident as
4 is far dirtier than
5 is not so interesting as
6 are even more dangerous

1 A 비교급 than B: A는 B보다 ~
2 A as 원급 as B: A는 B만큼 ~
3 「A as 원급 as B」 구문에서 just가 원급을 수식한다.
4 「A 비교급 than B」 구문에서 부사 far가 비교급 dirtier를 수식한다.
5 B not as[so] 원급 as A: B는 A만큼 ~않다
6 「A 비교급 than B」 구문에서 부사 even이 비교급 more dangerous를 수식한다.

## UNIT 02  비교 구문을 이루는 어구의 형태  P.39

**A**
1 lighter  2 passionately  3 mine
4 to be  5 did  6 that
7 clear  8 enthusiastically

1 헬륨 가스는 우리 주변의 공기보다 더 가볍다.
   ▶ is의 보어 자리이므로 형용사 light의 비교급인 lighter가 와야 한다.
2 그는 내가 그런 것처럼 열렬히 케이크를 좋아한다.
   ▶ 형용사 fond를 수식하는 부사의 자리이므로 passionately가

적절하다.
3 내 친구의 차는 내 것만큼 멋지지 않다.
   ▶ 문맥상 '내 친구의 차'와 비교되므로 '내 차'를 대신할 수 있는 유대명사 mine이 적절하다.
4 현명해지는 것은 부자가 되는 것만큼 어렵다.
   ▶ To be wise와 비교되므로 to부정사 형태인 to be가 알맞다.
5 Susan은 내가 한 것만큼 열심히 시험을 위해 공부했다.
   ▶ 앞의 동사(studied)가 일반동사이므로 did를 써야 한다.
6 대한민국의 인구는 중국의 그것(인구)보다 훨씬 적다.
   ▶ 비교의 대상이 단수 명사 South Korea's population이므로 that이 알맞다.
7 이 강의 물은 크리스털만큼 투명해 보인다.
   ▶ looks의 보어 자리이므로 형용사 clear를 써야 한다.
8 그 직원은 자신의 동료들보다 더 열심히 일한다.
   ▶ 동사 works를 수식하는 부사의 자리이므로 enthusiastically가 적절하다.

**B**  1 ✕ → am  2 ○
   3 ✕ → mine  4 ✕ → positively

1 James는 내가 그런 것만큼 한국어 말하기를 잘한다.
   ▶ be동사 is 대신 받는 동사의 형태로는 am이 적절하다.
2 우리 학교의 교칙들은 네 학교의 그것들(교칙들)보다 더 엄격하다.
   ▶ 비교되는 대상인 The rules of our schools가 복수형이므로 those는 적절하다.
3 내 신발은 네게 작다. 네 발이 내 것(발)보다 더 큰 것이 틀림없다.
   ▶ '네 발'과 '내 발'이 비교되어야 하므로 소유대명사 mine이 적절하다.
4 우리 언니는 나만큼 항상 모든 것에 관해 긍정적으로 생각한다.
   ▶ 동사 thinks를 수식하는 부사의 자리이므로 positively로 고쳐 써야 한다.

**C**
1 was even higher than that of
2 is as important as sleeping enough
3 is not as[so] capable of teaching English as
4 spend more time in the office than

1 「A 비교급 than B」 구문에서 부사 even이 비교급 higher를 수식한다. 문맥상 반복되는 어구는 the highest temperature로 단수형이므로 that은 적절하다.

## UNIT 03  주의해야 할 원급, 비교급 구문들  P.40

**A**  1 high  2 earlier  3 four times
   4 bigger  5 more popular

1 그 소년은 할 수 있는 한 높이 점프하기를 원한다.
   ▶ as ~ as possible: 할 수 있는 한 ~한[하게]
2 내 남자친구는 나보다 이곳에 20분 일찍 도착했다.
   ▶ 구체적인 숫자(20 minutes)를 이용하여 정도의 차이를 나타

▶ 목적어절의 주어(her son)가 문장의 주어(she)와 일치하지 않아서 동명사구 앞에 남겨 두었다. 또한, 주절과 종속절의 시제가 일치하고 종속절 동사가 수동태이므로 「being p.p.」가 적절하다.

5 그녀의 전화번호가 변경되었던 것으로 보인다.
▶ 종속절의 시제가 앞서고 동사가 수동태인 경우 「to have been p.p.」를 쓰므로 have been changed가 와야 한다.

---

**B** 1 regret having eaten
   2 seemed to have watched
   3 complained of having been disturbed

1 전후 관계가 분명한 동사(regret)의 경우 「v-ing」형으로도 쓸 수 있는데, 이 문장에서는 having이 주어졌으므로 regret having eaten이 적절하다.
2 본 것이 먼저 일어난 일이기 때문에 「to have p.p.」를 써야 한다.
3 주어인 He가 방해를 받은 수동의 의미이고 방해를 받아온 것이 불평한 것보다 먼저 일어난 일이므로 「having been p.p.」가 적절하다.

---

**C** 1 cleaning
   2 appears to have lost
   3 hope to be given

그녀는 남동생이 그의 방을 청소한 것에 대해 놀랐다.
▶ 주절과 종속절의 시제가 같은 경우 v-ing을 쓴다. 여기서 주어인 her brother가 청소한 것이므로 능동을 나타내는 cleaning을 써야 한다.
그는 자신의 자동차 열쇠를 잃어버린 것으로 보인다.
▶ 종속절의 시제가 완료형인 경우 「to have p.p.」를 써야 한다.
우리는 원예에 관해 조언을 좀 듣기를 희망한다.
▶ 의미상 주어 We가 조언을 받는 수동의 관계이므로 「to be p.p.」의 형태로 써야 한다.

---

**UNIT 03 분사의 의미상 주어·시제·태**    P.37

**A** 1 people    2 The weather
   3 star    4 the dog
   5 an object    6 his book

현관 앞에 초대받은 사람들이 있다.
날씨가 좋아서 우리는 소풍을 가기로 결심했다.
그 축구 선수는 월드컵 이후에 떠오르는 스타가 되었다.
개가 다가오자, 그 소년은 도망갔다.
망원경으로 보면 우주의 물체는 아주 크게 보인다.
자신의 책이 펼쳐진 채로 그는 공부하는 척했다.

---

**B** 1 ✕ → hidden
   2 ✕ → Bought[Having been bought]
   3 ○
   4 ✕ → Cleaned[Being cleaned]

---

---

1 돈이 숨겨진 채로, 그는 아무것도 가진 것이 없다고 말했다.
▶ 의미상 주어 his money는 숨겨지는 것이므로 수동을 나타내는 hidden을 써야 한다.
2 수년 전에 구매되었음에도, 그 진공청소기는 내구성이 좋다.
▶ 주절보다 종속절의 시제가 앞서면서 수동태인 경우 「(having been) p.p.」를 쓴다. 여기서 주어 the vacuum cleaner가 내구성이 좋은 사실보다 수년 전에 구매된 것이 더 과거의 일이다.
3 놀이터에서 아들을 발견한 후에 그녀는 큰 안도감을 느낀다.
▶ 주절보다 종속절의 시제가 앞서거나 완료형인 경우 「having p.p.」를 쓴다. 주어 she가 안도감을 느낀 것보다 아들을 발견한 것이 더 과거의 일이다.
4 우리 아버지에 의해 청소되는 동안 그 차에 긁힌 곳이 조금 있는 것이 발견되었다.
▶ 주절과 종속절의 시제가 일치하고 종속절 동사가 수동태인 경우이므로 「(being) p.p.」의 형태로 써야 한다.

---

**C** 1 his hair covered
   2 There being no further talking
   3 Having read
   4 the dollar rising
   5 Caught[Having been caught]

1 자신의 머리카락을 머리 망으로 가린 채 그 요리사는 음식을 요리한다.
▶ his hair가 분사(covered)의 의미상 주어이다. 머리카락이 가려진 것이므로 수동을 나타내는 과거분사 covered를 쓰고 빈칸 앞에 with가 있으므로 「with+(대)명사+분사」의 형태로 나타낸다.
2 더는 할 말이 없어서 그 감독은 회의를 끝냈다.
▶ 부사절의 there를 분사 앞에 남겨 두고, 주절과 종속절의 시제가 일치하므로 was를 being으로 고쳐 쓴다.
3 그 책을 열심히 읽은 후에 Mike는 토론에 참여했다.
▶ 주절보다 종속절의 시제가 앞서거나 완료형인 경우 「having p.p.」를 쓴다. 주어 Mike가 토론에 참여한 것보다 책을 읽은 것이 더 과거의 일이다.
4 우리 회사는 달러의 상승세로 많은 돈을 벌고 있다.
▶ 분사의 의미상 주어 the dollar가 상승하는 것이므로 능동의 의미인 rising을 쓴다. 빈칸 앞에 with가 있으므로 「with+(대)명사+분사」의 형태로 나타낸다.
5 카메라에 절도 행위가 찍혔기 때문에, 그녀는 자신의 범죄를 인정했다.
▶ 주절보다 종속절의 시제가 앞서거나 완료형이고, 종속절 동사가 수동태인 경우 「(having been) p.p.」를 쓴다. 주어 she가 범죄를 인정한 것보다 절도 행위가 찍힌 것이 더 앞서 일어났다.

and를 생략하고 heard를 hearing으로 고쳐 쓴다.

2 손을 잡고, 아이들이 공원으로 달려간다.
   ▶ 주어인 the children이 손을 잡은 것이므로 현재분사 holding
   이 와야 한다.

3 휴대폰으로 전화를 할 때, 여러분은 너무 크게 말하지 않도록 해야
   한다.
   ▶ 문장의 주어인 you가 전화하는 것이므로 현재분사 speaking으
   로 쓴다.

4 어리기 때문에, 그 학생은 글쓰기에서 많은 실수를 했다.
   ▶ 주어인 the student가 어린 것이므로 종속절의 동사 was를
   현재분사 being으로 고쳐 써야 한다. 이때, being은 생략이 가능
   하다.

5 만일 운전에 집중하지 않는다면, 여러분은 자동차 사고가 날 가능성
   이 있다.
   ▶ 문장의 주어인 you가 집중하지 않는 것이므로 능동을 나타내는
   현재분사를 써야 하며 분사구문의 부정은 분사 앞에 not을 쓴다.

## Chapter 10
## 준동사 Ⅱ(의미상 주어·시제·태)

### UNIT 01 to부정사와 동명사의 의미상 주어    P.35

A 1 him        2 her son      3 Mr. Lee
  4 ✕          5 ✕            6 his daughter
  7 you        8 the director

1 다시 우산을 가져오는 것을 잊다니 그는 멍청하다.
2 그녀는 자신의 아들이 그의 자동차 창문을 깬 것에 대해 사과했다.
   ▶ for 다음의 breaking은 사과한 이유에 대한 것이고, 그 앞에 있
   는 명사 her son은 동명사의 의미상 주어이다.
3 이 선생님은 나에게 진로에 대해 조언해 줄 만큼 정말 사려 깊다.
4 다른 사람의 입장이 되는 것은 어렵지만 보람 있다.
5 음식을 입안에 담은 채로 말하지 않는 것이 좋은 식사 예절이다.
6 그 남자는 자기 전에 양치질하지 않은 것에 대해 딸을 꾸짖었다.
7 당신이 이번 주에 그 일을 끝내는 것이 가능한가요?
8 그 액션 영화는 감독이 최우수 감독상을 받도록 이끌었다.
   ▶ lead to는 '~로 이어지다'라는 의미이고, being awarded는
   상을 받은 결과를 의미하며, 그 앞에 있는 the director가 동명사
   구(being awarded)의 의미상 주어이다.

B 1 her        2 of          3 for
  4 their       5 for

1 나는 그녀가 나의 비밀을 말하는 것을 두려워했다.
   ▶ 동명사의 의미상 주어로 소유격 her가 와야 한다.
2 자신의 좌석을 노인에게 양보하다니 그는 정말로 공손했다.
   ▶ 사람의 성질을 나타내는 형용사(polite)가 오는 경우에는 to부정
   사의 의미상 주어로 「of+목적격」을 쓴다.

3 사람들이 인정받고 존경받기를 원하는 것은 당연하다.
   ▶ 「It is 형용사+to-v」 구문에서 to부정사의 의미상 주어는 주
   「for+목적격」으로 나타낸다.

4 나는 그들이 나를 방문할 것이라는 큰 기대가 있다.
   ▶ 동명사의 의미상 주어로 소유격 their를 써야 한다.

5 골드코스트는 서퍼들이 파도를 타기에 가장 좋은 장소이다.

C 1 for you to drink
  2 my favorite actor winning
  3 for him to have clear memories
  4 his[him] wearing a tuxedo
  5 complicated for me to put together

1 이 우물 안의 물은 네가 마시기에 충분히 깨끗하다.
   ▶ to부정사(to drink)의 의미상 주어로 「for+목적격」을 쓴다. 이
   「that절의 목적어 = 문장 주어」이면 to부정사구에서는 목적어를
   략한다.

2 나는 내가 가장 좋아하는 배우가 남우 주연상을 받을 것이라고 희
   한다.
   ▶ 동명사 winning의 의미상 주어로 동명사 앞에 my favor
   actor를 쓴다.

3 그가 자신의 어린 시절에 대해 선명한 기억을 가지고 있다는 것은
   랍다.
   ▶ to부정사(to have)의 의미상 주어로 「for+목적격(for him)
   쓴다.

4 그녀는 그가 턱시도를 입어야 한다고 주장했다.
   ▶ 동명사 wearing의 의미상 주어로 he의 소유격 또는 목적격
   태인 his[him]로 써야 한다.

5 이 모형 비행기는 내가 조립하기에 너무 복잡하다.
   ▶ to부정사(to put together)의 의미상 주어로 「for+목적격
   형태로 쓴다. 이 경우, 「that절의 목적어 = 문장 주어」이면 to부정
   구에서는 목적어를 생략한다. (☞ p.92)

### UNIT 02 to부정사와 동명사의 시제·태    P.3

A 1 is               2 having left
  3 had improved      4 being teased
  5 have been changed

1 그 이야기의 구성이 빈약해 보인다.
   ▶ to be weak으로 보아 주절과 종속절의 시제가 같아야 하
   appears와 같은 시제인 현재형 is가 와야 한다.

2 그녀는 집에 개를 혼자 두고 왔던 것에 대해 미안해했다.
   ▶ 종속절의 시제가 완료형인 경우 「having p.p.」를 쓰므로 havi
   left가 적절하다.

3 그는 자신의 언어 능력을 많이 향상해 왔던 것으로 보였다.
   ▶ 종속절의 시제가 완료형인 경우 「to have p.p.」를 쓰므로 h
   improved가 알맞다.

4 그녀는 자신의 아들이 같은 반 친구들에게 놀림을 받는 것에 대해
   었다.

**B**
1 극장에 들어가기 위해서
2 미끄러지지 않도록[않기 위해]
3 먹기에 충분할 만큼 익지 않았다
4 너무 걱정되어서 잠을 잘 수 없었다[잠을 잘 수 없을 만큼 너무 걱정되었다]

**C**
1 so as to deliver a better service
2 so brave as to volunteer
3 too disappointed to give him
4 in order not to bother my brother

1 우리는 더 나은 서비스를 제공하기 위해 수리하는 중입니다.
▶ 목적을 나타내는 「so that ~」은 「so as to-v」로 바꾸어 쓸 수 있다.
2 그는 군 복무를 자원할 만큼 충분히 용감했다.
▶ 정도를 나타내는 「so ~ that+S'+can+V」는 「so ~ as to-v」로 바꾸어 쓸 수 있다.
3 그녀는 너무 실망해서 그에게 두 번째 기회를 줄 수 없었다.
▶ 결과를 나타내는 「so ~ that+S'+can't+V」는 「too ~ to-v」로 바꾸어 쓸 수 있다.
4 나는 남동생을 괴롭히지 않기 위해 TV를 껐다.
▶ 목적을 나타내는 「so that ~ not ~」은 「in order not to-v」로 바꾸어 쓸 수 있다.

## UNIT 02 절 ⇌ 동명사 구문　P.33

**A**
1 ✕ → of
2 ✕ → using
3 ✕ → of
4 ○

그들은 아프리카 전역을 여행할 생각을 갖고 있었다.
▶ the idea와 동격을 이루므로 「of+명사구」로 나타낸다.
비닐봉지를 사용하지 않고, Eddy는 자신의 가방을 가져왔다.
▶ 전치사의 목적어 자리에 동사가 올 경우, 동명사 형태로 써야 하므로 using으로 고쳐 써야 한다.
내 남동생은 자동차 멀미가 나는 것에 대해 불평했다.
▶ 뒤에 동명사가 왔으므로 complain과 함께 쓰는 전치사 of가 와야 한다.
그는 물속으로 다이빙하기 전에 약간의 준비 운동을 했다.

**B**
1 for the purpose of catching
2 is ashamed of being lazy
3 Instead of driving a car
4 the news of having twins

경찰관은 도둑을 잡기 위해 빠르게 달렸다.
▶ for the purpose of v-ing: v하기 위해
그 소녀는 자신이 게으른 것에 부끄러워한다.
▶ 「형용사(ashamed)+that절」은 「형용사(ashamed)+of+동명사」로 바꾸어 쓸 수 있다.
그녀는 차를 운전하지 않고, 버스를 탔다.

▶ instead of v-ing: v하지 않고
4 그 부부는 쌍둥이를 가지게 될 것이라는 소식을 들었다.
▶ the news의 동격의 that절은 「of+동명사」로 바꾸어 쓸 수 있다.

**C**
1 are proud of being part
2 regretted waiting in line
3 complained of having
4 a chance of being elected
5 was sorry for not submitting

1 전치사 of 다음에 동명사를 써야 하므로 주어진 동사 be를 being으로 써야 한다.
2 동사 regret은 목적어 자리에 (동)명사가 올 수 있으므로 wait을 waiting으로 써야 한다.
3 전치사 of 다음에 (동)명사가 올 수 있으므로 having으로 고쳐 쓴다.
4 소년이 선출되는 것이므로 수동의 관계이고 전치사 of 다음에는 (동)명사를 써야 하므로 be를 being으로 고쳐 쓴다.
5 전치사 for 다음에 (동)명사가 올 수 있으므로 동사 submit을 submitting으로 고쳐 쓰고, 부정형이므로 not을 동명사 바로 앞에 쓴다.

## UNIT 03 절 ⇌ 분사, 분사구문　P.34

**A**
1 built
2 Hoping
3 being
4 teaching
5 broken

1 우리는 2000년에 지어진 아파트에 산다.
2 뮤지컬을 더 잘 즐기기를 바랐기에, 나는 앞줄에 있는 좌석을 선택했다.
3 몹시 시험을 통과하고 싶어서 그녀는 강의에 집중한다.
4 그 고등학교에서는 일본어를 가르치는 선생님을 채용하고 있다.
5 그 남자는 베게 밑에서 부러진 안경을 발견했다.

**B**
1 the satisfying dinner
2 the illegally parked car
3 the present wrapped in newspaper
4 the waiting guests

1 우리 가족은 만족스러운 저녁 식사를 즐겼다.
2 그 남자는 불법으로 주차된 차를 견인했다.
3 산타클로스는 내게 신문으로 포장된 선물을 줬다.
4 파티의 주최자는 기다리는 손님들에게 감사해한다.

**C**
1 hearing her child crying
2 Holding hands
3 Speaking on the phone
4 Young[Being young]
5 Not focusing on driving

1 그녀가 집에 들어갔고, 자신의 아이가 울고 있는 것을 들었다.
▶ 문장의 주어 she가 아이가 울고 있는 것을 들은 것이므로, 접속사

**B**  1 The woman, looks   2 My feet, start
   3 Things, are   4 candidates, were
   5 The city hall, is

1 선글라스를 쓰고 있는 그 여자는 멋있어 보인다.
2 담요 아래 내 발들이 더 따뜻해지기 시작한다.
   ▶ feet은 foot의 복수형으로 복수 동사가 온다.
3 오늘 해야 할 일들이 때때로 내일까지 미뤄진다.
4 우리는 면접에 늦은 지원자들을 고용하지 않았다.
   ▶ 선행사 candidates가 복수형이므로 복수 동사를 쓴다.
5 지진으로 파괴된 시청이 재건축될 예정이다.

---

**C**  1 Words once spoken spread
   2 fond of social activity are
   3 The kitten in the yard plays
   4 who need the new treatment

1 주어(Words)가 복수형이므로 복수 동사 spread가 알맞다.
2 People이 주어(복수형)이므로 be동사의 복수형이며 현재형인 are 를 쓴다.
3 주어 The kitten이 단수형이므로 단수 동사 plays를 쓴다.
4 선행사가 the patients이므로 관계사절 내의 동사는 복수 동사 need가 되어야 한다.

---

## UNIT 03 부분표현과 주요 구문                        P.31

**A**  1 are   2 are   3 know   4 arrive
   5 are   6 open   7 take   8 were

1 탄산음료뿐만 아니라 감자튀김도 네 건강에 좋지 않다.
   ▶ 「B as well as A」는 B(French fries)에 수일치시킨다.
2 이 병들 중 거의 80퍼센트가 비어 있다.
   ▶ these bottles에 수일치시킨다.
3 우리 가족도 내 친구들도 그 소식을 알지 못한다.
   ▶ 「neither A nor B」는 B(my friends)에 수일치시킨다.
4 단지 절반의 손님들만이 제시간에 파티에 도착한다.
   ▶ the guests에 수일치시킨다.
5 생존자 중 4분의 1이 심하게 다쳤다.
   ▶ the survivors에 수일치시킨다.
6 몇몇 식당은 크리스마스이브에도 여전히 연다.
   ▶ the restaurants에 수일치시킨다.
7 이 건물에 있는 직원들 중 대다수는 엘리베이터를 탄다.
   ▶ employees에 수일치시킨다.
8 바이올린 연주자 모두가 연주할 준비가 되어 지휘자를 기다렸다.
   ▶ the violinists에 수일치시킨다.

**B**  1 explains   2 form   3 involve
   4 leads   5 is

---

1 작가들이나 감독이 그 장면을 배우들에게 설명한다.
   ▶ the director에 수일치시킨다.
2 대부분의 학생들이 질서 있게 줄을 선다.
   ▶ the students에 수일치시킨다.
3 우리 전략 중 일부는 사람들에게 무료 쿠폰을 나눠 주는 것을 포함한다.
   ▶ our strategies에 수일치시킨다.
4 재능이 아니라 열정이 당신을 성공으로 이끈다.
   ▶ 「not A but B」는 B(passion)에 수일치시킨다.
5 내가 가장 좋아하는 장소들 중 하나는 한강 공원이다.
   ▶ 「one of+복수 명사」는 단수 취급한다.

---

**C**  1 The rest of the crews were kind
   2 The majority of international students come
   3 Neither Sue nor the boys were
   4 Not only men but also animals have

1 the crews에 수일치시키며 과거시제이므로 were를 쓴다.
2 international students가 복수형이며 현재시제이므로 복수 동사 come이 적절하다.
3 「neither A nor B」는 B(the boys)에 수일치하며 과거시제이므로 were를 쓴다.
4 「not only A but also B」는 B(animals)에 수일치시키며 현재시제이므로 have는 적절하다.

---

## Chapter 09
# 준동사 I(절 ⇌ 준동사)

---

## UNIT 01 절 ⇌ to부정사 구문                        P.32

**A**  1 to finish the report
   2 a house to live in
   3 you to consider
   4 to treat all people

1 나는 오늘 보고서를 끝낼 것이라고 예상한다.
   ▶ 「S+V+that절」은 「S+V+to-v」로 바꾸어 쓸 수 있다.
2 그들은 살 집을 찾고 있다.
   ▶ 수식받는 명사(a house)와 to부정사(to live in)는 의미상 「목적어-동사」의 관계이다.
3 우리는 당신이 우리의 제안을 신중히 고려하기를 요청합니다.
   ▶ 「S+V+that절」은 「S+V+O+to-v」로 바꾸어 쓸 수 있다.
4 우리 부모님께서는 내가 모든 사람을 정중히 대해야 한다고 가르치셨다.
   ▶ 「S+V+O+that절」은 「S+V+O+to-v」로 바꾸어 쓸 수 있다.

3 그 쌍둥이는 너무 비슷해서 나는 한 사람을 다른 한 사람과 구별할
수 없다.
 ▶ so는 부사이므로 형용사 alike를 수식할 수 있고, 「so＋형용사
 ＋that절」의 어순으로 쓴다.
4 제게 회원카드를 보여 주시면, 당신은 할인을 받으실 수 있습니다.
 ▶ 문맥상 '회원카드를 보여 주면 할인을 받을 수 있다'가 자연스러우
 므로 If가 적절하다.
5 그것은 너무 좋은 영화여서 나는 그것을 여러 번 봤다.
 ▶ 「such＋a(n)＋형용사＋명사」의 형태가 적절하다.
6 여러분이 숙제를 제출하지 않는다면, 이 수업을 통과할 수 없을 것입
 니다.
 ▶ 문맥상 '제출하지 않으면, 통과할 수 없다'가 자연스러우므로
 Unless가 적절하다.

B 1 unless it is attacked
  2 so that everybody would pay attention to him
  3 is so confident a man that
  4 unless you have a passport
  5 so she could improve her English
  6 asked such a brilliant question that

2 '~하기 위해서'라는 목적을 나타내므로 so that이 이끄는 부사절을
 쓴다.
3 「so＋형용사[부사]＋a(n)＋명사＋that」의 어순으로 쓴다.
4 so (that)은 결과를 나타내는데 여기서 that이 생략되었다.
6 「such＋a(n)＋형용사＋명사＋that」의 어순으로 써야 한다.

# Chapter 08
# 수일치

## UNIT 01 단수 주어와 복수 주어     P.29

A 1 requires    2 have    3 is
  4 is    5 is    6 remains
  7 turn    8 protects

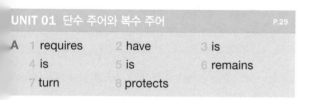

아기들을 돌보는 것은 신중함을 필요로 한다.
 ▶ to부정사(구) 주어는 단수 취급한다.
네가 떠난 이후로 많은 날들이 지났다.
 ▶ 「a number of＋복수 명사」는 복수 동사로 받는다.
몰디브는 아시아에서 가장 작은 나라이다.
 ▶ 나라명은 단수 취급한다.
물리학은 자연 과학의 분야이다.
 ▶ 과목명은 단수 취급한다.
외국인 관광객의 수가 지속적으로 증가하고 있다.
 ▶ 「the number of＋복수 명사」는 단수 동사로 받는다.
왜 그가 그 범죄를 저질렀는지는 여전히 알려져 있지 않다.
 ▶ 명사절 주어는 단수 취급한다.

7 현명한 사람들은 말을 행동이 되게 한다.
 ▶ 「the＋형용사(~한 사람들)」은 복수 취급한다.
8 마스크를 쓰는 것이 사람들을 미세먼지로부터 보호한다.
 ▶ 동명사(구) 주어는 단수 취급한다.

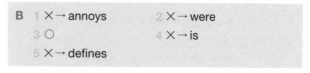

B 1 ×→ annoys    2 ×→ were
  3 ○    4 ×→ is
  5 ×→ defines

1 지하철에서 큰 소리로 말하는 것은 다른 사람들을 짜증나게 한다.
 ▶ 주어가 to부정사구이므로 단수 동사 annoys가 적절하다.
2 화재 후 다친 사람들은 병원으로 이송되었다.
 ▶ 「the＋형용사」는 복수 취급하여 복수 동사 were로 고쳐 써야 한다.
3 아랍에미리트는 공용어로 아랍어를 사용한다.
4 북극곰의 수가 지구 온난화로 인해 감소하고 있다.
 ▶ 「the number of＋복수 명사」는 단수 동사로 받는다
5 윤리학은 선과 악 또는 옳고 그름과 같은 개념을 정의한다.
 ▶ 과목명은 단수 취급한다.

C 1 The latest news makes
  2 A huge number of stars were shining
  3 To have a positive attitude is
  4 Whether you win or lose depends on you

1 news(소식)는 단수 취급하므로 makes가 적절하다.
2 A number of 뒤에는 복수 동사가 오고, 시제가 과거이므로 were
 를 쓴다.
3 명사구(to부정사구) 주어는 단수 취급한다.
4 명사절(whether절) 주어는 단수 취급한다.

## UNIT 02 진짜 주어 찾기     P.30

A 1 [that is angry at the spectators], roars
  2 [jogging along the pond], is sweating
  3 [by the beach], were reserved
  4 [different from the others], seems
  5 [putting on accessories], imitates
  6 [who want to buy the new product], are waiting
  7 [to reduce electricity use], is posted
  8 [on the main street], are closed

1 관중들에게 화가 난 호랑이가 그들을 향해 포효한다.
2 연못을 따라 조깅하는 그 남자는 땀을 많이 흘리고 있다.
3 해변에 있는 그 오두막들은 사전에 예약되었다.
4 다른 것들과는 다른 저 그림은 1950년대 작품인 것 같다.
5 액세서리를 착용하고 있는 그 소녀는 엄마를 흉내 낸다.
6 새로운 제품을 사길 원하는 사람들이 줄을 서서 기다리고 있다.
7 전기 사용을 줄이는 정책이 게시판에 게시되어 있다.
8 중심가에 있는 편의점은 일요일마다 문을 닫는다.

**B** 1 forgetting stressful situations
　2 of contributing to society
　3 that grows in the desert
　4 to learn the culture
　5 made by our company
　6 checking all the documents
　7 climbing rough mountains
　8 of the train approaching the station

# Chapter 07
# 접속사를 이용한 확장

## UNIT 01 단어, 구의 연결　　　　　P.25

**A** 1 nor　　2 or　　3 singing
　4 or　　5 not to tell　　6 clean

1 이 샐러드는 맛있지도 신선하지도 않다.
2 당신은 빨간 치마나 파란 치마를 가질 수 있다.
3 그녀가 즐기는 모든 것은 춤추는 것, 노는 것 그리고 노래하는 것이다.
4 그녀는 주로 자기 방이나 도서관에서 책을 읽는다.
5 그는 진실을 말할 것과 거짓말을 하지 않을 것을 맹세한다.
　▶ swear의 목적어인 to tell과 같은 문법적 요소를 가진 not to tell이 오는 것이 적절하다.
6 준성이는 어머니께서 요리하시고 집을 청소하시는 것을 돕는다.
　▶ 접속사 and가 두 개의 to부정사구를 연결하며 이때 반복되는 to는 생략이 가능하다.

**B** 1 spicy but sweet
　2 change the time or the date
　3 either at home or at the office
　4 not only the beat but also the lyrics
　5 both a steep slope and speed
　6 some drinks or dessert
　7 not by staying at home but by driving to the country
　8 arranging and checking out (the) books

## UNIT 02 절의 연결 I_등위절, 명사절　　　　P.26

**A** 1 but　　2 that　　3 and
　4 that　　5 whether　　6 or
　7 that

1 나는 이웃을 좋아하지만, 여기 날씨는 좋아하지 않는다.
2 우리는 고양이를 가질 수 있기를 바랐다.

3 규칙적으로 운동해라, 그러면 당신은 더 가볍게 느껴질 것이다.
4 우리 아빠는 돈이 전부가 아니라고 말씀하곤 하셨다.
5 Tommy은 Sophie에게 그녀가 콘서트에 갈 수 있는지를 물었다.
6 택시를 불러라, 그렇지 않으면 우리는 30분 동안 걸어야 한다.
7 Philip은 그것이 해야 할 옳은 일이라고 확신하지 못했다.

**B** 1 but he ignored me
　2 that the foreigner can speak Korean
　3 where the many tourists came from
　4 whether I can buy a plane ticket
　5 how many students she teaches
　6 what time the movie starts
　7 or you will get burned

## UNIT 03 절의 연결 II_부사절(1)　　　　P.27

**A** 1 while　　2 Once
　3 as　　4 Because

1 부모님께서 떨어져 계시는 동안 나는 내 형제들을 돌봐야 한다.
2 Tom은 자신의 일을 마치자마자 서둘러 집으로 간다.
3 Judy는 노래하는 것을 아주 좋아하기 때문에 노래 동아리에 가입했다.
4 그 매니저가 그곳에 없었기 때문에, 나는 그의 비서에게 메시지를 남겼다.

**B** 1 until he retired in 2018
　2 since the airport is far from his hotel
　3 before you forget what you hear
　4 Although you don't agree

**C** 1 Despite feeling homesick
　2 Because of worries about his career
　3 During the movie

1 향수병에 걸렸음에도 불구하고, 그녀는 생계를 유지하기 위해 미국에 머무를 것이다.
2 그는 자신의 경력에 대해 걱정했기 때문에, 상담가를 방문하러 갔다.
　→ 자신의 경력에 대한 걱정 때문에, 그는 상담가를 방문하러 갔다.
3 영화가 상영되는 동안, 나는 이야기하는 사람들을 싫어한다.

## UNIT 04 절의 연결 III_부사절(2)　　　　P.28

**A** 1 so　　2 such　　3 so
　4 If　　5 such　　6 Unless

1 네가 영화관으로 가는 길을 찾도록 네게 지도를 줄게.
　▶ 문맥상 '~하기 위해서'라는 의미이므로 so that이 적절하다.
2 그녀는 너무 매력적인 여자여서 모든 사람이 그녀를 좋아한다.
　▶ 「such+a(n)+형용사+명사」의 형태로 쓴다.

**C** 1 to drive without a driver's license
  2 Drinking too much coffee
  3 The three months in London
  4 To express your feelings
  5 It is not surprising that

**1** 주어가 to부정사구일 때, 가주어 It을 주어 자리에 쓰고 to부정사구를 뒤에 보낼 수 있다. 전치사 without은 a driver's license를 목적어로 취한다.

**3** 관사 the는 기수(three) 앞에 위치한다.

**5** 주어가 명사절일 때, 가주어 It을 주어 자리에 쓰고 명사절을 뒤로 보낼 수 있다.

<br>

## Chapter 06
# 주어, 목적어의 확장

### UNIT 01 주어+관계대명사절 P.21

**A** 1 × → whose     2 × → which[that]
  3 × → which[that]     4 ○
  5 ○

선행사(The car)와 관계사 뒤의 color가 소유 관계이므로 소유격 관계대명사 whose로 고쳐 써야 한다.
선행사 The roof가 사람이 아니고, 뒤 문장에 목적어가 없으므로 whom을 목적격 관계대명사 which나 that으로 고치는 것이 적절하다.
선행사 The painting이 사람이 아니고, 뒤 문장에 목적어가 없으므로 whose를 which[that]으로 고친다.

**B** 1 The shirt that I bought
  2 The man who asked me the time
  3 Curry and rice which is his favorite meal
  4 The professor whom Kyle respected
  5 The bottle whose lid is removed
  6 The bird whose feathers are colorful

### UNIT 02 주어+관계부사절 P.22

**A** 1 × → where[to which]     2 ○
  3 × → 삭제 또는 in which     4 ○
  5 × → when

선행사 The city가 '장소'이므로 where로 고쳐 써야 한다.
The way와 how는 함께 쓰일 수 없으므로 how를 삭제하거나 in which로 바꾸어 쓴다.
선행사 The time은 '시간'을 나타내므로 when이 적절하다.

**B** 1 where Jennifer was born
  2 why he always wears a red T-shirt
  3 when she left for a business trip
  4 The reason why animal experiments are carried out
  5 How critics interpret an artwork

### UNIT 03 응용: 목적어의 확장 P.23

**A** 1 [the brown], [eating some grass]
  2 [clogged with hair]
  3 [who are involved in the crime]
  4 [that is worn out]
  5 [any], [available tonight]
  6 [a stack of], [dirty], [to wash on weekends]

**1** 한 남자가 풀을 조금 먹고 있는 갈색 말을 불렀다.
**2** 엄마께서 머리카락으로 막힌 배수구를 청소하셨다.
**3** 경찰은 그 범죄에 연루된 사람들을 인터뷰했다.
**4** 우리 형은 낡은 야구 장갑을 끼고 있다.
**5** 오늘 밤 이용 가능한 어떠한 방이라도 있나요?
**6** 나는 주말에 세탁할 한 더미의 지저분한 옷들이 있다.

**B** 1 to go trekking
  2 turning off the air conditioner
  3 a salmon sandwich with tomatoes
  4 some unbelievable rumors about me
  5 the differences between nouns and verbs
  6 to wait for the people who are late
  7 that machines will take over most jobs
  8 the adorable baby bitten by mosquitoes

### UNIT 04 응용: 보어의 확장 P.24

**A** 1 [a famous], [attracting many new fans]
  2 [who led to important scientific advances]
  3 [with the beautiful garden in front]
  4 [a severe], [causing a lot of damage]
  5 [the perfect], [to spend a summer holiday]
  6 [nice], [who are raising a cute puppy]

**1** 그 책은 많은 새로운 팬들을 끌어들인 유명한 영화가 되었다.
**2** 아인슈타인은 중요한 과학 발전을 이끌었던 발명가이다.
**3** 이것은 앞쪽에 아름다운 정원이 있는 집이다.
**4** 홍수는 많은 피해를 일으키는 심각한 문제였다.
**5** 세부는 여름휴가를 보내기에 안성맞춤인 장소이다.
**6** 내 이웃은 귀여운 강아지를 키우고 있는 좋은 사람들이다.

5 many people alive
6 his glorious
7 the first two chapters

B 1 Someone special
2 Our efforts for the project
3 The apples under the tree
4 Our decision to leave
5 The cute baby asleep
6 The student content with the test result

1 주어가 '-one'으로 끝나는 대명사일 경우 형용사는 뒤에서 수식한다.
2 주어(Our efforts) 다음에 전명구(for the project)가 쓰였다.
3 전명구(under the tree)는 명사 뒤에서 수식한다.
4 to부정사(to leave)가 명사 뒤에서 수식한다.
5 형용사(asleep)가 명사를 뒤에서 꾸며준다.
6 형용사(content) 뒤에 전명구(with the test result)가 와서 길어지므로 명사 뒤에서 수식한다.

## UNIT 02  수식하는 분사(구)의 형태와 위치에 유의하라  P.19

A 1 dried       2 sleeping      3 baked
  4 recycled    5 delighting    6 lost
  7 bent        8 crawling

B 1 written      2 taken        3 damaging
  4 ringing      5 satisfying

1 쓰인 편지            2 찍힌 사진
3 피해를 주는 폭풍       4 울리는 전화기
5 만족스러운 기록

C 1 Flying birds
  2 A diet containing enough nutrients
  3 People walking along the beach
  4 The boy interested in robots
  5 Some paintings painted by Van Gogh
  6 Frozen foods sold in supermarkets

1 단독으로 쓰인 현재분사(Flying)가 주어(birds)의 앞에 온다.
2 현재분사(containing) 뒤에 딸린 어구(enough nutrients)가 있기 때문에 주어(A diet) 뒤에 위치한다.
3 현재분사(walking) 뒤에 딸린 어구(along the beach)가 있으므로 주어(People) 뒤에 온다.
4 과거분사(interested) 뒤에 딸린 어구(in robots)가 있어서 주어(The boy) 뒤에 위치한다.
5 과거분사(painted) 뒤에 딸린 어구(by Van Gogh)가 있으므로 주어(Some paintings) 뒤에 온다.
6 과거분사(sold)가 딸린 어구(in supermarkets)와 함께 주어

(Frozen foods) 뒤에 위치한다. 여기서 과거분사(frozen)는 단독으로 쓰여 주어(foods) 앞에서 수식하는 형태로 쓴다.

## UNIT 03  주어는 여러 형태가 가능하다  P.20

A 1 To        2 Being      3 It
  4 that      5 Taking     6 that
  7 that

1 책을 읽을 때 불을 켜는 것은 중요하다.
   ▶ 주어로 쓰인 명사절에는 주어와 동사가 있으므로 여기서는 to부정사가 적절하다.
2 좋은 청자가 되는 것은 중요하다.
   ▶ 주어 자리에 동명사(Being)가 오는 것이 적절하다.
3 우리의 선조에 대해 배우는 것은 항상 흥미롭다.
   ▶ 주어가 to부정사구일 때, 가주어 It을 주어 자리에 쓰고 to부정사구를 뒤에 보낼 수 있다.
4 그가 당선되리라는 것은 확실하다.
   ▶ 주어가 명사절일 때, 가주어 It을 주어 자리에 쓰고 명사절을 뒤로 보내는 것이 일반적이다.
5 낮잠을 자는 것은 당신이 더 생산적이게 할 수 있다.
   ▶ 주어 자리이므로 동명사(Taking)를 쓰는 것이 적절하다.
6 Jackson이 자신감을 잃고 있는 것은 명백하다.
   ▶ 주어가 명사절일 때, 가주어 It을 주어 자리에 쓰고 명사절을 뒤로 보낼 수 있다. 또한, 뒤에 절(주어+동사 ~)이 나오므로 that을 써야 한다.
7 내가 네게 하라고 말한 것을 네가 하지 않았다는 것은 분명하다.
   ▶ 뒤에 절(주어+동사 ~)이 나오므로 접속사 that을 쓰는 것이 적절하며, 명사절이 주어일 경우 가주어 It을 주어 자리에 쓰고 명사절을 뒤로 보낼 수 있다.

B 1 Following mom's advice
  2 To hear birds' singing in the morning
  3 That a typhoon can cause great destruction
  4 to wash your hands before eating
  5 Having Greek yogurt for breakfast
  6 To dive into the sea from a cliff

1 엄마의 조언을 따르는 것은 가장 현명한 방법이다.
2 아침에 새들의 노랫소리를 듣는 것은 나를 행복하게 만든다.
3 태풍이 엄청난 파괴를 일으킬 수 있다는 것은 확실하다.
4 먹기 전에 손을 씻는 것은 필수적이다.
   ▶ 주어가 to부정사구일 때, 가주어 It을 주어 자리에 쓰고 to부정사구를 뒤에 보낼 수 있다.
5 아침으로 그리스식 요구르트를 먹는 것은 건강에 유익하다.
6 절벽에서 바다로 다이빙하는 것은 위험할 수 있다.

**3** 전화기는 Alexander Graham Bell에 의해 발명되었다.
▶ 전화기는 발명된 것이므로 수동의 의미이고, 과거에 일어난 일이므로 was를 써야 한다.

**4** 드라큘라처럼 옷을 입은 그 남자는 무서웠다.
▶ 문맥상 그 남자가 무서운 감정을 일으키는 것이므로 능동형이 적절하다.

**5** 몇 년 전에 난처한 상황이 발생했다.
▶ 동사 arise는 자동사이므로 수동태가 불가능하다. (arise-arose-arisen)

---

**C** 1 was hurt    2 read
   3 belongs to    4 was given
   5 were tired

**1** hurt는 '다치게 하다'라는 타동사이므로 의미상 수동태로 써야 하고, 과거분사형은 hurt임에 유의한다.

**2** read는 능동이지만 수동의 의미를 지니는 동사이다. (read well: 잘 읽히다)

**3** belong to는 상태 동사이므로 수동태가 불가능하다.

**4** 재능을 받은 것이므로 수동태로 쓰고, 문맥상 과거의 일이므로 was를 써야 한다.

**5** 선수들이 지친 감정을 느끼는 것이므로 수동형으로 써야 한다.

---

## UNIT 03   주의해야 할 수동태 형태    P.16

**A** 1 × → be used to make    2 ○
   3 × → are used to hearing

버터 대신에 마가린은 쿠키를 만드는 데 사용될 수 있다.
▶ 문맥상 '~하는 데 사용되다'라는 의미이므로 「be used to부정사」로 고쳐 써야 한다.
그는 고기를 많이 즐기곤 했지만, 이제는 채식주의자이다.
▶ 「used to+동사원형」은 '~하곤 했다'의 뜻으로 문맥상 적절하다.
가까운 동료들은 이제 그의 특이한 억양을 듣는 데 익숙해진다.
▶ 문맥상 '~하는 데 익숙하다'라는 의미이므로 「be used to v-ing」를 써야 한다.

---

**B** 1 was asked for    2 be made use of
   3 was laughed at    4 is referred to as

조동사 can이 있으므로 「be p.p.」의 형태로 쓴다.
「be referred to as A」는 '~이 A로 언급되다'의 의미이고, 일반적인 사실을 말하므로 현재시제를 써야 한다.

---

**C** 1 was considered that / was considered to be
   2 is reported that / is reported to have lied
   3 is thought that / is thought to cause
   4 is known that cars have / are known to have

과거에, 사람들은 세상이 평평하다고 여겼다.

---

= 과거에, 세상이 평평하다고 여겨졌다.

**2** 그들은 그 목격자가 법정에서 거짓말했다고 보도한다.
= 그 목격자는 법정에서 거짓말했다고 보도된다.
▶ 종속절의 시제(lied)가 주절의 시제(report)보다 앞서는 경우 to 부정사의 완료형(to have p.p.)을 쓴다.

**3** 사람들은 사다리 밑을 지나가는 것이 불운을 일으킨다고 생각한다.
= 사다리 밑을 지나가는 것은 불운을 일으킨다고 생각된다.

**4** 그들은 자동차가 환경에 해로운 영향을 끼친다고 알고 있다.
= 자동차는 환경에 해로운 영향을 끼친다고 알려져 있다.

---

## UNIT 04   암기하면 좋은 수동태 표현    P.17

**A** 1 with    2 at    3 in
   4 with    5 with

**1** 그 보물 상자는 금과 보석으로 가득 차 있다.

**2** Josh는 Jayden에 관한 소식에 놀랐다.

**3** 그녀는 야구를 제외한 어떤 스포츠에도 관심이 없다.

**4** 그의 얼굴은 땀으로 뒤덮여 있다.

**5** 손님들은 식사에 매우 만족한다.

---

**B** 1 is known for    2 is made from
   3 is known by    4 is made of

**2** 재료(플라스틱)의 성질 변화가 있으므로 전치사 from과 함께 쓴다.

**4** 조각상의 재료인 대리석의 성질 변화가 없으므로 전치사 of와 함께 쓴다.

---

**C** 1 were supposed to be
   2 was allowed to leave the hospital
   3 is scheduled to arrive
   4 were asked to fill out

**1** 「be supposed to부정사」는 '~하기로 되어 있다'라는 의미로, 15분 전의 일을 설명하므로 과거시제를 써야 한다.

**3** be scheduled to부정사: ~할 예정이다

**4** 「be asked to부정사」는 '~하도록 요청받다'라는 의미이며, 주어가 복수형인 과거시제이므로 were를 쓴다.

---

# Chapter 05
# 주어의 확장

## UNIT 01   형용사(구)의 어순과 위치에 유의하라    P.18

**A** 1 everyone present
   2 this beautiful gold
   3 all those five guys
   4 both your pretty

**C** 1 important that we understand and support
   2 can't help watching the comedy show
   3 ordered that we complete the mission

# Chapter 04
# 태

## UNIT 01 수동태의 기본 이해     P.14

**A** 1 ✕ → told to wait     2 ✕ → had been taken
   3 ✕ → was seen     4 ○

1 Sam은 10분 더 기다리라고 들었다.
   ▶ 「tell+목적어+to부정사」의 능동태에서 수동태로 바뀔 때 목적격 보어는 그대로 유지하므로 to부정사를 써야 한다.
2 네가 홀에 오기 전에 모든 좌석이 차지되었다.
   ▶ 여기서 take의 의미는 '(장소, 위치)를 차지하다'이고, 좌석은 누군가에 의해 차지되는 것이므로 수동태를 써야 한다.
3 그때 우리 엄마가 식탁 주변에서 커피를 마시고 계신 것이 보였다.
   ▶ drinking coffee는 타동사 saw의 목적어로 쓰이기에 문맥상 어색하다. 여기서 drinking은 현재분사로 My mom의 상태를 설명하므로 「see+목적어+현재분사」의 수동태임을 알 수 있다.
4 James는 회계 부서장으로 선출될 것이다.
   ▶ be elected 다음에 나오는 명사 the leader로 보아 「elect+목적어+목적격보어(명사)」의 수동태임을 알 수 있다.

**B** 1 was found boring     2 was made to
   3 was being served     4 was sent a letter
   5 had been offered

1 많은 시청자는 그 영화가 지루하다는 것을 알았다.
   → 그 영화는 많은 시청자에 의해 지루하다고 알려졌다.
   ▶ 「find+목적어+목적격보어(형용사)」를 수동태로 전환 시 목적격 보어 boring은 그대로 유지한다.
2 우리 어머니는 내가 내 방을 청소하도록 하셨다.
   → 나는 어머니에 의해 내 방을 청소하게 되었다.
   ▶ 「사역동사+목적어+원형부정사」를 수동태로 바꿀 때 원형부정사는 to부정사로 바뀌어야 한다.
3 그 종업원은 그때 점심 식사를 제공하고 있었다.
   → 점심 식사는 그때 그 종업원에 의해 제공되고 있었다.
   ▶ 진행형의 수동태는 「be+being+p.p.」로 써야 한다.
4 우리 손녀는 내게 편지를 보냈다.
   → 나는 손녀에 의해 편지를 받았다.
   ▶ 「send+간접목적어+직접목적어」의 형태에서 간접목적어가 주어로 나온 수동태의 경우 직접목적어는 그대로 유지한다.
5 그 감독은 이전에 Thomas에게 왕자 역할을 제안했었다.
   → Thomas는 이전에 그 감독에 의해 왕자 역할을 제안받았었다.
   ▶ 「offer+간접목적어+직접목적어」의 수동태로 주어가 간접목적어

---

인 경우 직접목적어는 그대로 유지한다.

**C** 1 will be shown to
   2 is being driven by
   3 has been considered a great honor
   4 was found completely effective

1 「show+간접목적어+직접목적어」의 수동태로 직접목적어가 주어로 나온 경우, 간접목적어 앞에 전치사 to를 쓴다. 조동사 will이 있으므로 be동사는 그대로 유지한다.
2 '~되고 있는 중이다'의 진행형 수동태는 「be+being+p.p.」의 형태이다.
3 since(~한 이래로)와 함께 쓰인 현재완료시제와 노벨상이 여겨지는 것이므로 수동태가 합쳐져 has been considered의 형태로 써야 하고, 「consider+목적어+목적격보어(명사)」의 경우 수동태로 전환 시 목적격보어는 그대로 유지한다.
4 「find+목적어+목적격보어(형용사)」를 수동태로 전환 시 형용사는 그대로 유지한다.

## UNIT 02 능동·수동의 구분     P.15

**A** 1 disappointing     2 remain
   3 being renovated     4 was defeated
   5 be seen     6 occurred
   7 annoyed

1 그 영화의 결말은 실망스러웠다.
   ▶ 결말이 실망스러운 감정을 주는 것이므로 능동형이 적절하다.
2 그 사건에 대한 의문이 남아 있다.
   ▶ remain은 자동사로써 수동태로 쓸 수 없다.
3 저 오래된 건물은 지금 수리되는 중이다.
   ▶ 건물이 수리되고 있는 수동의 의미로 현재진행 수동태가 적절하다.
4 작년의 챔피언은 새로운 선수에 의해 졌다.
   ▶ defeat는 '패배시키다'의 의미인데, 새로운 선수에 의해 진 것이므로 수동태가 적절하다.
5 '모나리자'는 루브르 박물관에서 보여질 수 있다.
   ▶ 모나리자가 보여지는 것이므로 수동태로 써야 한다.
6 몇몇 자동차 사고들이 이 도로에서 발생했다.
   ▶ occur는 자동사이므로 수동태로 쓸 수 없다.
7 승객들은 항공기 지연에 짜증이 났다.
   ▶ 승객들이 짜증이 나는 감정을 느끼는 것이므로 수동형이 적절하다

**B** 1 ○     2 ✕ → is composed of
   3 ✕ → was invented     4 ○
   5 ✕ → arose

1 이 커튼은 잘 씻긴다.
   ▶ wash는 수동의 의미이지만 형태는 능동으로 써야 하므로 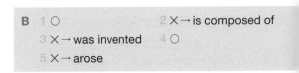하다.
2 우리 몸의 약 70퍼센트는 물로 구성되어 있다.
   ▶ be composed of는 '~로 구성되다'라는 의미의 구동사이다

had를 쓴다.

3 시간의 부사절의 현재시제는 미래를 의미하므로, 문맥상 주절에서는 미래시제를 써야 한다.

4 때를 나타내는 부사절의 경우 현재시제가 미래의 때를 나타낸다. 3인칭 단수 주어(the typhoon)에 수일치시켜 passes로 쓴다.

## UNIT 02 현재·과거시제와 현재완료의 구분   P.11

A 1 are          2 lives
  3 goes          4 worked

1 일반적 사실을 나타내는 현재시제가 적절하다.

2 일반적 사실을 나타내므로 현재시제가 알맞다.

3 현재의 습관을 나타내므로 현재시제가 적절하다.

4 과거 부사구(three years ago)가 있으므로 과거시제를 써야 한다.

B 1 ○          2 × → watched          3 ○
  4 ○          5 × → has driven

1 나는 지난주에 친구와 하키를 했다.
  ▶ 과거 부사구 last weekend로 보아 과거시제가 적절하다.

2 나는 어제 한국 영화를 봤다.
  ▶ yesterday가 과거를 나타내는 부사이므로 과거시제를 써야 한다.

3 내 동료는 오늘 아침부터 10개의 이메일을 써 왔다.
  ▶ 「since+과거 시점」으로 계속된 기간과 함께 쓰이는 현재완료의 계속 용법이다.

4 Jenny는 교환 학생으로 일본에 가본 적이 없다.
  ▶ 문맥상 '가본 적이 없다'는 경험을 나타내므로 현재완료 시제가 적절하다.

5 우리 삼촌은 지금 10년 동안 이 차를 운전하고 계신다.
  ▶ 「for+기간」과 now가 함께 쓰인 것으로 보아 현재완료의 계속 용법으로 써야 한다.

C 1 We have lost our keys
  2 Scientists have recently discovered
  3 Have you ever been to
  4 I haven't[have not] been there

## UNIT 03 과거완료를 써야 하는 경우   P.12

A 1 had finished          2 hadn't
  3 had given up           4 wouldn't have
  5 had given              6 hadn't

네가 전화했을 때까지 나는 모든 숙제를 끝냈다.
  ▶ 문맥상 전화한(called) 시점보다 숙제를 끝낸 시점이 먼저이므로 과거완료를 써야 한다.

내 반 친구는 전에 스페인어 수업을 들은 적이 없는 것 같다.
  ▶ 과거의 추측한 때보다 반 친구가 수업을 들었던 적이 없는 것이 먼저 일어났으므로 과거완료를 써야 한다.

3 아버지께서 더 젊으셨을 때 담배를 끊으셨더라면 좋을 텐데.
  ▶ 「주어+wish 가정법 과거완료」 문장으로, 소망하는 시점보다 소망하는 내용(아버지께서 더 젊으셨을 때 담배를 끊으시는 것)이 더 먼저이므로 가정법 과거완료를 쓴다.

4 만일 노부인이 계단 아래로 넘어지지 않았더라면, 그녀는 다치지 않았을 텐데.
  ▶ 과거 상황과 반대되는 내용을 가정하므로 가정법 과거완료를 쓴다.

5 엄마는 내가 작년 크리스마스에 드렸던 목도리를 두르셨다.
  ▶ 엄마가 목도리를 두르신(wore) 것보다 내가 작년에 드린 것이 더 먼저의 일이므로 과거완료를 쓴다.

6 공항으로 떠났을 때 나는 내 휴대폰의 충전기를 가져오지 않았다는 걸 깨달았다.
  ▶ 깨달은(realized) 것보다 충전기를 가져오지 않은 것이 더 먼저 일어난 일이므로 과거완료 시제가 적절하다.

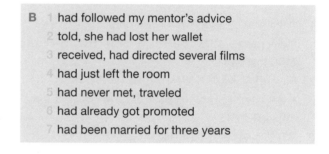

B 1 had followed my mentor's advice
  2 told, she had lost her wallet
  3 received, had directed several films
  4 had just left the room
  5 had never met, traveled
  6 had already got promoted
  7 had been married for three years

## UNIT 04 꼭 알아둬야 할 주요 조동사   P.13

A 1 could          2 lower
  3 travel          4 may as well

1 Jane은 그 책을 샀을 수도 있지만, 대신 도서관에서 빌렸다.
  ▶ 과거 상황에 대한 가능성을 나타내므로 「could have p.p. (~했을 수도 있다)」가 적절하다.

2 많은 대학생은 대학교가 수업료를 낮춰야 한다고 주장했다.
  ▶ 동사 insist 뒤에 오는 '당위'를 의미하는 that절의 동사는 「(should+)동사원형」을 쓴다.

3 우리 삼촌은 내가 더 자주 여행해야 한다고 권하셨다.
  ▶ '~해야 한다고' 권하는 recommend 뒤에 나오는 that절의 동사는 「(should+) 동사원형」을 쓴다.

4 비가 오기 때문에 우리는 소풍을 취소하는 편이 낫다.
  ▶ 문맥상 비가 와서 소풍을 취소하는 편이 낫다가 적절하므로 may as well을 써야 한다. (cf. would rather not: 차라리 ~하지 않는 편이 낫다)

B 1 had better not study
  2 would rather read, than study
  3 may well think
  4 have no choice but to tell

1 had better의 부정형은 had better not으로 쓴다.

▸ order는 목적어 뒤에 to부정사를 취할 수 있고, 이때 목적어와 부정사는 의미적으로 「주어-동사」 관계이다.

6 나는 그 사다리가 오르기에 위험하다고 생각한다.
　▸ 동사 think는 목적어 뒤에 형용사를 취할 수 있다.

7 그 매서운 바람은 나를 춥게 만들었다.
　▸ make는 5문형 동사로 목적어 뒤에 형용사를 취할 수 있다. 이때, 형용사 cold는 목적어 me의 상태를 나타낸다.

8 John은 자신의 여동생에게 노트북을 빌려주었다.
　▸ 동사 lend는 4문형에서 3문형으로 전환 시 전치사 to를 쓴다.

**B**　1 passed the ball to
　　2 bought a flowered scarf for
　　3 taught knitting and sewing to
　　4 cooked a special dish for

1 그 수비수는 주전 공격수에게 그 공을 패스하였다.
　▸ 동사 pass는 4문형에서 3문형으로 전환할 때 간접목적어 앞에 전치사 to를 취한다.

2 Susan은 시어머니에게 꽃무늬 스카프를 사드렸다.
　▸ 동사 buy는 4문형에서 3문형으로 전환할 때 간접목적어 앞에 전치사 for를 취한다.

3 우리 할머니께서는 나에게 뜨개질과 바느질을 가르쳐주셨다.
　▸ 동사 teach는 4문형에서 3문형으로 전환할 때 간접목적어 앞에 전치사 to를 취한다.

4 그 수석 주방장은 VIP 고객에게 특별한 음식을 요리해 줬다.
　▸ 동사 cook은 4문형에서 3문형으로 전환할 때 간접목적어 앞에 전치사 for를 취한다.

**C**　1 elected Chloe the class president
　　2 found me the French dictionary
　　3 asked the taxi driver to drive safely
　　4 found my car covered with snow

1 elected는 「목적어(Chloe)+명사(the class president)」의 형태를 가진 5문형 동사로 쓰였다.

2 found는 「목적어(me)+명사(the French dictionary)」를 취하는 4문형 동사로 쓰였다.

3 asked는 「목적어(the taxi driver)+to부정사(to drive)」의 형태인 5문형의 동사로 목적어와 to부정사가 의미적으로 「주어-동사」 관계이다.

4 found는 「목적어(my car)+분사(covered)」를 취하는 5문형의 동사로 쓰였다.

## UNIT 01 시제와 때　　　　　　　　　　P.10

**A**　1 won　　　　　　2 find
　　3 will answer　　4 comes
　　5 leaves　　　　6 were
　　7 receive　　　　8 had

1 대부분의 사람은 자신이 복권에 당첨되는 것을 희망한다.
　▸ 현재 사실의 반대를 가정하는 「주어+wish 가정법 과거」 구문으로 won이 적절하다.

2 너는 어떤 오류라도 발견하자마자 내게 연락해야 한다.
　▸ 때를 나타내는 부사절 안에서는 현재시제가 미래를 대신한다.

3 만일 학생들이 질문한다면, 선생님은 즉시 그것들에 대답할 것이다.
　▸ 문맥상 주절에서는 미래시제가 적절하다.

4 봄이 오면 나는 아빠가 될 것이다.
　▸ 시간의 부사절에서는 현재시제가 미래를 대신한다.

5 그 배는 요즘에는 매시간 섬으로 떠난다.
　▸ 현재의 사실을 가리키므로 현재시제가 적절하다.

6 그 소녀는 매일이 자신의 생일이기를 희망한다.
　▸ 현재 사실의 반대를 가정하는 「주어+wish 가정법 과거」 구문으로 were를 쓴다.

7 네가 이 편지를 받을 때 즈음엔 나는 스위스에 있을 것이다.
　▸ 때를 나타내는 부사절에서는 현재시제가 미래를 대신한다.

8 만일 내가 아이들이 있다면, 그들을 위해 저 세발자전거를 살 텐데.
　▸ 문맥상 현재 사실의 반대를 희망하고, 주절에 would가 있는 것으로 보아 가정법 과거이다. 따라서 if절에는 과거형을 쓴다.

**B**　1 ✕ → take　　　　2 ○
　　3 ○　　　　　　　4 ✕ → were

1 나는 샤워를 하고 난 후 허브차를 좀 마실 것이다.
　▸ after가 이끄는 시간의 부사절에서는 현재시제가 미래를 대신한다.

2 일단 집에 도착하면, 너는 네 손을 씻어야 할 것이다.
　▸ once(일단 ~하면)가 이끄는 조건 부사절에서는 현재시제가 미래를 대신하므로 알맞다.

3 그 가수는 다음 주에 여기에서 콘서트를 열 것이다.
　▸ 미래 부사구 next week으로 보아 미래시제는 적절하다.

4 만일 내가 아프지 않다면, 나는 너와 영화를 보러 갈 텐데.
　▸ 현재와 반대되는 상황을 소망할 때 가정법 과거를 쓰며 이때 if절 안의 be동사는 were로 써야 한다.

**C**　1 we will go sledding
　　2 I had brothers or sisters
　　3 I will cook dinner
　　4 until the typhoon passes

2 현재 사실의 반대를 가정하는 「주어+wish 가정법 과거」 구문으

**1**  그 도둑은 도망갔다.

**2**  내 친구가 나에게 놀라운 이야기를 해주었다.

**3**  우리는 그 건물로 들어갔다.

**4**  이 종이는 쉽게 탈 수 있다.

**5**  그 아기는 나에게 미소 지었다.

**6**  우리 엄마는 정원에서 토마토를 키우신다.

---

**B**  1 ⓑ   2 ⓐ   3 ⓑ   4 ⓐ   5 ⓐ   6 ⓑ

---

**1**  나는 실수로 내 계란프라이를 태웠다.

**2**  그 장작은 난로에서 타고 있다.

**3**  그 소년은 수업 중에 만화책을 읽고 있다.

**4**  이 가사들은 시처럼 읽힌다.

**5**  이 펜은 잘 써지지 않는다.

**6**  그 여자는 실험 보고서를 썼다.

---

**C**  1 ⓑ, 2문형       2 ⓒ, 3문형

     3 ⓐ, 1문형       4 ⓒ, 4문형

     5 ⓐ, 2문형       6 ⓑ, 3문형

---

**1**  하늘이 점점 어두워지고 눈이 내리기 시작했다.

▶ grew는 형용사(dark)를 보어로 취하는 2문형의 동사로 쓰였다.

**2**  그들은 뒤뜰에서 오이와 가지를 키운다.

▶ grow는 명사(cucumbers and eggplants)를 목적어로 취하는 3문형의 동사로 쓰였다.

**3**  그 나무는 5미터까지 자랄 것이다.

▶ grow는 '자라다'의 뜻으로 주어, 동사만으로 완전한 문장을 이루는 1문형의 동사로 쓰였다.

**4**  내 생일을 위해서, 우리 할머니께서 나에게 반지 하나를 마련해 주셨다.

▶ got은 「명사(me)+명사(a ring)」의 형태로 4문형의 동사로 쓰였다.

**5**  비가 많이 내려서 우리는 비에 젖었다.

▶ got은 형용사(wet)를 보어로 취하는 2문형의 동사로 쓰였다.

**6**  그 경기의 표를 구했나요?

▶ get은 명사(tickets)를 목적어로 취하는 3문형의 동사로 쓰였다.

---

## UNIT 03  자동사_1, 2문형                          P.8

**A**  1 V: coughs

     2 V: burns

     3 V: became, C: an astronaut

     4 V: drops

     5 V: seems, C: educational

우리 할머니께서는 기침을 많이 하신다.

그 양초는 쉽게 탄다.

그 호기심 많은 소녀는 우주 비행사가 되었다.

물이 천장에서 떨어진다.

그 다큐멘터리는 교육적으로 보인다.

---

**B**  1 good, ⓑ          2 frequently, ⓐ

     3 awake, ⓑ         4 quickly, ⓐ

     5 like a ghost, ⓑ

---

**1**  대부분의 꽃들은 좋은 냄새가 난다.

▶ 「주어+동사+형용사」의 형태로 형용사 good이 주어를 설명한다.

**2**  지진이 빈번하게 발생한다.

▶ happen은 '발생하다'의 뜻으로 주어, 동사만으로 완전한 문장인 1문형의 동사로 쓰였다.

**3**  우리 아버지께서는 밤늦게까지 깨어 있으신다.

▶ stays는 형용사(awake)를 보어로 취하는 2문형의 동사로 쓰였다. wake는 '깨다, 깨우다'란 뜻의 동사이다.

**4**  우리의 휴가는 너무 짧았다. 시간은 매우 빠르게 흘렀다.

▶ pass는 '(시간이) 흐르다'의 뜻으로 주어, 동사만으로 완전한 문장인 1문형의 동사로 쓰였다.

**5**  그 하얀 커튼은 밤에 유령처럼 보인다.

▶ looks는 2문형의 동사로 주어 뒤에 「like+명사(구)」 형태의 전명구를 취할 수 있다.

---

**C**  1 grow courteous

     2 sounds like a good idea

     3 The concert starts soon[The concert soon starts]

     4 Her face turned pale

---

**1**  grow는 형용사(courteous)를 보어로 취하는 2문형의 동사로 쓰였다.

**2**  sound는 주어 뒤에 「like+명사(구)」 형태의 전명구를 보어로 취할 수 있다.

**3**  start는 '시작하다'의 뜻을 가진 1문형의 동사로 쓰였다.

**4**  turn은 형용사(pale)를 보어로 취하는 2문형의 동사로 쓰였고 '~이 되다'의 의미이다.

---

## UNIT 04  타동사_3, 4, 5문형                       P.9

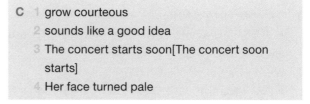

**A**  1 watching    2 for        3 scared

     4 coldly      5 to wait    6 dangerous

     7 cold        8 to

---

**1**  그녀는 누군가가 자신을 지켜보고 있는 것을 느꼈다.

▶ 동사 feel은 목적어 뒤에 원형부정사나 v-ing가 올 수 있다.

**2**  나는 내 딸에게 떡을 만들어 주었다.

▶ 동사 make는 4문형에서 3문형으로 전환 시 전치사 for를 쓴다.

**3**  그는 수영장에 있는 소년이 겁을 먹은 것을 알았다.

▶ 동사 find는 목적어 뒤에 p.p.를 취하는데 목적어가 '~된' 상태를 나타낸다.

**4**  그녀는 항상 나를 차갑게 대한다.

▶ treat는 3문형 동사로 '~을 대하다'라는 의미이며 부사 coldly가 동사를 수식한다.

**5**  그 남자는 자신의 개에게 기다리라고 명령했다.

**A**　1　V: blew, M: hard
　　　2　V: raised, M: silently
　　　3　V: play, M: together
　　　4　V: reads, M: often
　　　5　V: praised, M: happily
　　　6　V: likes, M: early

1　그는 코를 세게 풀었다.
2　그녀는 조용히 손을 들었다.
3　그 소녀들은 함께 배구를 한다.
4　그 사랑스러운 소녀는 종종 동화를 읽는다.
5　그 선생님께서는 자신의 학생들을 행복하게 칭찬하셨다.
6　그 친절한 공무원은 일찍 출근하는 것을 좋아한다.

**B**　1　✕ → are always　　　2　○
　　　3　○　　　　　　　　　4　✕ → often pays
　　　5　✕ → usually delivers

1　수학 시험은 내게 항상 어렵다.
　　▶ 빈도부사(always)는 be동사(are) 뒤에 위치하므로 are always로 고쳐 써야 한다.
2　많은 과학자들이 그 미스터리를 거의 풀지 못한다.
　　▶ 빈도부사(hardly)의 위치는 조동사(can) 뒤, 일반동사(solve) 앞이므로 can hardly solve는 알맞다.
3　몇몇 면접자들은 자주 긴장한다.
　　▶ 빈도부사(frequently)는 be동사(are) 뒤에 위치하므로 적절하다.
4　그녀는 종종 많은 전기를 사용한 것으로 비싼 요금을 낸다.
　　▶ 빈도부사(often)는 일반동사(pays) 앞에 위치해야 한다.
5　그 남자는 보통 방금 구운 피자를 신속히 배달한다.
　　▶ 빈도부사(usually)는 일반동사(delivers) 앞에 위치하므로 usually delivers로 고쳐 써야 한다.

**C**　1　is almost empty
　　　2　the key everywhere
　　　3　is hardly afraid of
　　　4　the conclusion impatiently
　　　5　the driver bravely

1　정도를 나타내는 부사(almost)는 수식하는 형용사(empty) 앞에 위치한다.
2　장소를 나타내는 부사(everywhere)는 문장 맨 뒤에 위치하는 것이 적절하다.
3　빈도부사(hardly)는 be동사(is) 뒤에 위치한다.
4　방법을 나타내는 부사 impatiently는 주로 목적어 뒤에 위치한다.
5　태도를 나타내는 부사 bravely는 「동사+목적어+부사」의 어순으로 쓴다.

## Chapter 02
# 동사와 문형의 이해

**A**　1　participated　2　answer　3　leaves　4　come

1　나는 지난주에 뉴욕에서 세미나에 참석했다.
　　▶ attend = participate in
2　울리고 있는 전화를 지금 당장 받아 줄 수 있나요?
　　▶ answer = reply to
3　우리의 여행은 8월 29일에 인천 공항에서 출발한다.
　　▶ leaves = depart from
4　차례대로 대기실로 들어오세요.
　　▶ enter = come into

**B**　1　✕ → considers[thinks about]
　　　2　○
　　　3　✕ → reached[arrived at]
　　　4　○

1　그는 이기적이고 오로지 자신에 대해서만 생각한다.
　　▶ 동사 consider는 목적어를 바로 취하므로 about을 빼야 한다. 같은 표현으로 think about이 있다.
2　몇 가지 사업적인 문제들에 관해 논의해 봅시다.
　　▶ 동사 discuss는 전치사 없이 바로 목적어를 쓸 수 있다.
3　우리는 경비행기로 그 섬에 도달했다.
　　▶ 동사 reach는 목적어가 올 때 전치사가 필요하지 않다. 같은 표현으로 arrive at이 있다.
4　나는 부모님께 해외로 갈 나의 결정에 대해 언급했다.
　　▶ 동사 mention은 전치사 없이 목적어가 바로 올 수 있다.

**C**　1　replied to letters
　　　2　account for her reason
　　　3　reach the moon
　　　4　leave the room
　　　5　discuss global warming
　　　6　talk over[about] baseball games

1　동사 reply는 목적어를 취할 때 전치사 to를 함께 써야 한다.
2　동사 account는 명사 앞에 전치사 for가 필요하다.
6　동사 talk는 명사가 올 때 전치사 over 혹은 about을 필요로 한다.

**A**　1　V: ran away, 자동사　2　V: told, 타동사
　　　3　V: entered, 타동사　4　V: can burn, 자동사
　　　5　V: smiled, 자동사　6　V: grows, 타동사

# Chapter 01
## 우리말과 다른 영어

## UNIT 01 기본 어순 P.2

**A** 1 플라스틱은 → Plastics, 환경을 → the environment,
오염시킨다 → pollute

2 우리는 → We, 그들의 마지막 공연을 → their last
performance, 재미있게 → excitedly, 보았다 → saw

3 그 점원은 → The clerk, 내 돈을 → my money, 즉시
→ immediately, 환불해 주었다 → refunded

4 그 연극은 → The play, 아이들을 → the children, 즐겁
게 했다 → entertained

**B** 1 I remember the day
2 The journalist required the truth
3 He called my name
4 I brush my teeth
5 The new movie grabbed my attention
6 Every student understood the explanation

## UNIT 02 주어의 이해 P.3

**A** 1 My sister on the bed
2 The small vacuum cleaner
3 the lovely baby
4 Many citizens in the country
5 The old diary under the pillow
6 The members of the dancing club

1 침대 위에 있는 내 여동생은 어제 감기에 걸렸다.
▶ on the bed가 My sister를 수식하여 의미 덩어리를 이룬다.

2 그 소형 진공청소기가 더러운 바닥을 청소했다.

3 어머니의 포옹 속에서, 그 사랑스러운 아기는 따스함을 느꼈다.

4 그 나라의 많은 시민들이 석탄 공장 건설을 반대한다.
▶ 주어인 Many citizens가 수식어구 in the country와 함께
주어구를 이룬다.

5 베개 아래 그 오래된 일기장은 안에 많은 추억을 담고 있다.
▶ The old와 under the pillow가 주어(diary)를 동시에 수식
한다.

6 그 댄스 동아리의 회원들은 새 연습실을 원했다.
▶ of the dancing club이 주어인 The members를 수식한다.

**B** 1 그녀의 남편이, Her husband takes
2 그 햄스터들은, The hamsters can eat
3 우리 언니는, My sister spent
4 사람들은, the people, didn't eat
5 그 대학교에서는, The university provides

**C** 1 화분 안의 아름다운 장미에는, The beautiful rose in
the pot
2 우리 아빠와 엄마는, My dad and mom
3 기차 안의 승무원이, The attendant on the train
4 그 유리잔에 든 오렌지 주스에는, The orange juice in
the glass

1 The beautiful과 in the pot이 동시에 주어인 rose를 수식하고
있다.

2 My dad와 mom이 접속사 and로 연결되어 주어구를 이룬다.

3 on the train이 주어인 The attendant를 수식한다.

4 주어 The orange juice와 수식어구 in the glass가 하나의 의
미덩어리(주어구)를 이룬다.

## UNIT 03 동사, 목적어의 이해 P.4

**A** 1 V: saw, O: a shooting star
2 V: studies, O: math
3 V: love, O: me
4 V: eats, O: an apple or a banana
5 V: teaches, O: English

1 우리는 어제 별똥별을 보았다.

2 우리 형은 방과 후에 수학을 공부한다.

3 우리 부모님께서는 나를 가장 사랑하신다.
▶ the most는 부사이다.

4 그녀는 아침으로 사과 한 개 혹은 바나나 한 개를 먹는다.
▶ an apple과 a banana가 접속사 or로 연결되어 하나의 목적
어구를 이룬다.

5 그 남자는 고등학교에서 영어를 가르친다.

**B** 1 오이를, hate cucumbers
2 책을, reads books
3 영화를, watches a movie
4 그 박물관을, visited the museum

**C** 1 새로운 기술자를, wants a new engineer
2 자신의 방과 화장실을, cleans her room and the
bathroom
3 내 친한 친구를, will meet my close friend
4 비싼 차를, bought an expensive car
5 노란 원피스를, wears a yellow dress

2 her room과 the bathroom이 접속사 and로 연결되어 하나의
목적어구를 이룬다.

올씀
서술형 시리즈 2

정답 및 해설

그래머 KNOWHOW

WORKBOOK

1   one of the+최상급+복수 명사: 가장 ~한 것들 중 하나

2   the 비교급, the 비교급: ~하면 할수록 더 …

3   not until이 이끄는 부사절이 문두에 나왔으므로 주절에서는 「(조)동
    사+주어」의 어순을 이룬다.

4   부정어 Hardly가 문두에 나와 의문문 어순이 이어진다.

5   「not ~ all[every]: 모두 ~인 것은 아닌」의 부분부정 표현이 사용
    되었다.

6   It was와 that 사이에 in 2010이 강조된다.

| | | | |

**C**
1 Little did he understand
2 Hardly do people appreciate
3 Here comes the professor
4 Not only was it cold
5 So did I

1 부정어 little 뒤에 의문문 어순이 이어진다.
2 부정어 hardly가 문두에 나와서 「(조)동사+주어+동사」의 어순으로 쓴다.
3 Here 뒤에 나오는 주어가 대명사가 아닐 경우 주어와 동사가 도치된다.
4 「부정어 (포함 어구)+(조)동사+주어」의 어순으로 쓴다.
5 So+(조)동사+주어: ~도 역시 그렇다

# OVERALL TEST

P.126

**A**
1 내가 예상했던 만큼 어렵다
2 비로소 50살이 되고 나서였다
3 모든 가게가 열지 않는다
4 그 어떤 다른 과목도 역사만큼 흥미롭지 않다
5 내가 에세이 쓰는 것을 끝내자마자

**B**
1 than    2 yours    3 thing is
4 cities   5 without   6 comes the sun
7 loudly   8 did      9 do

1 러시아는 영국보다 더 크다.
▶ A 비교급+than B: A는 B보다 ~
2 내 빵 굽기 실력은 네 것(실력)만큼 훌륭하다.
▶ 문맥상 '내 빵 굽기 실력(My baking skills)'과 비교되므로 '네 빵 굽기 실력'을 대신할 수 있는 소유대명사 yours가 적절하다.
3 다른 어떤 것도 가족만큼 중요하지 않다.
▶ 「No (other)+단수 명사+as[so] 원급 as」 형태의 최상급 구문이다.
4 도쿄는 세계에서 가장 붐비는 도시들 중 하나이다.
▶ one of the+최상급+복수 명사: 가장 ~한 것들 중 하나
5 그는 얼음을 안에 넣지 않고는 탄산음료를 마시지 않는다.
▶ never ... without v-ing: …하면 반드시[꼭] ~
6 여기 해가 뜬다!
▶ 장소의 부사구가 앞에 나올 때 「동사+주어」의 어순으로 도치된다.
7 그녀는 할 수 있는 한 크게 노래를 부르고 있다.
▶ 동사 is singing을 수식하는 부사의 자리이므로 loudly가 알맞다.
8 그는 어제 정말 소풍을 갔다.
▶ 과거를 나타내는 yesterday로 보아 did로 강조한다.
9 우리 아빠는 매일 아침 커피를 마신다. ― 나도 그렇다.
▶ 일반동사 drink를 대신하는 동사가 필요하므로 do가 적절하다.

**C** 1 ○   2 ○   3 × → had they arrived
4 × → three times   5 ○

1 Lilly는 나만큼 재능이 있다.
▶ 앞의 동사가 be동사이므로 am은 적절하다.

2 그 여자가 직접 그 소설을 썼고 그것에 서명했다.
▶ 그 여자(woman)를 강조하는 재귀대명사 herself가 쓰였다.
3 그들이 그 집에 도착하자마자 비가 내리기 시작했다.
▶ 부정어구 No sooner가 문두에 나와 「(조)동사+주어」의 어순으로 도치되므로 had they arrived로 고쳐 쓴다.
4 부르즈 할리파는 63빌딩보다 세 배만큼 더 높다.
▶ 세 배를 나타내는 표현은 'three times'로 쓴다.
5 이를 뽑는 것은 내가 생각한 것보다 훨씬 더 아팠다.
▶ 「A 비교급 than B」 구문에서 부사 even이 비교급 more painful을 수식한다.

**D**
1 are my trophies
2 because he was scolded by his mom that
3 have I met
4 not until yesterday that my brother started to study
5 had Daniel entered

1 내 트로피들은 그 선반 꼭대기에 있다.
▶ 장소의 부사구가 앞에 나올 때 「동사+주어」의 순으로 도치된다.
2 그 아기는 엄마에게 혼이 났기 때문에 슬퍼 보였다.
→ 그 아기가 슬퍼 보인 것은 엄마에게 혼이 났기 때문이었다.
▶ It was와 that 사이에서 because가 이끄는 부사절을 강조한다.
3 나는 전에 언니의 남자친구를 결코 만나본 적이 없다.
▶ 부정어구 never가 문두에 나와 「(조)동사+주어」의 어순이 이어진다.
4 어제가 되어서야 비로소 내 남동생이 공부하기 시작했다.
▶ It was와 that 사이에 not until yesterday가 강조되었다.
5 Daniel이 집에 들어오자마자 그의 개가 그를 향해 달려갔다.
▶ No sooner가 강조되어 문두에 오면 「(조)동사+주어」의 어순이 이어진다.

**E**
1 one of the fastest growing countries
2 The warmer the Earth becomes, the faster
3 she found her bag did she
4 can I do my homework
5 Not all of the students
6 was in 2010 that Tim came to Korea

Knowhow 5   3

| 1-1 | I | 1-2 | Karen |
|---|---|---|---|
| 1-3 | there | 1-4 | yesterday |
| 1-5 | my cell phone | 1-6 | exactly at noon |
| 1-7 | because I was hurt | | |
| 1-8 | not until the 2010s / | | |
| | not until the teacher came in | | |
| 2-1 | did | 2-2 | herself |

## UNIT EXERCISE

**A** 1 return 2 Steve
　　3 at that moment 4 like

**1** 나는 그 책을 빌렸고 그것을 정말 반납했다.
▶ did는 동사 return을 앞에서 강조한다.
**2** Steve 그 자신은 도시의 시장으로 선출되었다.
▶ himself는 Steve 뒤에서 주어를 강조한다.
**3** 공이 포수의 어깨를 친 것은 바로 그 순간이었다.
▶ It was와 that 사이에서 at that moment라는 부사구를 강조한다.
**4** Jane은 활발하고 새로운 장소로 여행 가는 것을 정말 좋아한다.
▶ does는 동사 like를 강조한다.

**B** 1 was at the top of the mountain that
　　2 is Jason that[who(m)] some children
　　3 was not until he became 3 that he spoke
　　4 It is the hot weather that[which] drives him crazy

**C** 1 since I was stuck in a traffic jam that
　　2 Stephen Hawking that[who]
　　3 complicated questions that[which]
　　4 did enjoy picking strawberries

**1** 교통 체증에 걸렸기 때문에 나는 면접에 늦었다. /
내가 면접에 늦은 것은 바로 교통 체증에 걸렸기 때문이다.
▶ It is와 that 사이에 강조하려는 since 부사절을 둔다.
**2** 스티븐 호킹은 AI 개발의 위험성에 대해 경고했다. /
AI 개발의 위험성에 대해 경고한 사람은 바로 스티븐 호킹이었다.
▶ It was와 that 사이에 강조하려는 주어를 두는데, 사람 주어의 경우 that 대신 who도 가능하다.
**3** 대부분의 사람들은 복잡한 질문에 대답하는 것을 피한다. /
대부분의 사람들이 대답하기를 피하는 것은 바로 복잡한 질문이다.
▶ It is와 that 사이에 강조하려는 목적어를 둔다. 사물일 경우 which도 가능하다.
**4** 우리 반은 현장학습을 하러 가서 딸기 따는 것을 즐겼다. /
우리 반은 현장학습을 하러 가서 딸기 따는 것을 정말로 즐겼다.
▶ 동사를 강조할 경우 do를 활용할 수 있는데, enjoyed가 과거시제이므로 did로 강조한다. did 다음에는 동사원형이 와야 한다.

| 1-1 | have I | 1-2 | did I |
|---|---|---|---|
| 1-3 | do we | 1-4 | did he |
| 1-5 | had I | 1-6 | had Tom |
| 2-1 | came | 2-2 | came |
| 2-3 | comes | | |
| 3-1 | am I | 3-2 | have I |

## UNIT EXERCISE

**A** 1 ✕ → did I hear 2 ○
　　3 ✕ → had I left
　　4 ✕ → nor does my brother
　　5 ○

**1** 교회에서 나는 어떤 소리도 듣지 못했다.
▶ 부정어 not을 포함한 어구가 문두에 위치하고 과거시제이므로 「did+주어+동사원형」의 어순으로 써야 한다.
**2** 나는 수학에 관심이 있어. — 나도 그래(= 관심이 있어).
▶ 「So+(조)동사+주어」의 어순으로 쓴다.
**3** 내가 집을 떠나자마자 전화기가 울렸다.
▶ 부정어구 No sooner가 맨 앞에 나와서 의문문 어순으로 도치되어 had I left로 고쳐 써야 한다.
**4** 나는 피자를 좋아하지 않고, 내 남동생도 역시 좋아하지 않는다.
▶ 「nor+(조)동사+주어」의 어순으로 써야 한다.
**5** 나는 그 소문을 듣지 못했다. — 나도 그렇지 않았다(= 듣지 못했다).
▶ 「Neither+(조)동사+주어」의 어순이 적절하다.

**B** 1 fell my cell phone
　　2 he came back did we start
　　3 had John been to
　　4 her mom was angry did Vicky clean her room

**1** 내 휴대폰이 내 손에서 떨어졌다.
▶ 장소의 부사구가 앞에 나올 때 「동사+주어」의 어순으로 도치된다.
**2** 그가 돌아와야만 우리는 비디오를 보기 시작했다.
▶ Only when에 딸린 부정어구가 나온 다음 일반동사 과거시제이므로 「did+주어+동사원형」의 어순으로 써야 한다.
**3** John은 그렇게 환상적인 식당을 가본 적이 없었다.
▶ 부정어구 never가 강조되어 문두에 나와서 「(조)동사+주어」의 어순으로 이어져야 한다.
**4** 엄마가 화를 내고 나서야 Vicky는 자신의 방을 청소했다.
▶ Not until에 딸린 어구를 먼저 쓴 후에 의문문 어순(조동사+주어)을 쓴다.

**2** 가장 유명한 브랜드들 중 하나는 Facebook이다.
  ▶ one of the+최상급+복수 명사
**3** Thomas는 목적지에 단연 가장 일찍 도착했다.
  ▶ 최상급을 수식하는 부사로는 by far가 적절하다. very는 원급을 수식한다.
**4** 다른 어떤 회원도 수지보다 열심히 일하지 않았다.
  ▶ No (other)+단수 명사+비교급 than

**B** 1 more famous than any other band
  2 much the hottest
  3 No other city is more
  4 one of the most peaceful lakes

**1** 비교급+than any other+단수 명사
**2** much는 최상급을 수식한다.
**3** No (other)+단수 명사+비교급 than
**4** one of the+최상급+복수 명사

**C** 1 planet is smaller than /
    is as[so] small as Mercury
  2 No other member is more /
    more thoughtful than any other member
  3 is as[so] crowded as Saturday /
    more crowded than any other day

**1** 수성은 태양계에서 가장 작은 행성이다.
  = 태양계에서 어떤 행성도 수성보다 작지 않다.
  = 태양계에서 어떤 행성도 수성만큼 작지 않다.
**2** Jane은 그 그룹에서 가장 사려 깊은 일원이다.
  = 그 그룹에서 어떤 일원도 Jane보다 사려 깊지 않다.
  = Jane은 그 그룹에서 다른 어떤 일원보다 더 사려 깊다.
**3** 토요일은 그 놀이공원에서 가장 붐비는 날이다.
  = 그 놀이공원에서 어떤 날도 토요일만큼 붐비지 않는다.
  = 토요일은 그 놀이공원에서 다른 어떤 날보다 더 붐빈다.
  ▶ A … the 최상급
  = No (other)+단수 명사+as[so] 원급 as
  = 비교급+than any other+단수 명사

# Chapter 12 부정, 강조, 도치

## UNIT 01 부정

1-1 hardly knew / far from
1-2 little
2-1 neither / don't, either
2-2 none / haven't, any
2-3 don't, both
2-4 Not all
2-5 not always
3-1 not unusual / usual
3-2 never, without / Whenever

### UNIT EXERCISE

**A** 1 모든 에어컨이 작동하지 않고 있다
  2 둘 다 시도해 본 것은 아니다
  3 흔하다[드물지 않다]
  4 물에 들어가면 반드시 구명조끼를 입는다

**B** 1 Not all       2 one
  3 not always    4 Not both

**1** 많은 학생들이 시험을 위해 열심히 공부했지만, 일부 학생들은 그러지 않았다.

→ 학생들 모두가 시험을 위해 열심히 공부한 것은 아니다.
  ▶ 모두가 열심히 공부한 것은 아니므로 부분부정의 표현인 not all이 적절하다.
**2** 나는 지나가는 차를 세우기 위해 양손을 들지는 않았다.
  → 나는 지나가는 차를 세우기 위해 한 손을 들었다.
  ▶ 「not ~ both」는 부분부정 표현으로 '둘 다 ~인 것은 아닌'이라는 의미이므로 one of와 같다.
**3** 때때로, 실수하는 것이 도움이 될 수 있다.
  → 실수하는 것이 항상 나쁜 것은 아니다.
  ▶ 때때로 도움이 된다는 것과 같은 것은 '항상 나쁜 것은 아닌'이라는 의미의 부분부정 표현(not always bad)이다.
**4** 우리 아빠는 아르헨티나에서 태어나셨고 우리 엄마는 칠레에서 태어나셨다.
  → 부모님 두 분 다 아르헨티나에서 태어난 것은 아니다.
  ▶ 엄마는 아르헨티나에서 태어난 것이 아니므로 부분부정 표현 Not both가 적절하다.

**C** 1 There is little money
  2 are not necessarily delicious
  3 Not every mistake is a foolish one
  4 I didn't buy either of the two dresses
  5 never goes to bed without hugging her parents

**B**　1　am → do
　　2　dangerously → dangerous
　　3　a comedian → a comedian's[that of a comedian]
　　4　those → that

**1**　내 남동생은 같이 놀 친구가 나만큼 많다.
　▶ 동사 has는 일반동사이므로 이를 대신 받는 동사의 형태로는 do
　　가 적절하다.

**2**　헬멧을 쓰지 않는 것은 네가 생각하는 것보다 더 위험하다.
　▶ is의 보어 자리이므로 부사를 형용사(dangerous)로 고쳐 써야
　　한다.

**3**　사람들을 웃게 만드는 그녀의 능력은 코미디언의 것(능력)만큼 훌륭
　　하다.
　▶ '그녀의 능력'과 '코미디언의 능력'이 비교되어야 하므로 소유를 나
　　타내는 a comedian's 또는 that of a comedian이 적절하다.

**4**　호랑이의 힘은 고양이의 그것(힘)보다 훨씬 더 세다.
　▶ 비교되는 대상인 The tiger's strength가 단수형이므로 that
　　으로 고쳐 써야 한다.

**C**　1　is as responsible for the project as
　　2　is much longer than that of America
　　3　are as precious as the people around you
　　4　was not as[so] frightened by the spider as
　　5　more successfully than they did

「A as 원급 as B」 구문으로 is의 보어로 형용사 responsible
for the project가 딸린 구조이다.
「A 비교급 than B」 구문에서 부사 much가 비교급 longer를 수
식한다. 문맥상 반복되는 어구는 the history로 단수형이므로 that
을 쓴다.
동사 finished를 수식하는 부사 자리이므로 successfully로 쓰
고 비교를 나타내는 more를 추가한다. 또한, 일반동사 finished를
대신하는 did를 쓴다.

## UNIT 03 주의해야 할 원급, 비교급 구문들　　P.114

1-1　twice[two times] as delicious as
1-2　three times faster
1-3　three years younger
2-1　as many books as possible /
　　as many books as you can
2-2　not so much, as / not, so much as /
　　rather, than / rather than
2-3　The more, the more
2-4　colder and colder
2-5　more and more expensive

## UNIT EXERCISE

**A**　1　taller　　　2　soon　　　3　twice
　　4　the lighter　　5　shorter

**1**　James는 Anna보다 키가 20cm 더 크다.
**2**　할 수 있는 한 빨리 제게 전화해 주세요.
　▶ as 원급 as possible: 할 수 있는 한 ~한[하게]
**3**　그녀의 개는 내 개보다 두 배 더 무겁다.
　▶ '두 배'를 나타내는 표현은 twice[two times]로 쓴다.
**4**　네가 운동을 더 많이 하면 할수록, 더 가벼워지는 것을 느낄 것이다.
　▶ the 비교급, the 비교급: ~하면 할수록 더 …
**5**　겨울이 다가올수록, 낮이 점점 더 짧아지고 있다.
　▶ 비교급+and+비교급: 점점 더 ~한[하게]

**B**　1　two years younger than
　　2　as often as possible[as often as you can]
　　3　half as heavy as
　　4　better and better

**2**　as 원급 as possible: 할 수 있는 한 ~한[하게]
　　= as 원급 as 주어 can[could]
**4**　「비교급+and+비교급」 구문으로, good의 비교급은 better이다.

**C**　1　The deeper the ocean is, the darker
　　2　not so much a professor as a friend
　　3　four times bigger than the moon
　　4　higher and higher
　　5　as much time and energy as

**1**　the 비교급, the 비교급: ~하면 할수록 더 …
**2**　not so much A as B: A라기보다는 오히려 B인
**3**　'네 배'를 나타내는 표현은 four times로 쓴다.
**4**　비교급+and+비교급: 점점 더 ~한[하게]
**5**　as 원급 as 주어 can[could]: 할 수 있는 한 ~한[하게]
　　= as 원급 as possible

## UNIT 04 (…중에서) A가 가장 ~　　P.116

1-1　the most interesting
1-2　(the) earliest　　1-3　the funniest films
1-4　much　　　　　　2-1　book
2-2　No (other) book　2-3　as[so] interesting as

## UNIT EXERCISE

**A**　1　student is　　　2　the most
　　3　by far　　　　　4　member

**1**　그 어떤 학생도 John만큼 똑똑하지 않다.
　▶ No (other)+단수 명사+as[so] 원급 as

# Knowhow 5 기본 문장에 효과를 더하라 – 문장의 표현

## Chapter 11 비교

UNIT 01  A는 B만큼 ~, A는 B보다 ~  P.110

| | | | |
|---|---|---|---|
| 1-1 | as easy as | 1-2 | as well as |
| 1-3 | just | 2-1 | longer / as[so] long as |
| 2-2 | more quickly | 2-3 | much, colder |

**1-1** 이 책은 쉽다. 저 책은 쉽다 → 이 책은 저 책만큼 쉽다.
**1-2** 그녀는 노래를 잘한다. 저 가수는 노래를 잘한다.
→ 그녀는 저 가수만큼 노래를 잘한다.

### UNIT EXERCISE

**A** 1 Paris, Seoul, 만큼 크지 않다
2 This apple, the one on the ground, 보다 더 신선하다
3 Mike, his brother, 똑같은 정도로 영리하다
4 Your cooking, my cooking, 보다 훨씬 더 맵다.

**B** 1 fast  2 than  3 even  4 as

1 전기 자동차는 가솔린 차만큼 빠르게 달린다.
▶ A as 원급 as B: A는 B만큼 ~
2 그 아기는 3개월 전보다 힘이 더 세다.
▶ A 비교급 than B: A는 B보다 ~
3 나는 아침보다 밤에 훨씬 더 배가 고프다.
▶ 비교급 more hungry를 수식하는 부사로는 even이 적절하다.
very는 원급을 수식한다.
4 내 새 신발은 오래된 것만큼 편하지 않다.
▶ B not as[so] 원급 as A: B는 A만큼 ~않다

**C** 1 is as brave as
2 is warmer than
3 did not play as[so] well as
4 are still cooler than
5 is not as[so] sour as
6 was almost as easy as

1 A as 원급 as B: A는 B만큼 ~
2 A 비교급 than B: A는 B보다 ~
3 B not as[so] 원급 as A: B는 A만큼 ~않다
4 「A 비교급 than B」 구문에서 부사 still이 비교급 cooler를 수식한다.
5 「B not as[so] 원급 as A」: B는 A만큼 ~않다

6 「A as 원급 as B」 구문에서 almost가 원급을 수식한다.

UNIT 02  비교 구문을 이루는 어구의 형태  P.112

| | | | | | |
|---|---|---|---|---|---|
| 1-1 | happy | 1-2 | rapidly | 1-3 | heavier |
| 1-4 | more fluently | 2-1 | I[me] | 2-3 | do |
| 2-6 | going | 2-7 | mine | 2-8 | those |

**1-1** 너의 개는 너만큼 행복하니?
**1-2** 그는 나만큼 빠르게 자전거를 탈 수 있다.
**1-3** 철은 돌보다 더 무겁다.
**1-4** 그는 나보다 영어를 더 유창하게 말한다.
**2-1** 그는 나만큼 키가 크다.
**2-3** 나의 친구들은 내가 그러는 것만큼 자주 도서관을 이용한다.
**2-6** 때때로 집에서 머무르는 것이 나가는 것만큼 똑같이 재미있다.
**2-7** 네 생각은 내 것(생각)만큼 훌륭하다.
**2-8** 아기들의 식습관은 그들의 부모님들의 그것들(식습관)만큼 각기 다르다.

### UNIT EXERCISE

| | | | | | |
|---|---|---|---|---|---|
| **A** 1 | well | 2 | good | 3 | did |
| 4 | yours | 5 | red | 6 | those |
| 7 | exercising | 8 | convenient | | |

1 너는 여전히 네가 고등학생 때 그랬던 것만큼 춤을 잘 춘다.
▶ 동사 dance를 수식하는 부사의 자리이므로 well이 적절하다.
2 우리 팀의 점수는 그들의 점수만큼 좋지 않다.
▶ is의 보어 자리이므로 형용사 good이 와야 한다.
3 내 친구는 내가 한(푼) 것보다 그 수학 문제를 더 빨리 풀었다.
▶ 앞의 동사가 solved로 일반동사이므로 이에 맞게 did를 써야 한다.
4 이제 내 머리카락이 네 것(머리카락)만큼 길다.
▶ 문맥상 '내 머리카락(my hair)'과 비교되므로 '네 머리카락'을 신할 수 있는 소유대명사 yours가 적절하다.
5 네 얼굴이 장미만큼 빨개진다. 부끄러운 것이 틀림없구나.
▶ gets의 보어 자리이므로 형용사 red를 써야 한다.
6 꼭대기 층의 방들은 다른 층의 그것들(방들)보다 더 크다.
▶ 비교의 대상이 복수 명사 The rooms이므로 those가 알맞다
7 먹는 것이 운동하는 것만큼 중요하다.
▶ Eating과 비교되므로 동명사 형태인 exercising이 적절하다
8 이 도시에서는, 지하철이 버스보다 더 편리하다.
▶ are의 보어 자리이므로 형용사 convenient가 알맞다.

길어서 명사를 후치 수식한다.

6 그 회사의 CEO는 그 가격이 경쟁력 있어야 한다고 주장한다.
▶ 「S+V+that절」은 「S+V+전치사+동명사」로 바꾸어 쓸 수 있다. 이때 동사 insist는 전치사 on을 쓴다. 또한 동명사의 의미상 주어인 the price를 being 앞에 쓴다.

C  1 you                2 ×
   3 classroom          4 her
   5 my sister          6 the waiter

1 나를 이렇게 멋진 식당에 데려와 줘서 당신에게 고맙습니다.
▶ taking의 의미상 주어는 you(목적어)이다.

2 일찍 일어나는 습관을 만드는 데에는 시간이 좀 걸린다.
▶ 습관을 만드는 것에 대한 의미상 주어가 별도로 나오지 않으므로 일반인으로 본다.

3 일부 학생들은 꾸며진 교실을 알아차리지 못한다.
▶ decorated의 수식을 받는 명사는 classroom이므로 의미상 주어이다.

4 그녀가 자신의 모든 수업에서 필기하는 것은 현명하다.
▶ 필기하는 것은 의미상 her(그녀)가 하는 것이고, 형용사가 사람의 성질을 나타내므로 의미상 주어는 「of+목적격」으로 썼다.

5 내 여동생이 식탁을 차리는 것을 도우면서 나는 수프를 요리하는 중이었다.
▶ 「with+명사+분사」 형태의 분사구문이 쓰였고, 의미상 주어는 분사 앞의 명사(my sister)이다.

6 그 매니저는 그 종업원이 손님들을 친근한 방식으로 대하기를 원한다.
▶ to treat(대하는 것)의 의미상 주어는 목적어(the waiter)이다.

D  1 My phone's battery having died
   2 so old that I can try
   3 On opening my eyes
   4 the first person to step on
   5 important for us to keep
   6 of having spilt[spilled] milk
   7 with the other competitors chasing

1 내 전화기의 배터리가 한 시간 전에 다 닳았기 때문에, 나는 내 친구의 전화기를 빌려야 한다.
▶ 분사구문으로 전환 시 부사절의 주어가 주절의 주어와 다르므로 분사 앞에 남겨 둔다. 또한, 부사절의 시제가 주절의 시제보다 앞서므로 완료형 분사 having died로 쓴다.

2 나는 혼자서 번지 점프를 시도할 만큼 충분히 나이 들었다.
▶ 「형용사+enough+to-v」는 「so+형용사+that+S′+can+v」로 바꾸어 쓸 수 있다.

3 눈을 뜨자마자 나는 알람 시계가 울리는 것을 들었다.
▶ 「on+v-ing」는 '~하자마자'라는 의미로 as soon as와 같은 의미이다.

4 Neil Armstrong은 달에 발을 내디딘 첫 번째 사람이었다.
▶ 관계사절은 부정사로 바꿀 수 있는데, 수식받는 명사와 to부정사는 의미적으로 「주어-동사」 관계이다.

5 우리가 새로운 무언가를 계속 배우는 것은 중요하다.
▶ 「It is 형용사+that절」은 「It is+형용사+for 목적격+to-v」로 바꾸어 쓸 수 있다. 이때 「for+목적격」은 to부정사의 의미상 주어이다.

6 내 남동생은 식탁 전체에 우유를 쏟았던 것을 부끄러워했다.
▶ 「형용사+that절」을 「형용사+전치사+동명사」로 바꾸어 쓸 때 ashamed의 경우에는 전치사 of를 쓴다. 또한, 종속절의 시제(had spilt)가 주절의 시제(was)보다 앞서므로 동명사의 완료형을 써야 한다.

7 그 수영 선수는 나머지 경쟁자들이 뒤쫓는 채로 선두를 달린다.
▶ 「with+명사+분사」 형태의 부대상황을 나타내는 분사구문이다.

▶ 부사절의 주어가 주절의 주어와 동일한 경우, 분사구문으로 전환 시 주어를 생략한다. 여기서 주어 'I'가 샤워를 하는 것이므로 능동의 의미를 나타내는 Taking을 썼다.

2 최근에 팔이 부러져서, 그녀는 바이올린을 연습할 수 없다.
▶ 주절보다 종속절의 시제가 앞서거나 완료형인 경우 분사구문은 having p.p.를 쓴다. 주어 she가 바이올린을 연습할 수 없는 것보다 팔을 다친 것이 더 과거의 일이다.

3 Kyle은 청중들이 감탄하는 채로 열정적으로 피아노를 연주했다.
▶ 「with+명사+분사」 형태의 분사구문으로, the audience가 분사의 의미상 주어이다. 청중이 감탄한 것이므로 능동의 의미를 나타내는 admiring을 써야 한다.

4 전쟁에서 거의 죽을 뻔한 후, 그 병사는 메달을 받을 예정이다.
▶ 주절보다 종속절의 시제가 앞서거나 완료형인 경우 분사구문은 「having p.p.」를 쓴다. 여기서 주어 the soldier가 메달을 받을 것보다 전쟁에서 거의 죽을 뻔한 것이 더 앞선 일이다.

5 3년 전에 발견된 후에, 그 고대 유적들은 가치 있는 것으로 인정받는다.
▶ 주절의 시제(are)보다 발견된 것이 더 앞선 것이므로 완료형을 써야 하고, 주어 the ancient remains가 발견된 것이므로 수동의 의미를 나타내는 「having been p.p.」로 써야 한다.

C 1 his eyes half closed
  2 Late[Having been late] for work
  3 The bookstore being closed

4 Having finished
5 Scared[Being scared] of thunder

1 눈이 반쯤 감긴 채로 그 소년은 침대 위에서 낮잠을 자고 있었다.
▶ 「with+명사+분사」 형태의 분사구문으로 his eyes가 분사의 의미상 주어이다. 눈이 반쯤 감긴 것이므로 수동을 나타내는 과거분사 closed를 쓴다.

2 그는 직장에 지각했기 때문에, 다시는 절대 늦지 않겠다고 약속했다.
▶ 주절보다 종속절의 시제가 앞서거나 완료형인 경우 「having p.p.」를 쓴다. 주어 he가 약속한 것보다 직장에 지각한 것이 더 과거의 일이다.

3 그 서점이 닫혔기 때문에, 그녀는 새 교재를 살 수 없었다.
▶ 부사절의 주어(The bookstore)가 주절의 주어(she)와 일치하지 않으므로 분사 앞에 남겨 둔다. 또한, 주절과 종속절의 시제가 일치하고 종속절의 동사가 수동태이므로 「being p.p.」를 쓴다.

4 숙제를 끝마친 후에, 그는 컴퓨터 게임을 할 수 있었다.
▶ 주절보다 종속절의 시제가 앞서거나 완료형인 경우 「having p.p.」를 쓴다.

5 천둥이 무서워서, 그 소녀는 부모님과 함께 자기를 원했다.
▶ 부사절의 주어가 주절의 주어와 동일한 경우, 분사구문에서는 주어를 생략한다. 또한, 주절과 종속절의 시제가 일치하고 종속절 동사가 수동태인 경우이므로 「(being) p.p.」의 형태로 쓴다.

# OVERALL TEST

A 1 seem to have eaten    2 turn
  3 of    4 being given    5 for
  6 filling    7 Having been

1 그 소녀가 모든 사탕을 먹었던 것 같다.
▶ 종속절의 시제가 완료형인 경우 「to have p.p.」의 형태로 쓴다.

2 나는 어린 시절로 돌아갈 수 있기를 희망한다.
▶ 'I'가 어린 시절로 돌아가는 것이므로 능동형인 turn을 써야 한다.

3 그 선수는 자신의 달리기 실력을 향상시킬 것을 확신한다.
▶ sure는 전치사 of와 함께 쓰인다.

4 그 식사 손님은 아주 느리게 음식을 받은 것에 불평했다.
▶ 주어 The diner가 받은 것이므로 수동의 의미를 나타내는 「being p.p.」를 쓴다.

5 그가 장례식장에 가기 위해 검은 옷을 입어야 하는 것은 필수적이다.
▶ to부정사의 의미상 주어는 「for+목적격」으로 나타낸다.

6 우리는 등록 전에 신청서를 작성해야 한다는 것을 들었다.
▶ 동명사의 의미상 주어가 문장의 주어일 때 별도로 나타내지 않는다.

7 그 진실을 들었기 때문에, 나는 그 실수에 대해 그를 비난하지 않았다.
▶ 종속절의 시제가 완료형이므로 「having p.p.」가 적절하다.

B 1 asked the father to pick
  2 so as to speak
  3 was proud of climbing
  4 of being accepted
  5 students interested in
  6 on the price being

1 그 어머니는 아버지가 아이들을 데리고 올 것을 요청했다.
▶ 「S+V+that절」에서 주절의 주어와 종속절의 주어가 다를 「S+V+O+to-v」로 바꾸어 쓸 수 있다.

2 그녀는 더 자신 있게 말하기 위해 말하기 수업을 듣는다.
▶ 「so that ~」은 '~하기 위해서'라는 의미로 「so as to-v」로 꾸어 쓸 수 있다.

3 그 소년은 높은 산을 오른 것을 자랑스러워했다.
▶ 「형용사+that절」은 「형용사+전치사+동명사」로 바꾸어 쓸 수 있다.

4 Thomas는 자신이 하버드 대학교에 합격했다는 소식을 믿지 못했다.
▶ the news의 동격절(that절)은 「of+동명사」로 바꾸어 쓸 수 있다.

5 이번 여름 캠프는 생물학에 관심이 있는 학생들을 위한 것이다.
▶ 관계사절은 분사로 바꿀 수 있는데, interested에 딸린 어구

-2 그는 아픈 것 같았다.

-3 그는 아팠던 것 같다.

-4 그는 아팠던 것 같았다.

-5 나는 보상받을 것을 희망한다.

-6 그 주소가 변경되었던 것으로 보인다.

-1 그녀는 자신이 도움이 된 것을 자랑스러워한다.

-2 그녀는 자신이 도움이 된 것을 자랑스러워했다.

-3 그는 답을 몰랐던 것을 부끄러워한다.

-4 그는 답을 몰랐던 것을 부끄러워했다.

-5 나는 그를 한 번 봤던 것을 기억한다.

-6 그는 오해받는 것에 대해 불평했다.

-7 그는 오해받았던 것에 대해 불평했다.

## UNIT EXERCISE

**A**  1 enjoyed     2 stealing

    3 being     4 have

그녀는 낚시를 즐기는 것 같았다.

▶ to enjoy로 보아 주절과 종속절의 시제가 같은 경우로 seemed
와 같은 과거시제 enjoyed가 와야 한다.

그 남자는 시계를 훔친 것을 부인했다.

▶ 주절과 종속절의 시제가 같을 경우 v-ing를 쓰는데, that절
의 주어인 The man이 시계를 훔친 것이므로 능동을 나타내는
stealing을 써야 한다.

우리 조부모님께서는 자신들이 건강한 것을 자랑스러워하신다.

▶ 주절과 종속절의 시제가 같으므로 v-ing를 쓴다.

그들은 예술에 대한 열정적인 태도를 가지고 있는 것으로 보인다.

▶ to have로 보아 주절과 종속절의 시제가 같아야 하므로
appears와 같은 시제인 현재시제 have가 와야 한다.

**B**  1 complained of being bitten

    2 is ashamed of having burst

    3 seemed to be shocked

    4 hope to be provided

    5 admit making a mess

주어 He가 물린 것이므로 수동 관계를 나타내는 「being p.p.」로
쓴다.

Anna가 부끄러워한 것보다 눈물을 터뜨린 것이 더 먼저 일어난 일
이므로 「having p.p.」로 쓴다.

주어 She가 충격을 받은 수동 관계를 나타내므로 「to be p.p.」를
써야 한다.

의미상 주어 they와의 관계가 수동이기 때문에 「to be p.p.」를 써
야 한다.

**C**  1 had become

    2 hadn't[had not] been given

    3 seems to have worked

    4 missing[having missed]

1 나는 네가 채식주의자가 되었던 것을 알지 못했다.

▶ 내가 알지 못했던 것보다 네가 채식주의자가 된 것이 더 앞선 일이
므로 had become으로 써야 한다.

2 Jackson 씨는 어떠한 소포도 받지 않았다고 주장했다.

▶ Jackson 씨가 주장한 것보다 어떠한 소포도 받지 않은 것이 더
이전에 일어난 일이므로 hadn't[had not] been given으로 써야
한다.

3 그는 10년 넘게 같은 회사에서 일해 온 것 같다.

▶ 종속절의 시제가 완료형인 경우로 「to have p.p.」 형태로 나타내
어 seems to have worked로 쓴다.

4 우리는 연극의 초반을 놓쳤던 것을 후회한다.

▶ 전후 관계가 분명한 동사(regret)일 경우 종속절의 시제
(missed)가 주절의 시제(regret)보다 더 앞서더라도 v-ing형으로
나타낼 수 있으므로 missing이나 having missed로 쓴다.

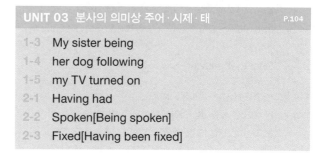

1-3 My sister being

1-4 her dog following

1-5 my TV turned on

2-1 Having had

2-2 Spoken[Being spoken]

2-3 Fixed[Having been fixed]

1-1 놀라운 발전이 있었다.

1-2 그는 가까스로 잠긴 문을 열었다.

1-3 내 여동생이 아파서, 내가 그 애를 돌봐야 했다.

1-4 그녀는 자신의 강아지가 그녀를 따르는 채로 잔디 위를 걷고 있었다.

1-5 나는 TV가 켜진 채로 잠들어 있었다.

2-1 저녁을 먹은 후에 우리는 TV를 보면서 시간을 좀 보냈다.

2-2 영어로 (말을) 들었을 때, 나는 깜짝 놀랐다.

2-3 그 전날 고쳐졌기 때문에, 그 자전거는 잘 작동했다.

## UNIT EXERCISE

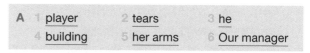

**A**  1 player     2 tears     3 he

    4 building     5 her arms     6 Our manager

1 그 의사는 다친 선수를 향해 달려가고 있다.

2 Jane은 얼굴에 눈물이 흐르는 채로 슬픈 영화를 봤다.

3 도시에서 자라 왔기 때문에, 그는 교통 체증에 익숙해졌다.

4 헬리콥터를 탄 소방관들은 불타고 있는 건물 위로 물을 뿌린다.

5 그녀는 팔짱을 낀 채로 버스 정류장 근처에 서 있다.

6 우리 매니저가 뉴욕으로 옮기게 되어, 우리는 그녀를 위해 송별회를
열었다.

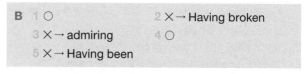

**B**  1 ○     2 × → Having broken

    3 × → admiring     4 ○

    5 × → Having been

1 샤워를 하고 있어서, 나는 울리는 벨 소리에 응답할 수가 없었다.

사구문의 부정형은 never를 분사 앞에 둔다.

**3** 우주 과학에 흥미가 있기 때문에, 그 소년은 NASA에서 일하기를 원한다.

▶ 주절의 주어 the boy와 같으므로 「접속사(Because)+주어(he)」를 생략하고 동사 is를 Being으로 고쳐 쓴다. Being interested에서 Being은 생략할 수 있다.

**4** 적당히 마셔진다면, 적포도주는 여러분의 건강에 좋을 수 있다.

▶ 주절의 주어와 같으므로 If it(접속사+주어)을 생략하고, 동사 is를 Being으로 바꾼다. Being drunk에서 Being은 생략 가능하다.

**5** 수진이는 이어폰으로 노래를 들으면서 숙제를 한다.

▶ 주어인 수진이가 듣는 것이므로 현재분사 listening이 와야 한다

---

# Chapter 10 준동사 II(의미상 주어 · 시제 · 태)

### UNIT 01 to부정사와 동명사의 의미상 주어 P.100

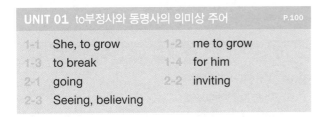

1-1 She, to grow   1-2 me to grow
1-3 to break   1-4 for him
2-1 going   2-2 inviting
2-3 Seeing, believing

**1-4** 그는 충분히 자는 것이 필요하다.

**2-4** 그는 내가 발레 수업을 들어야 한다고 주장한다. / 그는 자신의 스테이크가 덜 익었다고 항의했다.

## UNIT EXERCISE

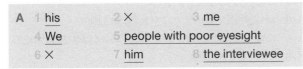

A 1 his   2 ✕   3 me
4 We   5 people with poor eyesight
6 ✕   7 him   8 the interviewee

**1** 그가 승진할 가능성이 높다.

**2** 폭우 속에서는 장화를 신는 것이 더 나을 것이다.

**3** 그녀는 회의에 늦은 것으로 나를 비난했다.

**4** 우리는 결혼 후 일 년 동안 전 세계를 여행하기로 결심했다.

**5** 시력이 나쁜 사람들은 사물을 선명하게 보는 것이 어렵다.

**6** 누군가를 사랑하는 것은 그들을 믿는 것을 의미한다.

**7** 오로지 자신만을 생각하다니 그는 이기적이었다.

**8** 그 면접관은 면접자에게 그의 이전의 직장에 대해 알려 주기를 요청했다.

B 1 of   2 your   3 for   4 his   5 for

**1** 과소비하지 않다니 너는 현명하구나.

▶ 사람의 성질을 나타내는 형용사(wise) 다음의 의미상 주어는 「of+목적격」으로 나타낸다.

**2** 여러분께서 파티에 와 주신 것에 대해 우리는 정말로 감사드립니다.

▶ 동명사의 의미상 주어로 소유격 형태 your가 와야 한다. yours는 소유대명사로 '당신의 것'이라는 뜻이다.

**3** 아기들이 잠을 자는 데 어려움을 겪는 것은 당연하다.

**4** 그는 괜찮니? 지난밤에 그가 비명을 지르는 것을 들었어.

▶ 동명사 screaming의 의미상 주어로 소유격 his를 쓴다.

**5** 임신한 여성이 비타민 D를 섭취하는 것은 필수적이다.

▶ 「It is 형용사+for A+to-v」 구문이다.

C 1 for him to act
2 my[me] helping the lost kid
3 for everyone to sit
4 spicy for children to eat
5 his[him] saying (that)

**1** 그가 그런 식으로 부주의하게 행동하다니 이상하다.

▶ to act의 의미상 주어로 「for+목적격」의 형태로 쓴다.

**2** 우리 부모님은 내가 미아를 도와준 것을 자랑스러워하셨다.

▶ 동명사 helping의 의미상 주어로 I의 소유격 또는 목적격 형태 my[me]로 쓴다.

**3** 우리는 모두가 앉을 수 있도록 충분한 의자를 준비했다.

▶ to sit의 의미상 주어로 for everyone을 쓴다.

**4** 그 수프는 너무 매워서 아이들이 먹을 수 없다.

▶ to eat의 의미상 주어로 for children을 쓰고, 「that절의 목적어 = 문장 주어」이면 to부정사구에서는 목적어(it)를 생략한다.

**5** 나는 그가 아프리카에서 자원 봉사할 것이라고 말했던 것을 기억한다.

▶ 동명사 saying의 의미상 주어로 he의 소유격 또는 목적격 형인 his[him]가 와야 한다.

### UNIT 02 to부정사와 동명사의 시제 · 태 P.102

1-1 to be   1-2 to be
1-3 to have been   1-4 to have been
1-5 to be given
1-6 to have been changed
2-1 being   2-2 being
2-3 not having known   2-4 not having known
2-5 seeing[having seen]
2-6 being misunderstood
2-7 having been misunderstood

**1-1** 그는 아픈 것 같다.

**2** 네가 경기에 져서 실망스러웠니?

**3** 내가 널 알아보지 못해서 미안하다.

그녀는 금메달을 따는 것에 대한 기대가 크다.

## UNIT EXERCISE

| | | | |
|---|---|---|---|
| **A** 1 × → of | | 2 × → of[about] | |
| 3 ○ | | 4 × → noticing | |

나는 선거에서 이길 것을 확신한다.

▶ certain은 전치사 of와 함께 쓰인다.

파티에서 춤추는 것에 대해 들어본 적 있나요?

▶ 뒤에 동명사구가 오므로 hear와 함께 쓰는 전치사 of나 about이 와야 한다.

그들은 창고의 자물쇠를 고장 낸 것으로 비난받았다.

▶ 전치사의 목적어 자리에 동명사(breaking)를 쓰는 것이 적절하다.

주인의 목소리를 알아채자마자, 그 개는 짖기 시작했다.

▶ 전치사의 목적어 자리에 동사가 올 경우 동명사 형태로 써야 하므로 noticing으로 고쳐 써야 한다. (on v-ing: ~하자마자)

**B** 1 decided on having only one child
2 at leaving his passport
3 a chance of getting a scholarship
4 before taking an exam

그들은 단 한 명의 아이만을 가지기로 결정했다.

그는 집에 여권을 두고 온 것에 놀랐다.

그녀는 장학금을 받을 가능성이 있다.

그녀는 시험을 보기 전에 공책을 다시 본다.

**C** 1 suggested canceling the appointment
2 Instead of playing games
3 was afraid of staying
4 of building a hospital
5 are confident of winning

동사 suggest는 목적어 자리에 동명사가 올 수 있으므로 canceling 으로 고쳐 쓴다.

「instead of v-ing」는 '~하지 않고'라는 뜻으로 주어진 동사 play 를 playing으로 고쳐 써야 한다.

전치사의 목적어로는 (동)명사가 오므로 주어진 동사 stay를 staying으로 고쳐 써야 한다.

전치사 of 다음에 동명사를 쓸 수 있으므로 주어진 동사 build를 building으로 고쳐 써야 한다.

「be confident of+동명사」의 형태가 적절하다.

## UNIT 03 절 ⇄ 분사, 분사구문  P.96

| | | | |
|---|---|---|---|
| 1-1 barking | | 1-2 wanting | |
| 1-3 broken | | 1-4 painted | |

| | | | |
|---|---|---|---|
| 2-1 Smiling | | 2-2 Raising | |
| 2-3 Waiting | | 2-4 Being | |
| 2-5 Crossing | | 2-6 Being | |

**1-1** 내가 어떻게 짖고 있는 개를 진정시킬 수 있겠니?

**1-2** 나는 새 차를 사기를 원하는 한 손님을 안다.

**1-3** 깨진 유리를 조심스럽게 제거해라.

**1-4** 우리 부모님은 유명한 예술가에 의해 그려진 그 그림을 감탄하며 바라보셨다.

**2-1** Chris가 밝게 미소 지으면서, 나와 악수했다.

**2-2** 그는 손을 들었고, 정확하게 대답했다.

**2-3** 버스를 기다리는 동안, 그 소년들은 게임에 관해 얘기했다.

**2-4** 내가 아주 피곤했기 때문에 곧바로 잠이 들었다.

**2-5** 다리를 건너면, 왼쪽에서 우리 사무실을 발견할 것이다.

**2-6** 비록 배고팠지만, 그녀는 뷔페식당에서 아무것도 먹지 않았다.

## UNIT EXERCISE

| | | | |
|---|---|---|---|
| **A** 1 stolen | | 2 borrowed | |
| 3 yawning | | 4 Not | |
| 5 Taken | | | |

**1** 그 여행자는 도둑맞은 지갑을 다급하게 찾았다.

**2** 나는 도서관에서 빌린 책들을 반납해야 한다.

**3** 선생님께서 하품하고 있는 학생에게 입을 가리라고 말씀하셨다.

**4** 규칙을 이해하지 못했기 때문에, 나는 게임이 지루하다고 여겼다.

**5** 조심스럽게 돌봐진다면, 그 식물은 겨울에 살아남을 수 있다.

**B** 1 many people driving
2 a good chance offered to me
3 calm down the crying baby
4 are considered the developed countries

**1** 혼잡 시간대에 운전하는 아주 많은 사람들이 있다.

**2** 해외에서 공부하는 것은 내게 주어진 좋은 기회이다.

**3** 그 엄마는 울고 있는 아기를 진정시키려고 노력한다.

**4** 미국, 캐나다, 영국 등은 발전된 나라(선진국)로 여겨진다.

**C** 1 Sitting at the cafe
2 Never agreeing with him
3 Interested[Being interested] in
4 Drunk[Being drunk] moderately
5 Listening to music

**1** 카페에 앉아, 나는 집에 오븐을 켜둔 채로 뒀다는 것을 깨달았다.

▶ 연속동작의 분사구문이므로 먼저 일어난 동작 sat을 현재분사로 바꾼다.

**2** 결코 그에게 동의하지는 않았지만, 그녀는 그에게 친절한 방식으로 대답했다.

▶ 주절의 주어 she와 일치하므로 「접속사(Although)+주어(she)」를 생략하고 종속절의 동사(agreed)를 현재분사로 고친다. 또한, 분

# Knowhow 4  긴 문장을 짧게 줄여 써보자 – 문장의 축소

## Chapter 09  준동사 I(절 ⇌ 준동사)

### UNIT 01  절 ⇌ to부정사 구문
P.92

1-1 to see
1-2 you to come back
1-3 not to stay up
2-1 to judge
2-2 to do
3-1 order to see / as to see
3-2 order not to misunderstand / as not to misunderstand
3-3 too shy to make a speech
3-4 too hot to drink
3-5 enough to get / early as to get

**1-1** 우리는 오늘 저녁에 그를 볼 수 있기를 희망한다.
**1-2** 나는 네가 돌아오기를 기대한다.
**1-3** 그녀는 아들에게 늦게까지 깨어 있지 말라고 말했다.
**2-1** 그는 겉모습만으로 판단하는 사람이 아니다.
**2-2** 나는 이번 주말에 해야 할 숙제가 많다.
**3-1** 그는 에펠탑을 보기 위해서 파리에 갔다.
**3-2** 저를 오해하지 않기 위해서 제 말을 주의 깊게 들으세요.
**3-3** 그녀는 너무 부끄러워서 사람들 앞에서 연설할 수 없었다.
**3-4** 내 커피는 너무 뜨거워서 마실 수 없다. / 내 커피는 마실 수 없을 만큼 뜨겁다.
**3-5** 나는 콘서트 티켓을 얻기에 충분할 만큼 일찍 도착했다.

### UNIT EXERCISE

A  1 to travel with (them)
   2 to buy me a new bicycle
   3 to read during the flight
   4 the clerk to refund her money

**1** 그 여행객들은 그들과 여행할 가이드를 만났다.
   ▶ 수식받는 명사(guide)와 to부정사(to travel)는 의미상 「주어-동사」의 관계이다.
**2** 나는 부모님께 새 자전거를 사달라고 설득했다.
**3** Judy는 비행할 동안 읽을 몇 권의 책을 샀다.
   ▶ 수식받는 명사(books)와 to부정사(to read)는 「목적어-동사」의 관계이다.
**4** 그 고객은 점원이 자신의 돈을 환불해 주어야 한다고 요청했다.
   ▶ that절의 주어가 주절의 주어와 다른 경우 to부정사 구문으로 전환 시 to부정사 앞에 목적어를 따로 쓴다.

B  1 너무 어려워서 풀 수 없었다[풀 수 없을 만큼 너무 어려웠다]
   2 건강을 유지하기 위해서
   3 늦게 도착하지 않기 위해서
   4 낯선 사람들과 친구가 되기에 충분할 만큼

C  1 too heavy to move by myself
   2 so as not to be tired
   3 in order to sit up straight
   4 so young that she can't[can not] understand

**1** 그 침대는 너무 무거워서 나는 혼자서 그것을 옮길 수 없다.
   ▶ that절의 목적어(it)가 문장의 주어(the bed)와 같다면 to부정사 구에서는 목적어(it)를 생략한다.
**2** 나는 피곤해지지 않기 위해서 종종 짧은 낮잠을 잔다.
   ▶ 「so as to-v」의 부정형은 to 앞에 not을 쓴다.
**3** 똑바로 앉아 있기 위해 당신의 컴퓨터 모니터를 조정하라.
   ▶ '~하기 위해서'라는 '목적'의 의미의 「in order to-v」로 바꿔 쓴다.
**4** 내 여동생은 너무 어려서 엄마의 말씀을 이해할 수 없다.
   ▶ 「too+형용사+to-v」 구문은 「so+형용사+that+S′+can't+v」로 바꾸어 쓸 수 있다.

### UNIT 02  절 ⇌ 동명사 구문
P.9

1-1 correcting       1-2 on paying
2-1 On hearing       2-2 before going
2-3 After studying   2-4 for talking
2-5 Instead of staying at home
2-6 for the purpose of becoming
3-1 of being         3-2 at[about] losing
3-3 for not recognizing
4   of getting

**1-1** 나는 그녀의 문법을 고쳐 줬던 것이 기억난다.
**1-2** 그녀는 자신이 계산해야 한다고 주장했다.
**2-1** 그 소리를 듣자마자 그녀는 일어났다.
**2-2** 그는 자러 가기 전에 샤워한다.
**2-3** 그녀는 열심히 공부한 후에 쉰다.
**2-4** 그 소년은 큰 소리로 떠들어서 꾸중을 들었다.
**2-5** 그녀는 집에 머무르지 않고 산책하러 갔다.
**2-6** 그는 의사가 되기 위해 열심히 공부했다.
**3-1** 그녀는 자신이 똑똑한 것이 자랑스럽다.

E　1　whether her boss would attend

　　2　The boy leading the race, is

　　3　so that she can speak more fluently

　　4　to predict weather conditions

　　5　such a boring film that everybody left

1　Yes/No 의문문을 명사절로 연결할 경우 어순이 「whether+주어
　+동사」로 되는 것에 주의한다.

2　The boy가 주어이므로 단수 동사 is를 쓴다.

3　「so that」은 '~하기 위해서'라는 의미의 부사절을 이끈다.

4　주어가 to부정사일 경우 가주어 It을 쓰고 to부정사구는 뒤로 보내
　는 경우가 일반적이다.

5　결과를 나타내는 「such ~ that」 구문으로, 「such+(a(an))+(형용
　사)+명사+that」의 어순에 주의한다.

**1** pain에 수일치시키며 시제는 현재이므로 is를 쓴다.

**2** the workers가 복수형이므로 복수 동사 are를 쓴다.

**3** 「neither A nor B」의 형태로 B(you)에 수일치시킨다.

**4** 「one of+복수 명사」는 단수 취급하고, 현재시제이므로 is를 쓴다.

# OVERALL TEST

P.88

**A**  1 have  2 Going  3 has  4 that  5 is  6 so  7 wants  8 where

**1** 몇몇 시골 지역에서는 더 맑은 밤하늘이 있다.
▶ 부분표현 some은 of 뒤의 명사의 수에 일치시키는데, the countryside areas가 복수이므로 have가 적절하다.

**2** 더운 날에 체육관에 가는 것은 즐겁지 않다.
▶ 주어 역할을 하는 동명사가 와야 한다.

**3** 독감에 걸린 사람의 수가 최근 두 배로 늘었다.
▶ 「the number of+복수 명사」는 단수 취급하므로 단수 동사(has)를 쓴다.

**4** 우리가 무언가를 성취하기 위해 꾸준히 노력해야 하는 것은 필수적이다.
▶ 주어가 명사절일 때, 가주어 It을 주어 자리에 쓰고 명사절을 뒤로 보낼 수 있다. 또한, 의미상 평서문을 연결하는 that이 적절하다.

**5** 많은 새로운 지역으로 여행 가는 것은 교육적이다.
▶ to부정사(구) 주어는 단수 취급하므로 단수 동사 is가 온다.

**6** Mark는 아주 열심히 일해서 진급되어야만 한다.
▶ 문맥상 '너무 ~해서 …하다'라는 의미인 「so[such] ~ that ....」 형태가 적절하며, 부사 hard를 수식하므로 so가 알맞다.

**7** 언어학을 전공한 그 남자는 언어학자가 되기를 원한다.
▶ The man이 주어이므로 단수 동사 wants가 적절하다.

**8** 많은 사람이 수영을 즐기는 그 해변은 동해 근처에 있다.
▶ 선행사가 장소(The beach)이고 뒤에 완전한 절이 이어지므로 관계부사 where가 와야 한다.

**B**  1 which you see on the list are  2 If my father quits smoking  3 A number of people prefer  4 how many guests can come  5 not only the price but also the quality  6 for the first three months  7 Even though I'm a close friend

**1** 문장의 주어인 선행사(The books)를 수식하는 관계대명사절(which절)이 온 다음에 문장의 동사 are를 쓴다.

**3** 「A number of+복수 명사」 형태의 주어가 온 다음에 복수 동사 prefer를 쓴다.

**4** 의문문을 문장의 목적어가 되는 명사절로 연결할 때에 「의문사+주어+동사」의 어순으로 쓴다. 또한, how에 딸린 형용사 many는 떨어뜨리지 않도록 주의한다.

**6** 「관사(the)+서수(first)+기수(three)」의 어순으로 나타낸다.

**7** 양보·대조의 접속사 even though는 완전한 문장(주어+동사 ~)을 이끈다.

**C**  1 ⓐ  2 ⓑ  3 ⓐ  4 ⓑ

**1** 나는 태국에서 저 네 개의 원형 접시들을 모두 샀다.
▶ those는 all 뒤에, 숫자를 나타내는 형용사 앞에 위치한다.

**2** 무서운 유령이 두려운 그 소녀는 장롱 안에 숨었다.
▶ afraid는 주어 뒤에서 수식하는 형용사이고, 형용사 뒤에 전명구(of the ~)가 이어진 형태이다.

**3** 내가 살던 그 마을은 이제 큰 농장이다.
▶ 관계부사 where가 선행사 The village 뒤에서 완전한 절(I used to live)을 이끈다.

**4** 자신의 인형을 좋아하는 그 아기는 인형의 우스꽝스러운 머리를 보고 웃었다.
▶ 형용사 fond에 전명구가 나와 길어진 경우로 주어 뒤에서 수식한다.

**D**  1 × → beautiful  2 × → whose  3 ○  4 × → is  5 ○  6 × → the exhibition is held

**1** 우리 조부모님의 정원은 아름답지만 습하다.
▶ 동사 be의 보어 자리이고, humid와 병렬을 이루어야 하므로 형용사 beautiful이 적절하다.

**2** 목도리가 바람에 날아간 그 남자는 당황한 것처럼 보였다.
▶ 선행사 The man과 관계사 뒤의 muffler가 소유 관계이므로 소유격 관계대명사 whose가 와야 한다.

**3** 우리 부모님이나 여동생 어느 쪽도 졸업식에 참석하지 않을 것이다.
▶ 「neither A nor B」는 동사를 B(my sister)에 수일치시킨다.

**4** 간호사들뿐만 아니라 그 의사도 이번 주에 쉰다.
▶ 「B as well as A」는 앞에 있는 명사 B(the doctor)에 수일치시킨다.

**5** 뾰족한 어떤 것이든 아이들 방에서 제거되어야만 한다.
▶ -thing으로 끝나는 대명사는 형용사가 뒤에서 수식한다.

**6** 당신은 언제 그 전시회가 개최될 것으로 생각하나요?
▶ 목적어로 의문사 의문문을 연결할 경우 「의문사+주어+동사」의 어순이지만, do you think[believe, say] 등과 연결될 때에는 의문사가 맨 앞으로 가는 것에 유의한다.

학습자들에게 동기를 부여하는 그 책은 베스트셀러가 되었다.

채소의 먹지 않는 부분이 보통 가장 영양가가 있다.

수영을 할 수 있는 사람들이 인명 구조원직에 지원하고 있다.

다양한 종류의 음악에 관심이 있는 그 소년은 노래를 작곡하기 시작한다.

그 슈퍼스타의 많은 팬들로부터 온 편지들이 안타깝게도 비에 젖고 있다.

**B**

| 1 A comedian, is | 2 The old lady, looks |
| 3 The men, are | 4 People, are |
| 5 The issues, are | |

군중을 즐겁게 하려는 한 코미디언이 무대 위에 올라서고 있다.
▶ 주어 A comedian이 단수형이므로 단수 동사 is를 쓴다.
책 한 무더기를 옮기고 있는 그 노부인은 나이보다 더 힘이 세 보인다.
▶ 주어 The old lady가 단수형이므로 단수 동사 looks를 쓴다.
존경받을 가치가 있는 사람들은 심지어 죽은 후에도 여전히 기억된다.
▶ men은 man의 복수형이므로 복수 동사 are를 써야 한다.
많은 걱정이 없는 사람들은 긍정적일 가능성이 더 크다.
▶ 주어 People에 수일치하여 복수 동사 are를 쓴다.
논쟁을 야기할 수 있는 그 문제들은 민감한 주제들이다.
▶ 선행사 The issues가 복수이므로 복수 동사 are가 적절하다.

**C**

1 delivered to me were
2 The trees in the dense forest tend
3 which recover from damage
4 aware of manners obeys

주어 The office supplies(복수형)에 수일치하고 과거시제이므로 were를 쓴다.
The trees가 주어이며 현재시제가 알맞다.
선행사가 some cells이므로 관계사절 내의 동사는 복수 동사가 되어야 한다. on the skin은 some cells를 수식한다.
주어는 The student(단수형)이며 시제는 현재이므로 obeys로 써야 한다.

---

## UNIT 03 부분표현과 주요 구문 P.86

| 1-1 was | 1-2 enjoy | 1-3 are | 1-4 is |
| 2-1 choose | 2-2 has | 2-3 is | 2-4 were |
| 2-5 need, need | | | |

1-1 그 시간의 절반은 소그룹 작업에 쓰였다.
1-2 대부분의 사람들은 피자를 소스에 찍어 먹는 것을 즐긴다.
1-3 그 장소들 중에 몇 군데는 여름 동안 방문하기에 좋다.
1-4 가장 중요한 것들 중 한 가지는 미리 계획하는 것이다.
2-1 그 선생님이나 그 학생들이 주제를 고른다.
2-2 너나 그녀 둘 중 한 명이 가야 한다.
2-3 너나 그 둘 다 정직하지 못하다.
2-4 그 아이가 아니라 그 부모님이 게임을 하고 있었다.

2-5 그뿐만 아니라 너도 거기에 갈 필요가 있다.

---

**A**

| 1 are | 2 have | 3 is | 4 were |
| 5 were | 6 is | 7 agree | 8 were |
| 9 was | 10 know | | |

1 아이들 중 몇 명은 아직 잠들어 있다.
▶ the children에 수일치시킨다.
2 대부분의 서퍼들은 검게 탄 피부를 가진다.
▶ surfers에 수일치시킨다.
3 케이크를 만들기 위해 달걀이 아닌 설탕이 더 필요하다.
▶ 「not A but B」의 형태로 B(sugar)에 수일치시킨다.
4 그 사람들 중 절반이 콘서트홀에 앉아 있었다.
▶ the people에 수일치시킨다.
5 더운 날에 그 바나나들의 3분의 2가 상했다.
▶ the bananas에 수일치시킨다.
6 너나 Molly가 이 프로젝트에 책임이 있다.
▶ 「either A or B」의 형태로 B(Molly)에 수일치시킨다.
7 나머지 팀원들은 내 의견에 동의한다.
▶ my team members에 수일치시킨다.
8 내 모든 학급 친구들이 선생님 댁에 초대받았다.
▶ my classmates에 수일치시킨다.
9 그 정보의 단 10퍼센트만이 유용했다.
▶ the information에 수일치시킨다. 셀 수 없는 명사(information, furniture, equipment, milk, salt, news, homework 등)는 단수 취급한다.
10 엄마뿐만 아니라 나도 김치를 만드는 법을 알고 있다.
▶ 「not only A but also B」의 형태로 B(I)에 수일치시킨다.

**B**

| 1 are | 2 like | 3 seem |
| 4 has | 5 is | |

1 그 동물원에 있는 대부분의 동물들은 아프리카에서 온다.
▶ the animals에 수일치시킨다.
2 Jin뿐만 아니라 나도 쿠키와 파이를 좋아한다.
▶ 「not only A but also B」의 형태로 B(I)에 수일치시킨다.
3 이 회사에서, 기계들 중 절반은 새것처럼 보인다.
▶ the machines에 수일치시킨다.
4 너뿐만 아니라 Michael도 내가 필요한 파일들을 가지고 있다.
▶ 「B as well as A」의 형태로 B(Michael)에 수일치시킨다.
5 필리핀이 아닌 페루가 내가 여행하고 싶은 곳이다.
▶ 「not A but B」의 형태로 B(Peru)에 수일치시킨다. 나라명인 the Philippines도 단수 취급한다.

**C**

1 not only bruises but also pain is reduced
2 Sixty percent of the workers are
3 Neither I nor you are
4 One of the themes of this musical is

# Chapter 08 수일치

## UNIT 01 단수 주어와 복수 주어 P.82

| 1-1 | is | 1-2 | is | 1-3 | was | 1-4 | is |
| 1-5 | was | 1-6 | is | 1-7 | consists |
| 2-1 | are | 2-2 | were / was |

**1-1** 외국어를 배우는 것은 시간 낭비가 아니다.
**1-2** 다이어리를 쓰는 것은 가치 있는 취미이다.
**1-3** 어떻게 그가 그것을 했는지는 결코 설명되지 않았다.
**1-4** 언제 그녀가 이곳에 올 수 있는지는 내게 중요하다.
**1-5** 그 소식은 매우 좋지 않았다.
**1-6** 수학은 미국에서 보통 math라 불린다.
**1-7** 미국은 50개의 주(州)로 이루어져 있다.
**2-1** 젊은 사람들은 새로운 생각에 개방적이다.
**2-2** 많은 사람들이 참석했다.
　　*cf.* 참석한 사람들의 수는 20명보다 더 많았다.

## UNIT EXERCISE

| A | 1 were | 2 is | 3 are | 4 is | 5 spreads |
| | 6 have | 7 is | 8 is | 9 is | 10 has |

**1** 많은 오래된 집들이 개조되었다.
**2** 자전거를 타는 것은 운동하기에 쉽고 편리한 방법이다.
**3** 부유한 사람들이 반드시 행복한 것은 아니다.
**4** 노인들의 수가 증가하고 있다.
**5** 그 빅뉴스는 학생들 사이에서 빠르게 퍼진다.
**6** 노인들은 보통 젊은이들보다 더 많은 경험을 가지고 있다.
**7** 경제학은 내가 가장 싫어하는 과목이다.
**8** 네덜란드는 풍차와 튤립으로 유명하다.
**9** 휴가 동안 내가 돈을 얼마나 썼는지는 내 노트에 적혀 있다.
**10** 탄산음료 대신 물을 마시는 것은 여러분의 건강에 긍정적인 영향을 끼친다.

| B | 1 ✕ → is | 2 ○ | 3 ✕ → has |
| | 4 ✕ → maple trees | | 5 ✕ → is |

**1** 정치학은 종종 지루하고 재미없다고 여겨진다.
　▶ 과목명은 단수 동사로 받는다.
**2** 노숙자들은 많은 자선 단체에 의해 지원받는다.
　▶「the+형용사」는 복수 취급하므로 적절하다.
**3** 매년 신생아들의 수가 감소해 오고 있다.
　▶「the number of+복수 명사」는 단수 취급한다.
**4** 상당히 많은 수의 단풍나무가 우리 마을을 둘러싸고 있다.
　▶ a number of 다음에는 복수 명사가 와야 한다.
**5** 용이 실제로 존재했는지는 확실하지 않다.
　▶ 명사절은 단수 취급한다.

| C | 1 | To blame others for something is |
| | 2 | the number of applicants was |
| | 3 | Where they are from is |
| | 4 | The Philippines has more than 7000 islands |

**1** to부정사구는 단수 동사로 받으므로 be동사의 단수형이자 현재형인 is로 바꾸어 쓴다.
**2** 「the number+of+복수 명사」는 단수 취급하며, 과거시제이므로 was가 적절하다.
**3** 명사절 내 they는 복수 주어이므로 복수 동사 are로 받고, 문장의 주어로 쓰인 명사절은 단수 취급하여 동사 is로 받는다. 둘 다 현재시제가 알맞다.
**4** 현재시제이며 나라명은 단수 취급하므로 has로 써야 한다.

## UNIT 02 진짜 주어 찾기 P.84

| 1-1 | is | 1-2 | are | 1-3 | are | 1-4 | is |
| 1-5 | make | 2-1 | lives | 2-2 | show | 2-3 | loves |
| 2-4 | show |

**1-1** 꽃으로 가득한 꽃병은 전통적인 어머니 날 선물이다.
**1-2** 벽에 있는 사진들은 모두 나의 것이다.
**1-3** 환경에 도움을 주는 방법들은 어렵지 않다.
**1-4** 안경을 쓴 나의 시력은 이제 완벽하다.
**1-5** 중심가를 지나가는 차들은 큰 소음을 낸다.
**2-1** 그는 옆집에 사는 남자이다.
**2-2** 이것들은 그의 그림들을 보여 주는 책이다.
**2-3** 그는 개를 사랑하는 네가 꿈꾸던 남자이다.
**2-4** 이것들은 그의 그림들을 보여 주는 판매 중인 책들이다.

## UNIT EXERCISE

| A | 1 | [arriving at the scene of the accident], is turning |
| | 2 | [satisfied with his performance], bows |
| | 3 | [to be prepared to make curry], are listed |
| | 4 | [which motivated learners], became |
| | 5 | [of vegetables that is uneaten], is |
| | 6 | [capable of swimming], are applying |
| | 7 | [interested in various types of music], starts |
| | 8 | [from the superstar's many fans], are getting |

**1** 사고 현장에 도착한 그 남자는 창백해지고 있다.
**2** 자신의 연주에 만족한 그 바이올린 연주자는 미소를 띠며 고개 숙여 인사한다.
**3** 카레를 만들기 위해 준비되어야 하는 재료들이 요리법에 나열되어 있다.

연결될 때는 의문사가 맨 앞으로 온다.

**C**
1  Can you tell me how long you have stayed here
2  Larry asked him whether[if] the team finished the project
3  Do they know who these people are
4  Did you notice (that) Alex grew a beard
5  The teacher wondered why Jack was late

1  얼마나 오래 네가 여기 있었는지 말해 줄 수 있니?
2  Larry는 그에게 그 팀이 프로젝트를 끝냈는지 물었다.
3  그들은 이 사람들이 누구인지 아나요?
4  너는 Alex가 수염을 기른다는 것을 알아챘니?
5  그 선생님은 왜 Jack이 늦는지 궁금했다.

## UNIT 03  절의 연결 II_부사절(1)  P.76

2-2  the rain          2-3    the bad weather

## UNIT EXERCISE

**A**  1  since          2  After
       3  although       4  since
       5  Though

1  나는 캐나다에 돌아온 후로 영어를 써 왔다.
2  일을 마치고 난 후, 나는 쇼핑몰에 너와 함께 갈 것이다.
3  먹을 것이 아무것도 없었음에도 불구하고, 그 남자는 가까스로 살아남았다.
4  그가 요금을 지불하는 것을 잊었기 때문에 전기가 끊겼다.
5  비록 어리지만, 그는 회사에서 높은 직위에 있다.

**B**  1  Once she finished the project
       2  Although I admire your courage
       3  until the discussion ended
       4  since I didn't go camping

**C**  1  during summer vacation
       2  Despite cultural differences
       3  because of the lack of oxygen

1  내 남동생과 나는 여름방학 동안 영어 캠프를 간다.
2  비록 Mike가 문화적 차이를 경험하지만, 그는 한국에서의 새로운 삶에 잘 적응한다. → 문화적 차이에도 불구하고, ~.
3  충분한 산소가 없었기 때문에 우리는 높은 산에서 숨쉬기가 어려웠다. → 산소 부족으로 인해 ~.

## UNIT 04  절의 연결 III_부사절(2)  P.78

1-1  If / unless          1-2    so that
1-3  so, that / such, that / so (that)
2-1  so hot
2-2  such a surprising story / so surprising a story

## UNIT EXERCISE

**A**  1  so that / 풍경화를 그리기 위해서
       2  so, that / 너무 무거워서
       3  unless / 열심히 공부하지 않는다면
       4  such, that / 너무 큰 나라여서

**B**  1  is so short
       2  such a low voice
       3  is so shy a girl

1  so+형용사+that
2  such+a(n)+형용사+명사+that
3  so+형용사+a(n)+명사+that

**C**  1  aches so badly that
       2  so[in order] that we would arrive
       3  such a good man that
       4  unless you have an ID card[if you don't have an ID card]

1  의미상 「so+부사+that」의 형태가 적절하므로 badly 앞에 so를 추가한다.
2  '~하기 위해서'의 의미를 갖도록 so 또는 in order를 that 앞에 추가한다.
3  의미상 that을 추가하여 「such+a(n)+형용사+명사+that」의 어순으로 쓴다.
4  의미상 '~하지 않는다면'의 접속사 unless를 추가하거나, if ~ not을 쓰는 것이 적절하다.

## UNIT 01 단어, 구의 연결 P.72

1-1 milk
1-2 (were) laughing
1-3 cold, sunny
1-4 fast, slow(ly)
1-5 on the table, on the floor
1-6 (to) release them
1-7 playing video games
2-1 both house and furniture
2-2 Either you or he
2-3 neither big nor small
2-4 not a painter, but a writer
2-5 not only by children but also by adults

## UNIT EXERCISE

A 1 and 2 or 3 and
  4 but 5 or

1 Charles와 Grace는 하이킹하는 데 즐거운 시간을 보냈다.
2 그 피아니스트는 무대 위에서나 길거리에서 연주한다.
3 만일 당신이 우리 상품을 원한다면, 와서 그것을 가져가세요.
4 그 새로운 학생은 아주 총명하지만 게으르다.
5 우리는 휴일 내내 호텔에서 또는 내 삼촌 집에서 머물 수 있다.

B 1 × → neither 2 × → (to) leave
  3 ○ 4 ○
  5 × → persuading

1 나는 내 스타킹도 양말도 찾을 수 없다.
  ▶ nor와 함께 쓰이는 것은 neither이다.
2 우리는 점심을 먼저 먹고 일찍 떠나기를 원한다.
  ▶ and는 문법적 성격이 같은 것을 연결하므로 to have와 같이 to leave로 바꾸어야 한다. 이때 to는 생략할 수 있다.
3 그는 긴장한 것이 아닌 부끄러운 기분이 든다.
  ▶ not A but B: A가 아니라 B인
4 새로운 문화를 배우는 것뿐만 아니라 여행하는 것도 중요하다.
  ▶ 「B as well as A」는 'A뿐만 아니라 B도'라는 의미이며, learning은 traveling과 문법적 성격이 같은 동명사이다.
5 그 선생님은 가르치는 것과 설득하는 것을 잘하신다.
  ▶ and로 연결되는 단어나 구는 문법적 성격이 같아야 한다. 앞에 전치사 at의 목적어로 동명사(teaching)가 사용되었으므로 persuading이 적절하다.

C 1 in New York or (in) LA
  2 both simple and easy to read
  3 have lunch either with me or alone
  4 not only a famous author, but (also) a gifted speaker

1 반복되는 in은 생략이 가능하다.

## UNIT 02 절의 연결 I _ 등위절, 명사절 P.74

1-1 and 1-2 and 1-3 but
1-4 or 1-5 or

1-1 나는 그녀에게 전화했고, 그녀가 받았다.
1-2 설거지를 해라, 그러면 네게 3달러를 줄 것이다.
1-3 나는 그녀에게 전화했지만, 그녀는 받지 않았다.
1-4 우리가 현금으로 계산할 수 있나요, 아니면 카드만 되나요?
1-5 불을 낮춰라. 그렇지 않으면 그것이 탈 것이다.
2 그녀는 그 개가 자신의 먹이를 다 먹었다고 말했다. / 나는 언제 결정이 됐는지 모른다. / 당신은 언제 결정이 되었다고 생각하나요? / 나는 그것이 얼마였는지 기억하지 못한다. / 몇몇 사람들은 그 소식이 진실인지 물었다.

## UNIT EXERCISE

A 1 or 2 if 3 when
  4 that 5 but

1 너 운전하고 싶니 아니면 내가 해야 하니?
2 Anna는 내가 시간이 더 필요한지 물었다.
3 Ben은 언제 비행기가 떠나는지 확신하지 못했다.
4 그들은 10시에 판매가 시작될 것이라고 말했다.
5 Henry는 공포 영화를 즐기지만, 그의 친구는 그렇지 않다.

B 1 how tall are you → how tall you are
  2 what → whether[if]
  3 why → that
  4 Do you think when → When do you think

1 의문문을 문장의 목적어가 되는 명사절로 연결할 때 「의문사+주어 +동사」의 어순으로 된다. 또한, how에 딸린 형용사 tall은 떨어지지 않는다.
2 목적어가 되는 명사절을 연결하고, 의미상 '~인지 아닌지'라는 뜻이 되어야 하므로 whether 또는 if가 적절하다.
3 문장의 목적어가 되는 명사절을 이끌고, 평서문을 연결하므로 that이 적절하다.
4 의문문이 문장의 목적어로 나오고, do you think와 같은 어구

**4** 이 기계가 작동하는 방법은 안내서에 있다.

  ▶ '방법'을 나타내는 관계부사 how가 적절하다.

**5** Tomas가 수업에 결석했던 이유는 미스터리이다.

  ▶ '이유'를 나타내는 관계부사 why가 와야 한다.

**6** 우리가 어제 저녁 식사를 한 중식당은 정말 훌륭했다.

  ▶ 선행사(The Chinese restaurant)가 '장소'이므로 관계부사 where를 쓴다.

**7** 내 딸이 태어난 날은 내 생애 최고의 날이었다.

  ▶ 선행사 The day가 '때'를 나타내므로 관계부사 when이 알맞다.

**8** 내가 내 돈을 현명하게 써 온 방법이 내 일기장 안에 있다.

  ▶ 관계부사 how는 the way와 함께 쓰일 수 없으므로 아무것도 들어가지 않는 것이 적절하다.

**B** 1 X → which      2 ○
   3 ○        4 X → why[for which]

**1** 내가 태어났던 해는 2000년이다.

**2** 내가 영어를 전공했던 대학은 서울에 있다.

**3** 우리가 알래스카를 방문한 여름 방학은 아주 좋았다.

**4** 내가 의사가 된 이유는 아픈 사람들을 돕기 위해서였다.

  ▶ '이유'를 나타내는 관계부사 why 또는 for which가 오는 것이 적절하다.

**C** 1 when it rains so much
   2 The reason why Donna came here
   3 How I solved this problem
   4 where you have to decide something

## UNIT 03 응용: 목적어의 확장    P.66

  1 some wonderful, planted
  2 more, to read
  3 from all over the world
  4 to stay home
  5 living
  6 that
  7 round, that[which]

## UNIT EXERCISE

**A** 1 [painted in the 1900s]
   2 [a bottle of], [from Chile]
   3 [a yellow], [swimming among the coral]
   4 [special], [to give my parents]
   5 [a long], [about environmental problems]
   6 [the crying], [whose leg was broken]

그 박물관에는 1900년대에 그려진 그림들이 있다.

나는 칠레에서 온 적포도주 한 병을 친구에게 선물로 주었다.

**3** 우리는 산호 사이를 헤엄치고 있는 노란 거북이 한 마리를 발견했다.

**4** 나는 부모님께 드릴 특별한 무언가를 가지고 있다.

**5** 그 교수님은 환경 문제에 관한 긴 연설을 하셨다.

**6** 나는 다리가 부러진 울고 있는 새끼 고양이를 발견했다.

**B** 1 colorful balloons floating
   2 holding a concert
   3 to live in the country
   4 that all staff should take a rest
   5 a love song whose lyrics he wrote
   6 a pair of pants with a striped pattern
   7 tuned to my favorite channel
   8 a daughter who is an elementary school student

## UNIT 04 응용: 보어의 확장    P.68

  1 popular, played     2 the best, to make
  3 of eating and drinking     4 to know
  5 going surfing          6 that
  7 who[that]

## UNIT EXERCISE

**A** 1 [which I like to have for lunch]
   2 [by Beethoven]
   3 [that I can do best]
   4 [a good], [to start a new hobby]
   5 [of that black car parked outside]
   6 [a well-known], [made in the 1990s]

**1** 파스타는 내가 점심으로 먹기 좋아하는 음식이다.

**2** 저 아름다운 가곡은 베토벤의 작품이다.

**3** 그림 그리기는 내가 가장 잘할 수 있는 것이다.

**4** 봄은 새로운 취미를 시작할 좋은 때이다.

**5** Smith 씨는 밖에 주차된 저 검은색 차의 주인이다.

**6** 그것은 1990년대에 만들어진 유명한 게임이었다.

**B** 1 which I like to watch
   2 to become the best actor
   3 to finish the writing test
   4 taken of his grandfather
   5 who taught me how to snowboard
   6 with the highest grade
   7 impressive animals to see in the wild
   8 that I am a hard worker

# Chapter 06 주어, 목적어의 확장

2-1 who answered the phone
2-2 which hit the tree
2-3 who(m) I love most
2-4 which I bought
2-5 whose owners went on vacation

## UNIT EXERCISE

**A** 1 which[that]　　　2 who[that]
3 which[that]　　　4 whose
5 who(m)[that]　　　6 whose
7 who(m)[that]　　　8 which[that]

1 우리 엄마가 저녁으로 만드신 요리는 매우 맛있었다.
▶ 선행사(The dish)가 사람이 아니고, 뒤 문장에 목적어가 없으므로 목적격 관계대명사 which 또는 that이 적절하다.
2 우리 회사에서 일하는 직원들은 일 년에 15일의 휴가를 얻을 수 있다.
▶ 선행사(Employees)가 사람이고 뒤 문장에 주어가 없으므로 주격 관계대명사 who 또는 that이 적절하다.
3 내가 지난주에 샀던 자전거가 벌써 고장 났다.
▶ 앞에 나온 선행사 The bicycle이 사물이고 뒤 문장에 목적어가 없으므로 목적격 관계대명사 which 또는 that이 와야 한다.
4 의자가 불편한 영화관은 관객들을 끌어모으지 못한다.
▶ 선행사(The movie theater)와 관계사 뒤의 chairs가 소유 관계이므로 소유격 관계대명사 whose가 적절하다.
5 나와 이야기를 한 그 남자는 미국인이 아닌, 영국인이었다.
▶ 선행사(The man)가 사람이고 뒤 문장에 목적어가 없으므로 목적격 관계대명사 who(m) 또는 that이 알맞다.
6 노래가 히트 친 그 음악가는 많은 음악상을 받았다.
▶ 선행사(The musician)와 관계사 뒤의 song이 소유 관계이므로 소유격 관계대명사 whose가 적절하다.
7 네가 처음에는 나쁘다고 생각했던 누군가가 네게 친절하게 대할 수 있다.
▶ 선행사(Someone)가 사람이고 뒤 문장에 목적어가 없으므로 목적격 관계대명사 who(m) 또는 that이 와야 한다.
8 탁자 위에 있는 책은 Lewis Carroll에 의해 쓰였다.
▶ 선행사 The book은 사람이 아니고, 뒤에 이어지는 절에 주어가 없으므로 주격 관계대명사 which나 that이 와야 한다.

**B** 1 who → which[that]
2 whom → which[that] 혹은 삭제
3 his → whose
4 him → him 삭제

1 선행사(The subject)가 사람이 아니고, 관계사절 내에 목적어가 필요하므로 who는 목적격 관계대명사 which 또는 that으로 고쳐써야 한다.
2 선행사(The flower)가 사람이 아니고, gave의 직접목적어가 없으므로 whom은 목적격 관계대명사 which나 that으로 고쳐야 한다.
3 두 절을 연결하려면 접속사나 관계사가 필요하므로 his를 소유격 관계대명사 whose로 바꾸어야 적절하다.
4 met의 목적어 역할을 하는 관계대명사 whom이 쓰였으므로 관계사절 내의 목적어 him은 삭제해야 한다.

**C** 1 The climbers who[that] reached the summit were exhausted
2 The ice cream whose flavor is chocolate is the child's favorite
3 The place (which[that]) I want to visit someday is Croatia
4 The actor (who(m)[that]) they mentioned is very famous

1 그 등산가들은 완전히 지쳤다. 그들은 정상에 도달했다.
→ 정상에 도달한 그 등산가들은 완전히 지쳤다.
2 그 아이스크림은 그 아이가 가장 좋아하는 것이다. 그것의 맛은 초콜릿이다. → 초콜릿 맛인 아이스크림은 그 아이가 가장 좋아하는 것이다.
3 그 장소는 크로아티아이다. 나는 그 장소를 언젠가 방문하고 싶다.
→ 내가 언젠가 방문하고 싶은 장소는 크로아티아이다.
4 그 배우는 매우 유명하다. 그들은 그를 언급했다.
→ 그들이 언급했던 그 배우는 매우 유명하다.

2-1 when he left
2-2 where the meeting was held
2-3 why they succeeded
2-4 you do it

## UNIT EXERCISE

**A** 1 where　2 when　3 why　4 How
5 why　6 where　7 when　8 ✕

1 내가 놀곤 했던 공원이 지금은 문을 닫았다.
▶ 선행사(The park)가 '장소'이므로 관계부사 where를 쓴다.
2 내가 처음으로 아내를 만났을 때는 잊을 수 없다.
▶ 선행사(The first time)가 '때'이므로 관계부사 when이 알맞다.
3 그 소년이 거리에서 운 이유는 알려지지 않았다.
▶ 선행사 The reason은 '이유'를 나타내므로 관계부사 why를 쓴다.

   3 Three beaten eggs
   4 Baked chicken with vegetables
   5 coming from different cultures
   6 surrounded by thousands of spectators
   7 limiting businesses from offering plastic straws

**1** 현재분사(causing)에 딸린 어구(the disease)가 있기 때문에 주어(The virus) 뒤에 위치한다.

**2** 단독으로 쓰인 과거분사(opened)가 주어(windows)를 앞에서 꾸며준다.

**3** 과거분사(beaten)가 단독으로 쓰여 주어(eggs)앞에서 꾸며준다. 기수(Three)는 성질을 나타내는 분사 앞에 위치한다.

**4** 과거분사(Baked)가 주어(chicken)를 꾸며준다. 여기서 전명구(with vegetables)는 형용사로 쓰여 주어 뒤에서 수식한다.

**5** 현재분사(coming)에 딸린 어구(from different cultures)가 있기 때문에 주어(people) 뒤에 온다.

**6** 과거분사(surrounded)에 딸린 어구(by thousands of spectators)가 있기 때문에 주어(All players) 뒤에 온다.

**7** 현재분사(limiting)에 딸린 어구(businesses from offering plastic straws)가 있기 때문에 주어(A law) 뒤에 위치한다. 「limit A from B」는 'A가 B하는 것을 제한하다'라는 의미이다.

## UNIT 03 주어는 여러 형태가 가능하다    P.58

2 Believing
3 To believe / It, to believe
4 It, that

### NIT EXERCISE

**A** 1 Giving up     2 To plant
    3 that          4 to
    5 It           6 That
    7 To          8 Writing
    9 that        10 Eating

포기하는 것은 실패하는 것이 아니다. 그것은 다시 시작할 기회이다.
정원을 가꾸는 것은 우리 엄마가 가장 좋아하는 일이다.
시간이 지남에 따라 사람들이 나이가 드는 것은 당연하다.
▶ 가주어 It을 주어 자리에 쓰고 명사절(that절)을 뒤로 보낼 수 있다.
그랜드 캐니언을 방문하는 것은 내 평생의 꿈이다.
▶ 주어가 to부정사일 때, 가주어 It을 주어 자리에 쓰고 to부정사구를 뒤에 보낼 수 있다.
사실대로 말하는 것은 항상 옳다.
▶ 주어가 to부정사일 때, 가주어 It을 주어 자리에 쓰고 to부정사구를 뒤에 보내는 것이 더 일반적이다.
우리 야구팀이 이길 것이 확실하다.
▶ 명사절(that절)이 주어 자리에 쓰였다.
독서는 너의 지식을 확장하는 것을 의미한다.
책을 쓰는 것은 집을 짓는 것이나 그림을 그리는 것과 다르지 않다.
▶ 주어 자리이므로 동명사를 쓰는 것이 적절하다.

정답 및 해설

**9** 경험이 많은 것은 여러분에게 장점이 된다.
   ▶ 뒤에 절(주어+동사)이 이어지는 것을 보아 명사절을 이끄는 접속사 that을 써야 한다. 앞에 있는 It은 가주어이다.

**10** 하루 동안 가벼운 식사들을 하는 것은 당신이 배고픔을 피하는 데 도움이 될 수 있다.

**B** 1 Starting a new job
    2 to delay our appointment
    3 To be honest
    4 to believe what he was saying
    5 Spending some time abroad
    6 That parents always love you

**1** 새로운 일을 시작하는 것은 흥미롭다.

**2** 우리의 약속을 미루는 것이 가능할까요?
   ▶ 주어가 to부정사일 때, 가주어 it을 주어 자리에 쓰고 to부정사구를 뒤에 보낼 수 있다. 「It would be possible to delay our appointment.」가 의문문으로 쓰인 형태이다.

**3** 정직한 것이 최선의 방책이다.

**4** 그가 말하고 있는 것을 믿기 어려웠다.
   ▶ 주어가 to부정사일 때, 가주어 It을 주어 자리에 쓰고 to부정사구를 뒤에 보내는 것이 일반적이다.

**5** 해외에서 얼마간의 시간을 보내는 것은 네 언어 학습에 도움이 될 것이다.

**6** 부모님이 항상 너를 사랑한다는 것은 명백하다.
   ▶ 명사절(that절)이 주어 자리에 쓰인 문장이다.

**C** 1 The best revenge
    2 Life without love
    3 Watching[To watch] television
    4 Riding[To ride] my bike
    5 to find someone to rely on
    6 It was strange that
    7 It is sad that
    8 That red house with large windows
    9 Maintaining[To maintain] a positive attitude
    10 That drinking enough water is important for your health

**3** 주어 자리에 to부정사(구)와 동명사(구) 둘 다 올 수 있다.

**4** 주어로 to부정사와 동명사 둘 다 쓸 수 있다.

**5** 주어가 to부정사일 때, 가주어 It을 주어 자리에 쓰고 to부정사구를 뒤에 보낼 수 있다.

**6** 주어가 명사절(that절)일 때, 가주어 It을 주어 자리에 쓰고 명사절을 뒤로 보낼 수 있다.

**7** 주어로 명사절(that절)이 올 때, 가주어 It이 주어 자리에 오고 명사절은 뒤로 갈 수 있다.

**8** 주어 자리에 명사(구)가 올 수 있다. 이때, 전명구(with large windows)가 주어를 수식한다.

**9** 주어 자리에 to부정사(구)와 동명사(구) 둘 다 쓸 수 있다.

**10** 명사절(that절)이 주어로 올 수 있다.

# Knowhow 3  긴 문장도 제대로 써보자 – 문장의 확장

## Chapter 05  주어의 확장

### UNIT 01  형용사(구)의 어순과 위치에 유의하라  P.54

2-1  The nice wooden building
2-2  His first two wonderful albums
3-1  Something strange
3-2  All fish asleep
3-3  A bucket full of water
3-4  The kids in the house
4-5  The best time to start

### UNIT EXERCISE

A  1  the scary grey        2  her many old
   3  that great brick      4  my three brown
   5  his nice black        6  both her lovely
   7  the first three

B  1  The ability to remember
   2  My first two classes
   3  Something good
   4  People confident of their success
   5  The player happy about the victory
   6  This fact alone

1  to부정사(to remember)가 주어(The ability)를 뒤에서 꾸며준다.
2  주어(classes) 앞에 소유격 my가 가장 먼저 오고, 「서수(first)+기수(two)」의 어순으로 쓴다.
3  주어가 -thing 등으로 끝나는 대명사일 경우 형용사는 뒤에서 수식한다.
4  형용사(confident) 뒤에 전명구(of their success)가 와서 주어가 길어진 경우, 주어 뒤에서 수식한다.
5  형용사(happy) 뒤에 전명구(about the victory)가 와서 길어질 때 주어 뒤에서 수식한다.
6  형용사 alone은 명사를 뒤에서 수식한다.

### UNIT 02  수식하는 분사(구)의 형태와 위치에 유의하라  P.56

1-1  growing        1-2  stolen
2-1  flowing        2-2  wearing

### UNIT EXERCISE

A  1  fallen      2  alarming     3  hidden
   4  confusing   5  relaxing

B  1  annoying        2  fried
   3  boring          4  interesting
   5  thrilling       6  determined
   7  fascinating     8  exhausted
   9  tiring          10  frustrating

1  성가신 소음
2  튀겨진 치킨
3  지루한 기다림
4  흥미로운 책
5  스릴 있는 번지 점프
6  결심한 사람
7  대단히 흥미로운 화제
8  탈진한 주자
9  지치게 하는 마라톤
10  좌절감을 주는 지연

C  1 ⓑ      2 ⓐ      3 ⓑ      4 ⓐ
   5 ⓐ      6 ⓑ      7 ⓐ

1  남자에게 짖고 있는 그 개는 무서워 보인다.
   ▶ 현재분사(barking)에 at the man이라는 딸린 어구가 있으므로 주어 뒤로 가야 한다.
2  그 파손된 집은 자원봉사자들에 의해 복구될 것이다.
   ▶ 과거분사(damaged)가 단독으로 쓰여 주어(house)의 앞에 치한다.
3  해변에 부서지는 파도가 나의 서프보드를 바다로 밀어냈다.
   ▶ 현재분사(breaking)에 딸린 어구(on the beach)가 있기 때에 주어 뒤에 위치한다.
4  오직 상급 수준인 학생들만 이 수업을 들을 수 있다.
   ▶ 단독으로 쓰인 과거분사(advanced)가 주어(students)의 앞 위치한다.
5  탄 토스트의 냄새가 식당을 가득 채웠다.
   ▶ 과거분사(burnt)가 단독으로 쓰여 주어(toast's smell)의 앞 온다.
6  중학교에서 일하시는 우리 엄마는 가르치는 것에 항상 열정적이시
   ▶ 현재분사(working) 뒤에 딸린 어구(at the middle scho가 있으므로 주어(My mom) 뒤에 온다.
7  쓰러진 나무가 도로를 막아서 모든 차가 지나갈 수 없었다.
   ▶ 과거분사(fallen)가 단독으로 쓰여 주어(tree)의 앞에 위치한다.

D  1  The virus causing the disease
   2  The opened windows

**A** 1 had　　2 should　　3 with
4 speaking　　5 to volunteer　　6 wounded
7 for　　8 is

1 내가 도착했을 때 그 회의는 이미 시작했다. ▶ 내가 도착한(arrived) 것보다 회의가 시작된 것이 더 먼저이므로 대과거를 써야 한다.

2 나는 비에 젖었다. 나는 우산을 가져왔어야 했다. ▶ 과거 행동에 대한 후회를 나타내므로 「should have p.p.」가 적절하다.

3 그 시나리오 작가는 자신의 영화 대본에 만족해했다.
▶ be satisfied with: ~에 만족해하다

4 나는 이제 영어를 말하는 데 익숙하다. 그러나 처음에는 그것이 어색했다.
▶ '~하는 데 익숙하다'라는 뜻의 「be used to v-ing」를 쓰는 것이 적절하다. 「be used to부정사」는 '~하는 데 사용되다'의 의미이다.

5 Thomas와 나는 고아원에서 봉사 활동하기로 되어 있다.
▶ be supposed to부정사: ~해야 한다, ~하기로 되어 있다

6 많은 사람들이 부상을 입어 즉시 병원으로 이송되었다.
▶ 문맥상 주어 Many people이 '부상을 당하는' 것이므로 수동형이 적절하다.

7 그 노인은 현명함과 너그러움으로 유명하다.
▶ 문맥상 be known for(~으로 유명하다)가 적절하다. be known to는 '~에게 알려져 있다'의 의미이다.

8 달은 지구의 위성이다.
▶ 과학적 사실(진리)을 나타내므로 현재시제가 알맞다.

**B** 1 walks　　2 been　　3 finish
4 were　　5 was told　　6 had looked
7 have been used　　8 was made to

1 그녀는 요즘 매일 회사까지 걸어간다. ▶ 현재의 습관을 나타내므로 현재시제이고, 주어 She가 3인칭 단수이므로 walks가 알맞다.

2 Jason은 제주도에 가본 적이 없다. ▶ 현재까지의 경험을 나타내는 현재완료가 적절하다.

3 숙제를 끝낸 후에 나는 야구를 할 것이다. ▶ 때를 나타내는 부사절 접속사 after가 쓰였으므로 현재시제로 쓴다.

4 내가 백만장자라면, 나는 어려운 사람들을 도울 텐데.
▶ If절의 내용이 현재 사실의 반대를 나타내므로 were가 적절하다.

5 나는 지난주에 그 놀라운 소식을 들었다. ▶ 과거에 내가 소식을 '들은' 것이므로 수동태인 was told가 되어야 한다.

6 그는 새 직장을 얻기 전에 두 달 동안 일자리를 찾았었다.
▶ 새 직장을 얻은(got) 과거의 어떤 때까지의 상태를 나타내므로 과거완료(had p.p.)로 써야 한다.

7 스마트폰은 2000년대 후반 이래로 많은 사람들에 의해 사용되어 왔다.
▶ 계속 기간을 나타내는 전치사 since와 함께 쓰였으므로 현재완료이고, 스마트폰은 '사용된' 것이므로 수동형이 적절하다.

8 그는 이틀 전에 비서에게 자신의 명함을 보여주게 되었다.

▶ 5문형인 「make+목적어+원형부정사」를 수동태로 쓸 때 원형부정사는 to부정사로 써야 한다.

**C** 1 ✕ → is used to　　2 ○　　3 ○
4 ✕ → be allowed　　5 ○　　6 ✕ → get

1 풍력 에너지는 전기를 생산해 내는 데 사용된다. ▶ 문맥상 '~하는 데 사용되다'의 「be used to부정사」가 적절하다. 「used to+동사원형」은 '~하곤 했다'의 의미이다.

2 그 지저분한 테이블은 지금 Mina에 의해 청소되는 중이다.

3 한국에서는 대통령 선거가 5년마다 실시된다. ▶ take place는 '일어나다, 개최되다'라는 의미의 자동사로 수동태로 쓰이지 않는다.

4 사람들이 버스 정류장에서 새치기하도록 허용되어서는 안 된다.
▶ 문맥상 수동태로 써야 하고, 앞에 조동사 should가 있으므로 'be p.p.'의 형태로 쓴다.

5 내가 집에 도착했을 때, 그들은 이미 저녁을 먹었다. ▶ 내가 집에 도착했을(got) 때보다 더 이전의 일이므로 대과거를 써야 한다.

6 버스에서 내리면, 당신은 명동에 있게 될 것이다. ▶ 시간을 나타내는 부사절에서는 현재시제(get)가 미래시제를 대신한다.

**D** 1 is said to have quit
2 had never watched that show
3 is covered with[by] a blanket
4 has forgotten the password
5 should have left
6 consists of different Indian dishes
7 were shown the map
8 sang well, would enter

1 문장의 시제는 현재이고, 그 직원이 일을 그만둔 시점은 과거이므로 「to have p.p.」를 쓴다.

2 과거의 어떤 때까지의 경험을 나타내므로 과거완료가 적절하며, 빈도부사(never)는 조동사(had) 뒤에 위치한다.

3 be covered with[by]: ~으로 덮여 있다

4 과거 동작의 결과가 현재 남아 있는 상태로 현재완료(have[has]+p.p.)를 쓴다. 주어 My sister는 3인칭 단수이므로 'has forgotten'이 적절하다.

5 과거 행동에 대한 후회를 나타내므로 「should have p.p.」가 적절하다.

6 consist of는 '~로 구성되다'라는 수동의 의미를 지니지만 능동형으로 써야 한다.

7 그 지도가 우리에게 '보여진' 것이므로 수동형이 적절하며, 과거시제임에 유의한다.

8 「If+주어+동사의 과거형(sang), 주어+조동사 과거형(would)+동사원형(enter)」 형태의 가정법 과거 구문이다.

**A**  1  to driving  2  is used to
    3  to eating  4  used to

1  나는 일본에서 왼쪽에서 운전하는 것에 익숙하지 않다.
   ▶ 문맥상 '~하는 데 익숙하다'라는 뜻의 「be used to v-ing」를 쓰는 것이 적절하다.
2  영어는 다른 나라의 사람들과 소통하기 위해 사용된다.
   ▶ 「be used to부정사」는 '~하는 데 사용되다'의 의미이다.
3  나는 짠 양념 없이 음식을 먹는 것에 익숙하다.
4  나는 이전에는 풀타임으로 일하곤 했지만, 이제 저녁에만 일한다.
   ▶ used to+동사원형: ~하곤 했다

**B**  1  is looked up to  2  be looked after
    3  be caught up with  4  was broken into

2  조동사 should가 있으므로 수동태의 be동사는 원형으로 쓴다.
3  조동사 will이 있으므로 be동사의 원형을 쓴다.
4  last weekend로 보아 과거시제가 적절하므로 was를 쓴다.

**C**  1  is said that / is said to make
    2  is reported that /
       are reported to have been injured
    3  was supposed that, were /
       were supposed to be
    4  is considered that, was /
       is considered to have been

1  사람들은 연습이 완벽함을 만든다고 말한다. / 연습이 완벽함을 만든다고 한다.
2  그 아나운서는 두 명의 사람이 허리케인으로 다쳤다고 보도한다. / 두 명의 사람이 허리케인으로 다쳤다고 보도된다.
   ▶ that절의 시제(were)가 주절의 시제(reports)보다 앞선 경우로 to부정사의 시제는 「to have p.p.」로 쓴다.
3  고대 사람들은 행성들이 신이라고 생각했다. / 행성들은 고대 사람들에 의해 신이라고 생각되었다.
4  전문가들은 태풍이 그 피해의 원인이었다고 여긴다. / 태풍이 그 피해의 원인이었다고 여겨진다.
   ▶ that절의 시제는 과거(was), 주절의 시제는 현재(consider)이므로, to부정사의 시제는 완료형 「to have p.p.」로 써야 한다.

---

1-1  was covered with[by]
1-2  is filled with
2-1  is known for / is known to /
     is known by / is known as
2-2  are made of / is made from
3-1  was supposed to
3-2  are related to
3-3  is scheduled to
3-4  are allowed to
3-5  are asked to

**A**  1  with  2  in  3  with
    4  with  5  at

1  그 콘서트장은 사람들로 가득 차 있다.
2  내 남동생은 단편영화를 만드는 것에 관심이 있다.
3  그 학생은 자신의 학교생활에 만족하지 않는다.
4  강 주변의 돌은 이끼로 덮여 있다.
5  여행객들은 피라미드의 크기에 놀랐다.

**B**  1  is known to  2  is made of
    3  is known as  4  is made from

2  옷을 만드는 재료의 성질 변화가 없으므로 전치사 of를 쓴다.
4  주스로 만들어지는 데 사과의 성질 변화가 일어나므로 전치사 from을 쓴다.

**C**  1  is scheduled to open
    2  are not allowed to swim
    3  are related to its engine
    4  is supposed to bring
    5  are asked to fasten

1  be scheduled to부정사: ~할 예정이다
2  부정형으로 be동사 다음에 not을 붙이고, 주어가 복수형이므로 are를 쓴다. (be allowed to부정사: ~하는 것이 허락되다)
3  주어가 The problems로 복수임에 주의한다. 또한, '~와 관계있다'는 「be related to」로 쓰며 이때 to는 전치사이다.
4  be supposed to부정사: ~해야 한다
5  be asked to부정사: ~하도록 요청받다

        3 are being shown the new products
        4 are seen marching through

1 「request+목적어+to부정사」의 수동태 「be requested+to부
  정사」의 형태로 쓴다. to부정사의 부정형은 부정사 앞에 not을 붙
  인다.
2 5문형인 「think+목적어+형용사」에서 수동태로 바뀔 때, 목적격보
  어(형용사)는 그 자리에 그대로 둔다.
3 「show+간접목적어(many shoppers)+직접목적어(the new
  products)」에서 간접목적어가 주어로 나와 「be shown+직
  접목적어」의 수동태가 된다. '보고 있는 중'이므로 진행형 수동태
  「be+being+p.p.」의 형태로 쓴다.
4 「see+목적어+v-ing」에서 수동태로 전환 시 목적격보어(marching)
  는 그 자리에 그대로 둔다. 주어는 복수이고 현재시제임에 주의한다.

## UNIT 02 능동·수동의 구분                                   P.44

| | | | |
|---|---|---|---|
| 1-1 | sent | 1-2 | was found |
| 2-1 | exciting | 2-2 | excited |
| 3-1 | consist | 3-2 | sells |
| 3-3 | was born | 3-4 | were injured |
| 3-5 | were defeated | 3-6 | happened |
| 3-7 | belongs | | |

1-1 그 회사는 내게 잘못된 제품을 보냈다.
1-2 이 지갑은 그 거리에서 발견되었다.
2-1 수학여행은 재미있었다.
2-2 아이들은 수학여행에 신이 났다.

## UNIT EXERCISE

A  1 resemble       2 touching
   3 approached     4 moves
   5 were released  6 was written
   7 boring, bored

1 나는 아버지와 아주 많이 닮았다.
  ▶ resemble은 상태동사이므로 능동형으로 쓴다.
2 부모님의 사랑에 대한 그 다큐멘터리는 감동적이었다.
  ▶ 다큐멘터리는 '감동을 주는' 것이므로 능동형으로 쓴다.
3 그 큰 개가 길에서 나를 향해 다가왔다.
  ▶ '개가 나에게 다가오는' 능동의 의미이므로 approached가 적절
  하다.
4 그 에스컬레이터는 수리된 후에 다시 움직인다.
5 그 죄수들은 지난주에 석방되었다.
  ▶ 죄수들이 '석방된' 것이므로 수동태로 쓴다.
6 '반지의 제왕'은 J. R. R. Tolkien에 의해 쓰였다.
7 역사 수업은 너무 지루해서 모든 학생이 지루해했다.
  ▶ 역사 수업은 '지루함을 주는' 주체이므로 능동형 boring. 학생들
  은 '지루함을 느끼는(받는)' 대상이므로 수동형 bored가 적절하다.

B  1 ✕ → was discovered    2 ○
   3 ✕ → disappear         4 ○
   5 ✕ → stopped

1 Penicillin(페니실린)은 1928년에 Alexander Fleming에 의해
  발견되었다.
  ▶ 주어 Penicillin은 '발견되는' 것이므로 수동태로 써야 한다.
2 이 보드마커는 부드럽게 써진다.
  ▶ write는 능동이지만 수동의 의미(써지다)도 있으므로 적절하다.
3 첫사랑의 기억은 사라지지 않을 것이다.
  ▶ disappear는 자동사로 수동태가 불가능하다.
4 고양이에게 먹이를 주는 동안 그 소년은 고양이에 의해 할큄을 당했다.
  ▶ 소년이 고양이에 의해 '할큄을 당한' 것이므로 수동태로 쓰였다.
5 나는 우유를 좀 사기 위해 식료품점에 들렀다.
  ▶ 주어 I가 들른 것이므로 능동형으로 고쳐 써야 한다.

C  1 was published      2 were surprising
   3 is located         4 was taught
   5 was wounded

1 과거시제의 수동태로 써야 하고, 주어(The book)가 단수임에 유의
  한다.
2 주어(the results)가 복수이고, 과거시제이며 실험의 결과들이 '놀
  라운 감정을 주는' 것이므로 were surprising으로 써야 한다.
3 현재시제이고, 주어(Denmark)는 단수이다. 의미는 능동이지만 수
  동으로 써야 하는 동사이므로 be located로 써야 한다.
4 내가 '가르침을 받는' 것이므로 수동태로 써야 하며, when I was
  young으로 보아 과거시제임에 유의한다.
5 '다치게 된' 것이므로 수동태로 써야 하고, 전쟁 중에 다쳤던 것을 설
  명하므로 과거시제로 쓴다.

## UNIT 03 주의해야 할 수동태 형태                             P.46

| | | | |
|---|---|---|---|
| 1-1-i) | It, is | ii) | is thought to be |
| 1-2-i) | It, was | ii) | is thought to have been |
| 2-1 | was used to make | | |
| 2-2 | is used to working | | |
| 2-3 | used to swim | | |
| 3-1 | was laughed at | | |
| 3-2 | be made use of | | |

1-1 그들은 그 프로젝트가 좋은 아이디어라고 생각한다. /
    그 프로젝트는 좋은 아이디어라고 생각된다.
1-2 그들은 그 프로젝트가 좋은 아이디어였다고 생각한다. /
    그 프로젝트는 좋은 아이디어였다고 생각된다.
3-1 모두가 내 제안을 비웃었다. /
    내 제안은 모두에 의해 비웃음을 당했다.
3-2 우리는 미래에 이 정보를 이용할 수 있다. /
    이 정보는 미래에 이용될 수 있다.

**4** 과거 행동에 대한 강한 부정적 추측을 나타내므로 「cannot have p.p.」의 형태로 쓴다.

**C** 1 necessary that he change his attitude
2 had better think twice
3 would rather talk about this
4 suggest that she should visit her grandparents

**1** 형용사 necessary(~할 필요가 있는) 뒤에 오는 that절이 '당위'를 의미하므로 that절의 동사는 「(should+)동사원형」을 쓴다.
**4** 제안의 동사 suggest 뒤에 나오는 that절은 '당위'를 의미하므로 that절의 동사는 「(should+)동사원형」의 형태로 나타낸다.

# Chapter 04 태

## UNIT 01 수동태의 기본 이해 P.42

1-1 is cooked / was cooked / will be cooked / can be cooked
1-2 is being cooked / was being cooked
1-3 has been cooked / had been cooked
2-1 She / Good advice
2-2 was nicknamed Snow White
2-3 was found helpful
2-4 was told to exercise more
2-5 was heard playing the piano
2-6 was made to change my mind

1-1 그는 음식을 요리한다/요리했다/요리할 것이다/요리할 수 있다. / 그 음식은 (그에 의해) 요리된다/요리되었다/요리될 것이다/요리될 수 있다.
1-2 그는 음식을 요리하고 있다[있었다]. / 그 음식은 (그에 의해) 요리되고 있다[요리되고 있었다].
1-3 그는 음식을 요리했다[요리했었다]. / 그 음식은 (그에 의해) 요리되었다[요리됐었다].
2-1 그는 그녀에게 좋은 충고를 해줬다. / 그녀는 (그에 의해) 좋은 충고를 받았다. / 좋은 충고는 (그에 의해) 그녀에게 주어졌다.
2-2 그는 그녀에게 백설 공주라고 별명을 붙였다. 그녀는 (그에 의해) 백설 공주라는 별명이 붙여졌다.
2-3 나는 그 책이 도움이 된다는 것을 알았다. / 그 책은 (나에 의해) 도움이 된다고 알려졌다.
2-4 의사는 내게 운동을 더 많이 하라고 말했다. / 나는 (의사에 의해) 운동을 더 많이 하라고 들었다.
2-5 우리는 그가 피아노를 치고 있는 것을 들었다. / 그는 (우리에 의해) 피아노 치고 있는 것이 들렸다.
2-6 부모님께서는 내가 마음을 바꾸게 하셨다. / 나는 (부모님에 의해) 마음을 바꾸게 되었다.

## UNIT EXERCISE

**A** 1 ✕ → be cleaned    2 ◯
3 ✕ → is being repaired    4 ✕ → told

**1** 부모님께서 도착하시기 전에 그 집은 청소되어야만 한다.
▶ 주어 the house는 누군가에 의해 청소되는 것이므로 수동태로 써야 하며, 조동사가 있는 문장의 수동태는 「조동사+be p.p.」로 쓴다.
**2** 그 관리자는 실수한 후에 사임하게 되었다.
▶ 「사역동사 make+목적어+원형부정사」 형태의 능동태 문장을 「be made+to부정사」 형태의 수동태로 바꿔 쓴 경우로 적절하다.
**3** 그 도로는 수리되고 있어서, 너는 지금 그것을 이용할 수 없다.
▶ 주어 the road가 '수리되고 있는 중'이라는 수동의 의미로, 진행형의 수동태 「be being p.p.」로 써야 한다.
**4** 제발 거짓말하지 마세요. 저는 진실을 들어야 해요.
▶ 「tell+간접목적어(me)+직접목적어(the truth)」의 형태에서 간접목적어가 주어로 나와 「be told+직접목적어」의 수동태를 취하므로 전치사 to를 없애야 한다.

**B** 1 was taught to
2 is considered a genius
3 is advised to
4 have been planted

**1** 그 선생님은 학생들에게 역사를 가르쳤다.
→ 역사는 선생님에 의해 학생들에게 가르쳐졌다.
▶ 주어(History)가 단수, 시제가 과거시제임에 유의한다.
**2** 사람들은 그녀를 천재로 여긴다.
→ 그녀는 사람들에 의해 천재로 여겨진다.
▶ 5문형의 목적격보어(명사)는 「be+p.p.」뒤에 그대로 남는다.
**3** 동료는 그 연구원에게 미국에서 일 년 동안 공부하라고 조언한다.
→ 그 연구원은 동료에 의해 미국에서 일 년 동안 공부하라고 조언을 받는다.
▶ 5문형인 「advise+목적어+to부정사」의 형태가 수동태로 바뀔 때 to부정사는 그대로 유지한다.
**4** 중국인들은 환경을 보존하기 위해 많은 나무들을 심어 왔다.
→ 많은 나무들이 중국인들에 의해 환경을 보존하기 위해 심어져 왔다.
▶ 주어(Many trees)가 복수이고, 시제는 현재완료임에 유의한다.

**C** 1 are requested not to cook
2 are thought reliable and honest